De keizer in beeld

Wilhelm II en de fotografie als PR-instrument

Der Kaiser im Bild

Wilhelm II. und die Fotografie als PR-Instrument

De keizer in beeld
Wilhelm II en de fotografie als PR-instrument

De fotografische nalatenschap van de laatste Duits keizer uit Huis Doorn, gepresenteerd door Huis Marseille, stichting voor fotografie, Amsterdam

Der Kaiser im Bild
Wilhelm II. und die Fotografie als PR-Instrument

Der fotografische Nachlass des letzten deutschen Kaisers aus Haus Doorn, präsentiert von Huis Marseille, Stiftung für Fotografie, Amsterdam

Onder redactie van Saskia Asser en Liesbeth Ruitenberg

Redaktion: Saskia Asser und Liesbeth Ruitenberg

Europese Bibliotheek / Europäische Bibliothek

Zaltbommel (Niederlande)

DEZE PUBLICATIE IS TOT STAND GEKOMEN DANKZIJ FINANCIËLE STEUN VAN:

DIESE VERÖFFENTLICHUNG IST ZUSTANDE GEKOMMEN DURCH DIE FINANZIELLE UNTERSTÜTZUNG VON:

Stichting Mien van 't Sant

Stichting K.F. Hein Fonds

Stichting Dr Hendrik Muller's Vaderlandsch Fonds

Stichting 'De Gijselaar-Hintzenfonds'

M.A.O.C. Gravin van Bylandt Stichting

ELS BARENTS

Directeur huis Marseille

Direktorin Huis Marseille

Keizer Wilhelm II, een fotocollectie als PR-instrument

Kaiser Wilhelm II., eine Fotosammlung als PR-Instrument

Tot voor kort was het bestaan van een omvangrijke keizerlijke fotocollectie in Kasteel Huis Doorn alleen bekend aan de naaste medewerkers en enkele fotospecialisten. Deze collectie van zo'n 12.000 foto's is grotendeels opgeslagen buiten de voor het publiek toegankelijke woonvertrekken van het huis. Nu wordt de waarde van fotocollecties die zich en marge van andere verzamelingen bevinden wel vaker pas onderkend als alle in het oog springende kostbaarheden en kunstvoorwerpen al uitvoerig de revue zijn gepasseerd. Dit is een van de mysterieuze charmes van de fotografie.

De aanleiding voor het onderzoek naar deze fotocollectie was de voor Nederland ongebruikelijk heftige discussie die twee jaar geleden in de media werd gevoerd. Deze was gebaseerd op het bericht van een mogelijke opheffing van Huis Doorn. Het gevolg was dat toen pas bekend werd wat de reikwijdte van al deze bijzondere verzamelingen is. De fotocollectie blijkt verrassend veel groter en interessanter te zijn dan uit het hoofdzakelijk sluimerende bestaan ervan kon worden afgeleid. Het onderzoek naar de planken vol dozen en albums in Huis Doorn heeft zich de afgelopen twee jaar in alle rust voltrokken. Hieruit kwam naar voren dat de kwaliteit van dit materiaal uitzonderlijk goed is. Hoewel het initiatief hiertoe door huis Marseille werd genomen, is het onderzoek nadrukkelijk een samenwerkingsproject tussen beide instellingen.

Uit het vele, uiteenlopende fotomateriaal dat in Huis Doorn wordt bewaard werd al snel duidelijk dat het motief om te verzamelen verschilde van dat van andere, vergelijkbare collecties. Zo is er bijvoorbeeld een keizerlijke fotoverzameling in Brazilië van D. Pedro II en zijn echtgenote Thereza Christina Maria, die enkele decennia daarvoor ook foto's van vooraanstaande fotografen hebben verzameld.[1] Hun keuzes kwamen echter voort uit een persoonlijke interesse in de wetenschap, de kunsten, het landschap en de portretfotografie. De fotocollectie van Wilhelm II getuigt daarentegen van een grotere eigenzinnigheid die ver voorbij gaat aan het doel om de verzamelaar zelf als een man van en voor de wereld te profileren. In Kasteel Huis Doorn is de grote diversiteit aan portretten van de keizer een zeer opvallend kenmerk. De collectie valt in twee delen uiteen. Het eerste deel bestrijkt de periode tot 1919, toen Wilhelm II de Eerste Wereldoorlog had verloren en asiel kreeg in het neutrale Nederland. Het tweede deel loopt tot 1941, het jaar waarin hij overleed. In beide trajecten zijn het vooral de vele portretten van de keizer die domineren. In eerste instantie gaat het om foto's van alle mogelijke, verschillende maatschappelijke, militaire en ceremoniële evenementen, die al dan niet in opdracht van de keizer zijn gefotografeerd. Het beeld van de monarch omringd door de maatschappij wordt na 1919 bijgesteld tot alleen portretten van zichzelf en zijn tweede echtgenote Hermine. Ook in ballingschap blijven het onmiskenbaar keizerlijke portretten. Ze zetten zozeer de toon dat de conclusie dat deze fotoverzameling vooral als eigen PR-instrument werd gezien en gebruikt niet mis te verstaan is.

De expositie in huis Marseille in Amsterdam draagt de titel *De Keizer aan de Keizersgracht*. Aan de hand van de fotocollectie wordt de ambitie van Wilhelm II op enige afstand van zijn onvrijwillig verkozen schuilplaats nog eens tegen het licht gehouden. Zowel de expositie als deze publicatie zijn gebaseerd op het onderzoek dat Saskia Asser, conservator van huis Marseille en Liesbeth Ruitenberg, beheerder van de fotocollectie van Kasteel Huis Doorn, de afgelopen twee jaar hebben verricht. Zij werden daarbij ondersteund door Mieke van den Brandt die ook als medewerker aan Huis Doorn is verbonden. De fotoverzameling

van de keizer heeft velen geïnspireerd tot een substantiële bijdrage: Mieke Jansen, conservator fotografie van het Koninklijk Huisarchief, heeft in haar artikel zoveel aanvullend materiaal opgespoord, dat de tentoonstelling en de kennis over de verzameling in Doorn erdoor aan kwaliteit hebben gewonnen. Bovendien waren er de talloze adviezen van Mattie Boom, conservator fotografie van het Rijksmuseum Amsterdam. Inge Schwarzer heeft alle teksten in het Duits vertaald. Thijs Uijthoven, directeur van Uitgeverij Europese Bibliotheek en Piet Gerards, als vormgever, hebben met drukkerij Lecturis deze publicatie uiteindelijk met de grootst mogelijke zorg en kwaliteit op het niveau getild waar het hoort: dat van een prachtig fotoboek.

Bis vor kurzem war die Existenz einer umfangreichen kaiserlichen Fotosammlung im Haus Doorn nur den engsten Mitarbeitern und einigen Fotoexperten bekannt. Diese Sammlung von etwa 12.000 Fotos wird größtenteils außerhalb der für Besucher zugänglichen Wohnräume im Haus aufbewahrt. Nun ist es so, dass der Wert von Fotosammlungen, die sich am Rande anderer Sammlungen befinden, des öfteren erst erkannt werden, wenn alle ins Auge fallenden Kostbarkeiten und Kunstgegenstände bereits ausführlich untersucht und ausgestellt wurden. Das gehört zum geheimnisvollen Charme der Fotografie.

Der Anlass für das Untersuchen dieser Fotosammlung war die für die Niederlande ungewöhnlich heftige Diskussion, die vor zwei Jahren in den Medien geführt wurde. Diese begann bei der Nachricht einer möglichen Auflösung von Haus Doorn. Die Folge war, dass damals erst bekannt wurde, welche Reichweite all diese besonderen Sammlungen haben. Die Fotosammlung scheint überraschend viel größer und interessanter zu sein, als man aus ihrem dahindämmernden Zustand hätte ableiten können. Die

Erforschung der Regale voller Schachteln und Alben in Haus Doorn hat in den letzten zwei Jahren in aller Ruhe stattgefunden. Es stellte sich heraus, dass die Qualität des Materials außergewöhnlich gut ist. Obwohl die Initiative hierfür von Huis Marseille ergriffen wurde, ist das Forschungsprojekt ausdrücklich eine Zusammenarbeit beider Einrichtungen.

Aus dem vielen und diversen Fotomaterial, das in Haus Doorn aufbewahrt wurde, ging schon schnell hervor, dass das Motiv für das Sammeln sich von anderen vergleichbaren Sammlungen unterschied. So gibt es zum Beispiel in Brasilien eine kaiserliche Fotosammlung von D. Pedro II. und seiner Ehefrau Thereza Christina Maria, die einige Jahrzehnte früher auch Fotos führender Fotografen gesammelt haben.[1] Ihre Auswahl beruhte allerdings auf einem persönlichen Interesse an der Wissenschaft, den Künsten, der Landschaft und der Porträtfotografie. Die Fotosammlung von Wilhelm II. zeugt dagegen von einem großen Eigensinn, der über das Ziel hinaus schießt, den Sammler selbst als einen Mann von Welt und für die Welt zu profilieren. In Haus Doorn ist die große Diversität von Porträts des Kaisers ein auffallendes Merkmal. Die Sammlung besteht aus zwei Teilen. Der erste Teil umfasst die Periode bis 1919, als Wilhelm II. den ersten Weltkrieg verloren hatte und ihm in den neutralen Niederlanden Asyl gewährt wurde. Der zweite Teil geht bis 1941, seinem Todesjahr. In beiden Teilen dominieren vor allem viele Porträts des Kaisers. In erster Linie geht es um Fotos von allen möglichen verschiedenen gesellschaftlichen, militärischen und zeremoniellen Veranstaltungen, die meist in Auftrag des Kaisers aufgenommen wurden. Das Bild des Monarchen umringt von der Gesellschaft wird nach 1919 verändert in Porträts ausschließlich von sich selbst und seiner zweiten Gattin Hermine. Auch im Exil bleiben es unverkennbare kaiserliche Porträts. Sie prägen derart das Bild, dass die Schlussfolgerung, dass diese Fotosammlung vor allem als

eigenes PR-Instrument gesehen wurde, nicht misszuverstehen ist.

Die Ausstellung in Huis Marseille in Amsterdam trägt den Titel *Der Kaiser an der Keizersgracht*. An Hand der Fotosammlung werden die Ambitionen Wilhelms II. aus der Distanz seines unfreiwillig gewählten Unterschlupfs noch einmal durchleuchtet. Sowohl die Ausstellung als dieser Katalog gründen auf der Untersuchung, die Saskia Asser, Konservatorin von Huis Marseille, und Liesbeth Ruitenberg, Verwalterin der Fotosammlung von Haus Doorn, in den letzten beiden Jahren durchgeführt haben. Sie wurden dabei von Mieke van den Brandt unterstützt, ebenfalls Mitarbeiterin von Haus Doorn. Die Fotosammlung des Kaisers hat viele zu einem substantiellen Beitrag inspiriert: Mieke Jansen, Konservatorin für Fotografie des Koninklijk Huisarchief (königlichen Hausarchivs), hat in ihrem Artikel so viel ergänzendes Material gefunden, dass die Ausstellung und die Erkenntnisse über die Sammlung in Doorn dadurch an Qualität gewonnen haben. Außerdem gab es zahlreiche Ratschläge von Mattie Boom, Konservatorin für Fotografie des Rijksmuseum Amsterdam. Inge Schwarzer hat alle Texte ins Deutsche übersetzt. Thijs Uijthoven, Direktor des Verlags *Europäische Bibliothek*, und Piet Gerards als Gestalter haben mit Druckerei Lecturis dieses Buch schließlich mit der größtmöglichen Sorgfalt auf das Niveau gebracht, das ihm zusteht: das eines prachtvollen Bildbandes.

DICK VERROEN

Conservator Huis Doorn

Konservator Haus Doorn

Foto's in

Huis Doorn

Fotos in

Haus Doorn

Het duurt lang aleer men zich de waarde van andere deelcollecties dan het pronkzilver in de keizerlijke nalatenschap in Huis Doorn realiseert. Pas wanneer deze buitenplaats op de Utrechtse Heuvelrug tussen 1990 en 1992 ten behoeve van een totale restauratie ontruimd wordt en bij die gelegenheid in Berlijn en München delen van de inventaris tentoon worden gesteld, dan pas blijkt welke schatten daadwerkelijk achter de sobere, Hollands calvinistische façade schuilgaan. Het door de Staat der Nederlanden in 1945 geconfisqueerd bezit blijkt te bestaan uit enerzijds internationale hofkunst uit de zeventiende tot de negentiende eeuw, anderzijds de persoonlijke documentatie van een van de hoofdrolspelers in het Europa van voor de Eerste Wereldoorlog; een *document humain* in volledig authentieke samenhang! Sinds de restauratie en de daarmee gepaard gaande reorganisatie is het dankzij nieuw elan en de inzet van enthousiaste vrijwilligers onder meer mogelijk om, in kleinere thematische tentoonstellingen, historische betekenis te geven aan al die talloze voorwerpen waarmee de Duitse ex-keizer Wilhelm II zich in de laatste twintig jaar van zijn leven in zijn ballingsoord omringt en die hem moeten herinneren aan het eens zo glorieuze verleden van achtereenvolgens Brandenburger keurvorsten, Pruisische koningen en Duitse keizers.

Het is duidelijk: ook de foto's uit de nalatenschap van ex-keizer Wilhelm II moeten een keer aan de beurt komen. Het wachten is alleen wel op vrijwilligers die hun tanden in dit reuzenproject willen zetten, want het gaat maar liefst om meer dan twaalfduizend objecten! De Stichting tot beheer van Huis Doorn prijst zich gelukkig dat die vrijwilligers zich, in de persoon van Liesbeth Ruitenberg en Mieke van den Brandt, in 1996 aandienen. In de afgelopen vijf jaren hebben beide dames zich enthousiast op de bijzondere deelcollectie gestort

en talloze specialisten in binnen- en buitenland op het cultuur- en fotohistorisch waardevolle materiaal weten te attenderen. Met een bewonderenswaardig geduld nemen zij het vele extra werk dat daaruit voortvloeit – zij doen dit alles onbezoldigd! – voor lief. Met behulp van experts van het Nationaal Fotorestauratie Atelier en het Rijksmuseum Amsterdam is de Doornse collectie inmiddels op waarde geschat. Het belang van de collectie wordt ook ten volle onderschreven door de Ambassade van de Bondsrepubliek Duitsland en door tussenkomst van mevrouw Gabriele Weber, cultureel attachee, ontvangt de Stichting financiële steun van de Stichting Martin Behaim Haus om een serie van ruim tweeduizend foto's waarop we de keizer tijdens vier jaren van de Eerste Wereldoorlog kunnen volgen, te conserveren en waar nodig te restaureren. In 2000 spelen de beide vrijwilligsters de leidende rol in de totstandkoming van de tentoonstelling *Europa's hoogadel op 's keizers kleedkamer. Dertig jaar portretfotografie 1880-1910*.

De fototentoonstelling *De Keizer aan de Keizersgracht* in huis Marseille is de vanzelfsprekende *follow up* in het streven naar ontsluiting van de keizerlijke nalatenschap; naar inhoud internationaal en fotohistorisch hoogwaardig past deze immers naadloos in het ambitieuze huis Marseille aan de Amsterdamse Keizersgracht! De tweejarige intensieve samenwerking met conservator Saskia Asser en directeur Els Barents van dit museum voor fotografie leidt tot de rijpe vruchten die middels deze publicatie kunnen worden geplukt.

Es dauert lange, bis neben dem Prunksilber auch der Wert der anderen Teilsammlungen aus dem kaiserlichen Nachlass in Haus Doorn erkannt wird. Erst als dieser Landsitz auf dem Utrechter Hügelrücken zwischen 1990 und 1992 zum Zwecke einer gründlichen Renovierung geräumt wird und bei der Ge-

legenheit Teile des Inventars in Berlin und München ausgestellt werden, zeigt sich, welche Schätze sich tatsächlich hinter der schlichten, holländisch kalvinistischen Fassade verbergen. Es stellt sich heraus, dass der vom niederländischen Staat im Jahre 1945 konfiszierte Besitz einerseits aus internationaler Hofkunst aus der Zeit vom 17. bis 19. Jahrhundert besteht, andererseits aus der persönlichen Dokumentation eines Mannes, der im Europa vor dem Ersten Weltkrieg zu den Hauptdarstellern gehörte; ein *document humain* in absolut authentischem Zusammenhang! Seit der Restaurierung und der damit Hand in Hand gehenden Reorganisation ist es dank neuen Elans und des Einsatzes begeisterter ehrenamtlicher Helfer unter anderem wieder möglich, den unzähligen Gegenständen, mit denen sich der deutsche Exkaiser Wilhelm II. in seinen letzten zwanzig Lebensjahren in der Verbannung umgab und die ihn an die einst so glorreiche Geschichte der aufeinanderfolgenden brandenburgischen Kurfürsten, preußischen Könige und deutschen Kaisern erinnern sollten, in kleineren thematischen Ausstellungen historische Bedeutung zu geben.

Es ist klar: auch die Fotografien aus dem Nachlass des Exkaisers Wilhelm II. müssen einmal an die Reihe kommen. Dazu hoffen wir auf Freiwillige, die uns unterstützen und dieses Riesenprojekt anpacken wollen, denn es geht um mehr als zwölftausend Objekte! Die Stichting tot beheer van Huis Doorn (Stiftung zur Verwaltung von Haus Doorn) schätzt sich glücklich, dass sich 1996 in der Person von Liesbeth Ruitenberg und Mieke van den Brandt Ehrenamtliche melden. In den zurückliegenden fünf Jahren haben sich beide Damen begeistert mit dieser besonderen Teilsammlung beschäftigt und zahllose Spezialisten im In- und Ausland auf das kultur- und fotohistorisch wertvolle Material aufmerksam machen können. Mit bewundernswerter Geduld nehmen sie die sich daraus ergebenden zusätzlichen

Arbeiten – das alles tun sie unentgeltlich! – auf sich. Experten des Nationaal Fotorestauratie Atelier und des Rijksmuseum Amsterdam haben den Wert der Sammlung in Doorn inzwischen erkannt. Die Bedeutung der Sammlung wird auch durch die Botschaft der Bundesrepublik Deutschland voll bestätigt und durch Vermittlung von Kulturattaché Gabriele Weber erhält die Stiftung finanzielle Unterstützung von der Stiftung Martin Behaim Haus, um eine Serie von rund zweitausend Fotografien, auf denen wir den Kaiser während der vier Jahre des Ersten Weltkrieges begleiten können, zu konservieren und wenn nötig zu restaurieren. Im Jahre 2000 spielen die beiden Ehrenamtlichen die tragende Rolle beim Zustandekommen der Ausstellung *Europas Hochadel in des Kaisers Ankleideraum. Dreißig Jahre Porträtfotografie 1880-1910.*

Die Fotoausstellung *Der Kaiser an der Keizersgracht* im Haus Marseille bildet das natürliche *Follow- up* im Streben nach der Erschließung des kaiserlichen Nachlasses; inhaltlich international und fotohistorisch hochwertig passt dieser schließlich nahtlos in das ambitiöse Huis Marseille an der Amsterdamer Keizersgracht! Die sich über zwei Jahre erstreckende intensive Zusammenarbeit mit der Konservatorin Saskia Asser und der Direktorin Els Barents dieses Museums für Fotografie trägt reiche Früchte, die in dieser Publikation gepflückt werden können.

LIESBETH RUITENBERG

De fotografische nalatenschap van Wilhelm II
een geschiedenis

Der fotografische Nachlass von Wilhelm II.
eine Geschichte

In 1930 verscheen van de hand van Karl Nowak een Engelstalige publicatie over de Duitse keizer Wilhelm II (1859-1941). Daarin vermelden de Amerikaanse uitgevers: *De illustraties in dit boek zijn met speciale toestemming gereproduceerd van originele foto's in de privé-collectie van keizer Wilhelm II. De uitgevers willen hun grote erkentelijkheid betuigen voor het gebruik van deze foto's en voor de annotaties in 's keizers eigen handschrift. Deze zijn in facsimile gedrukt.*[1] Kennelijk hechtte de verbannen Duitse keizer Wilhelm II in Doorn zoveel waarde aan zijn uit Duitsland meegebrachte verzameling foto's dat hij niet alleen instemde met publicatie maar de foto's ook nog van een handgeschreven commentaar voorzag. Ook de manier waarop Nowak de rol van de keizer in de Duitse geschiedenis had beschreven zal van invloed zijn geweest op dit besluit.[2]

De grote belangstelling voor en het uitgekiende gebruik van de fotografie door Wilhelm II hebben als gevolg gehad dat Huis Doorn een bijzondere fotoverzameling in beheer heeft. Inmiddels is gebleken dat deze nalatenschap ongeveer 12.000 foto's bevat die op twee locaties worden bewaard: in het museum bevinden zich de ingelijste foto's als onderdeel van de vaste museumcollectie, in een depot in het poortgebouw is de rest van de collectie opgeslagen. Dat zijn losse foto's, albums waarvan honderd exemplaren met lederen prachtbanden, circa 250 autochroomplaten, een collectie lantaarnplaatjes en drieëntwintig ordners met 2400 foto's die samen een chronologisch beeldverslag vormen van de bezigheden van de keizer tijdens de Eerste Wereldoorlog. In tijd bestrijken de foto's een eeuw: de vroegste dateren van 1845, de laatste zijn gemaakt vlak voor Wilhelms dood in 1941. Alle in die periode gangbare fotografische technieken komen in de collectie voor: van vroege daguerreotypieën, zoutdrukken en albuminedrukken tot daglicht- en ontwikkeldrukken, platina- en kooldrukken en allerhande fotomechanische procédés. De gefotografeerde onderwerpen zijn voor het merendeel portretten,

Im Jahre 1930 erschien die von Karl Nowak verfasste englische Publikation über den deutschen Kaiser Wilhelm II. (1859-1941). Darin schreibt der amerikanische Herausgeber: *Die Abbildungen in diesem Buch wurden mit ausdrücklicher Zustimmung von Originalfotografien aus der Privatsammlung Kaiser Wilhelms II. reproduziert. Die Herausgeber möchten ihre große Dankbarkeit für die Verwendung dieser Fotos und für die handgeschriebenen Anmerkungen des Kaisers zum Ausdruck bringen. Diese wurden in einer Drucknachbildung publiziert.*[1] Offensichtlich bedeutete dem verbannten, deutschen Kaiser Wilhelm II. in Doorn seine aus Deutschland mitgebrachte Fotosammlung so viel, dass er nicht nur einer Veröffentlichung zustimmte, sondern die Fotos auch mit handgeschriebenen Kommentaren versah. Auch die Art und Weise in der Nowak die Rolle des Kaisers in der deutschen Geschichte beschrieb, wird diese Entscheidung beeinflusst haben.[2]

Durch das große Interesse Wilhelms II. für die Fotografie und ihren ausgeklügelten Einsatz beherbergt Haus Doorn eine besondere Fotosammlung. Inzwischen hat sich gezeigt, dass dieser Nachlass etwa 12.000 Fotografien umfasst, die an zwei Orten aufbewahrt werden: im Museum befinden sich gerahmte Fotografien als Teil der ständigen Sammlung des Museums, in einem Depot im Torgebäude wird der Rest der Sammlung aufbewahrt. Dabei handelt es sich um lose Fotografien, Alben, darunter hundert Exemplare lederner Prachtbände, etwa 250 Autochrome, eine Lichtbildplattensammlung und dreiundzwanzig Ordner mit 2400 Fotografien, die zusammen eine chronologische Fotoreportage von den Aktivitäten des Kaisers während des Zweiten Weltkrieges bilden. Die Fotos umfassen ein ganzes Jahrhundert: das früheste stammt aus dem Jahre 1845, die letzten wurden 1941 kurz vor Wilhelms Tod aufgenommen. Alle in dieser Zeit üblichen fotografischen Techniken kommen in der Sammlung vor: von frühen Daguerreotypien, Salzdrucken und Albumindrucken bis hin zu Licht- und Entwickelungsdrucken, Platindrucken und Pigmentdrucken und fotomechanischen Verfahren. Die Fotos

manoeuvres, parades, officiële gebeurtenissen en reizen, foto's waarop de keizer centraal staat.[3] De collectie is niet in de eerste plaats ontstaan door de aankoop van foto's vanwege hun bijzondere kenmerken (foto's met esthetische waarde, antropologische onderwerpen, reisfotografie etc.), maar historisch gegroeid familiebezit uitgebreid met wat er maar aan opdrachten aan fotografen werd gegeven of als geschenk binnenkwam.

In 1918, na de nederlaag van de Duitse legers en de daaropvolgende revolutie in Duitsland, vluchtte de keizer naar Nederland. Achttien maanden lang waren hij en zijn echtgenote Auguste-Victoria (1858-1921) te gast bij graaf Bentinck op kasteel Amerongen. In augustus 1919 werd Huis Doorn aangekocht en in mei 1920 verhuisde het keizerlijke paar naar Doorn. De nieuwe woning was ingericht met uit Duitsland afkomstige inboedels: meubels, glas, porselein, schilderijen en prenten, uniformen en sabels, boeken en foto's waren in negenenvijftig treinwagons naar station Zeist vervoerd. In het Utrechts Archief worden nog enkele bladen bewaard van de inventarislijsten die voor deze verhuizing waren opgesteld. Daaronder bevinden zich twee bladen *Photographien aus Berlin*, een onvolledige lijst met achtenzestig genummerde foto's waaronder portretten van de keizer zelf, van verwanten en vrienden en van koningin Wilhelmina, foto's van zijn schip de *Hohenzollern* en van gebeurtenissen uit de Eerste Wereldoorlog.[4] De beschrijving van de foto's is echter te summier om ze aan de nu aanwezige collectie te kunnen relateren, waardoor het onduidelijk blijft hoeveel en welke foto's de treinwagons uit Duitsland vervoerden. In een aantal Duitse archieven worden nog keizerlijke foto's bewaard, wellicht zijn deze afkomstig uit de voormalige paleizen.[5] Op de zolders van één van die paleizen, het Neues Palais in Potsdam, bevindt zich een nog niet geïnventariseerde verzameling foto's.[6] Maar zolang deze collectie niet openbaar is gemaakt, valt er over de oorsprong niets met zekerheid te zeggen.

Ook in ballingschap nam de fotoverzameling in Huis Doorn in omvang toe: Wilhelm en zijn tweede echtgenote Hermine (1887-1947) lieten zich veelvuldig fotograferen. Instellingen, familieleden, vrienden en fans in Duitsland stuurden de keizer regelmatig foto's en albums. Rond 1936 liet de keizer de inboedel van Huis Doorn en de dienstgebouwen inventariseren. In deze nog bestaande inventarislijsten worden wel (ingelijste) foto's vermeld maar dat zijn zeker niet alle toen aanwezige foto's – wellicht

omdat de rest in kasten of laden was opgeborgen.[7] Bovendien is niet altijd duidelijk of het om een prent, een schilderij, een tekening of een foto gaat. Keizer Wilhelm II stierf op 4 juni 1941 in Doorn. In zijn testament (1934) had hij bepaald dat zijn echtgenote een keuze mocht maken uit: *mijn verzameling foto's van gebeurtenissen uit mijn leven (met uitzondering van foto's van militaire en officiële gebeurtenissen) en van foto's en albums ... die mij bij bijzondere gelegenheden zijn geschonken.*[8] Uit dit testament blijkt dat de kinderen uit Wilhelms eerste huwelijk op een deel van de fotoverzameling geen aanspraak konden maken. Wilhelm liet uitdrukkelijk stellen dat de collectie *Militärische und Staats betreffende* foto's noch aan Hermine noch aan zijn kinderen mocht vervallen, maar in het bezit van het Huis Hohenzollern dienden te blijven.[9] Toch bleven niet alle foto's en albums van parades, manoeuvres en officiële gebeurtenissen in Nederland. Het is bekend dat er in deze jaren transporten naar Duitsland zijn gegaan in opdracht van de *Generalverwaltung* van het Huis Hohenzollern.[10] Eén van die transporten ging met maar liefst *6433 Photographien S.M. in März 1942 nach Berlin*. In de bijbehorende lijst wordt vermeld dat het om meerdere afdrukken van eenendertig verschillende opnamen ging: van één opname (Nr. 19) werden 3000 exemplaren meegestuurd.[11]

Tijdens de oorlogsjaren was Huis Doorn als museum opengesteld. In 1945 werd het hele landgoed door de Staat der Nederlanden geconfisqueerd als zijnde vijandelijk bezit en vervielen alle aanspraken van de familie op het huis, park en de inventaris.[12] Hiertegen tekende de erfgenaam van de keizer, de voormalige kroonprins Wilhelm (1882-1951), bezwaar aan. Alleen als de prins een zogenaamde *no-enemy*-verklaring (een bewijs dat de betreffende persoon zich daadwerkelijk had verzet tegen het Nazi-regime) kon overleggen zou hij zijn bezittingen terug kunnen krijgen, maar tot twee maal toe werd een dergelijke verklaring hem door de Nederlandse Staat geweigerd.[13] Toch bepaalde de in 1949 opgerichte Stichting tot Beheer van Huis Doorn, met toestemming van het Ministerie van Financiën onder wie de Stichting ressorteerde, dat de familie een aantal zaken met herinneringswaarde mocht terugkrijgen. *Generalverwalter* (rentmeester) Graf von Hardenberg zorgde voor een vrachtwagen en een personenauto die beide volgeladen werden met goederen – daarbij werd het begrip 'herinneringswaarde' waarschijnlijk zeer ruim geïnterpreteerd. De auto's waren echter te klein waardoor een deel moest achter-

sind meistens Porträts oder Abbildungen von Manövern, Paraden, offizielle Anlässen und Reisen, Fotos, bei denen der Kaiser im Mittelpunkt steht.[3] Die Sammlung entstand in erster Linie nicht durch den Kauf von Fotos mit besonderen Merkmalen (ästhetisch wertvolle Fotografien, anthropologische Themen, Fotos von Reisen usw.), sondern sie ist ein historischer, gewachsener Familienbesitz, der mit bei Fotografen in Auftrag gegebenen Fotografien und geschenkten Fotos erweitert wurde.

Nach der Niederlage der deutschen Armee und der folgenden Revolution in Deutschland flüchtete der Kaiser 1918 in die Niederlande. Achtzehn Monate waren er und seine Ehefrau Auguste Viktoria (1858-1921) bei Graf Bentinck auf Schloss Amerongen zu Gast. Im August 1919 wurde Haus Doorn gekauft und im Mai 1920 zog das kaiserliche Paar nach Doorn. Die neue Residenz wurde mit aus Deutschland stammendem Inventar eingerichtet: Möbel, Glas, Porzellan, Gemälde und Stiche, Uniformen und Säbel, Bücher und Fotos wurden in neunundfünfzig Güterwagen zum Bahnhof in Zeist gebracht. Im Utrechter Archiv befinden sich noch einige Seiten der Inventarliste, die für diesen Umzug aufgestellt worden war. Darunter befinden sich zwei Seiten *Photographien aus Berlin*, eine unvollständige Liste mit achtundsechzig nummerierten Fotos. Darunter sind auch Porträts vom Kaiser selbst, von Verwandten und Freunden und von Königin Wilhelmina, des Weiteren Fotos von seinem Schiff *Hohenzollern* und von Ereignissen aus dem Ersten Weltkrieg.[4] Die Beschreibung der Fotos ist leider zu summarisch, um sie die gegenwärtigen Sammlung in Beziehung zu setzen. Dadurch bleibt undeutlich, wie viele und welche Fotos sich in den Eisenbahnwaggons aus Deutschland befanden. In einigen deutschen Archiven werden noch kaiserliche Fotos aufbewahrt, die vielleicht aus den früheren Schlössern stammen.[5] Auf dem Dachboden eines dieser Schlösser, dem Neuen Palais in Potsdam, befindet sich eine noch nicht inventarisierte Fotosammlung.[6] Aber solange diese Sammlung nicht öffentlich zugänglich ist, lässt sich über die Herkunft nichts Definitives sagen.

Auch im Exil wuchs die Fotosammlung in Haus Doorn: Wilhelm und seine zweite Ehefrau Hermine (1887-1947) ließen sich oft fotografieren. Institutionen, Familienmitglieder, Freunde und Bewunderer in Deutschland schickten dem Kaiser regelmäßig Fotos und Alben. Um 1936 ließ der Kaiser das Inventar von Haus Doorn und den Nebengebäuden inventarisieren. In dieser noch existierenden Inventurliste

blijven waaronder *grote Albums (Mittelmeer- u. Nordlandreise u.s.w.).*[14]

Huis Doorn bleef als museum in bezit van de Nederlandse Staat en kreeg in 1955 de nog steeds bestaande naam Stichting tot Beheer van Huis Doorn.[15] Van een museaal beleid op gebied van conservering en restauratie kon in de jaren tot 1990 slechts incidenteel sprake zijn. Terwijl de inventarisatie van de kunst- en gebruiksvoorwerpen vanaf de confiscatie in 1945 nauwkeurig bijgehouden werd, bleven de archiefstukken en de foto's onaangeroerd. De toestand van deze stukken, die gedeeltelijk in de kelders opgeborgen waren, werd zorgwekkend nadat door bouwmaatregelen in het dorp de grondwaterspiegel was gestegen waardoor de kelders vochtig werden. De archiefstukken werden in 1975 overgedragen aan het Utrechts Archief en daar ontsloten. Pas begin jaren negentig werd een begin gemaakt met de conservering en inventarisatie van de foto's.[16] Ook de eerste, bescheiden, fototentoonstelling kwam in die jaren van de grond: *De keizer gekiekt* (1990). Kennis van restauratie- en conserveringsmethoden van fotografisch materiaal was in 1990 in Huis Doorn nog nauwelijks aanwezig, wat er toe leidde dat veel foto's die aangetast waren door schimmel en lijmresten zijn weggegooid.[17] Tijdens de restauratie van Huis Doorn (1990-1992) werd in 1991 een aanzienlijk deel van de foto's met een groot aantal andere objecten uit het museum tentoongesteld in het Münchener Stadtmuseum en het Deutsches Historisches Museum in Berlijn en voor het eerst beschreven in een bijbehorende catalogus.[18] Over de beeldvorming van de keizer door middel van fotografie en film heeft Klaus-D. Pohl in deze catalogus een artikel geschreven: *Der Kaiser im Zeitalter seiner technischen Reproduzierbarkeit,* waarmee hij de eerste was die aandacht vestigde op de bijzondere betekenis van de Doornse fotocollectie.[19] De restauratie ging gepaard met een verregaande reorganisatie die leidde tot een professionele aanpak van museaal beleid, inventarisatie en beschrijving van de collectie en van conservering en restauratie. Toch heeft het nog tot 1996 geduurd voor de noodzakelijke menskracht en kennis aanwezig waren om het werk aan de fotocollectie te kunnen hervatten. De inventarisatie en beschrijving van de collectie is momenteel in volle gang, incidenteel vindt ook restauratie plaats.[20] Door middel van publicaties en tentoonstellingen moet de collectie niet alleen in Nederland maar ook daarbuiten meer bekendheid krijgen. Hoewel het museum geen actief acquisitiebeleid voert – het ontleent

werden wohl (gerahmte) Fotos aufgezählt, aber das sind sicher nicht alle Fotos, die damals vorhanden waren – vielleicht, weil der Rest in Schränken oder Schubladen aufgehoben wurde.[7] Außerdem ist nicht immer eindeutig, ob es sich um einen Stich, ein Gemälde, eine Zeichnung oder eine Fotografie handelt. Kaiser Wilhelm II. starb am 4. Juni 1941 in Doorn. In seinem Testament (1934) verfügte er, dass seine Ehefrau eine Auswahl treffen durfte aus: *meine Sammlung photogr. Darstellungen von Vorgängen aus Meinem Leben (mit Ausnahme der Militärischen und Staatsaktionen betreffenden) ferner aus den Mir bei besonderen Gelegenheiten gewidmeten photogr. Blättern, Albums.*[8] Aus diesem Testament geht hervor, dass die Kinder aus Wilhelms erster Ehe auf einen Teil der Fotosammlung keinen Anspruch geltend machen konnten. Wilhelm ließ ausdrücklich anordnen, dass die Sammlung *Militärische und Staats* betreffende Fotos weder an Hermine noch an seine Kinder fallen durfte, sondern im Besitz des Hauses Hohenzollern bleiben soll.[9] Es blieben aber nicht alle Fotos und Alben von Paraden, Manövern und offiziellen Anlässen in den Niederlanden. Es ist bekannt, dass in diesen Jahren im Auftrag der Generalverwaltung des Hauses Hohenzollern Transporte nach Deutschland gingen.[10] Einer dieser Transporte ging mit nicht weniger als 6433 *Photographien S.M. in März 1942* nach Berlin. In der entsprechenden Liste wird vermerkt, dass es sich um mehrere Abzüge von einunddreißig verschiedenen Aufnahmen handelt: von einer Aufnahme (Nr. 19) wurden 3000 Exemplare mitgeschickt.[11]

Während der Kriegsjahre war Haus Doorn als Museum geöffnet. Im Jahre 1945 wurde das ganze Landgut als Feindbesitz von der niederländischen Regierung konfisziert und alle Ansprüche der Familie auf das Haus, den Park und das Inventar verfielen.[12] Der Erbe des Kaisers, der damalige Kronprinz Wilhelm (1882-1951) legte dagegen Einspruch ein. Aber nur, wenn der Prinz eine so genannte *no-enemy-*Erklärung no-enemy-Erklärung (den Nachweis, dass die betreffende Person tatsächlich Widerstand gegen das Naziregime geleistet hat [I.S.: vgl. Persilschein]) hätte vorlegen können, hätte er seinen Besitz zurückerhalten. Diese Erklärung wurde ihm von der niederländischen Regierung zweimal verweigert.[13] Dennoch verfügte die 1949 gegründete Stichting tot Beheer van Huis Doorn (Stiftung zur Verwaltung von Haus Doorn) mit Zustimmung des Finanzministeriums, unter das die Stiftung fiel, dass die Familie eine Reihe von Gegenständen mit 'Erinnerungswert' zurückbekommen durfte. Der Generalverwalter Graf von Hardenberg sorgte für einen Lastwagen und ein Personen-

1 Oscar Tellgmann, Huis Doorn, september 1933
[cat. 183] Oscar Tellgmann, Haus Doorn, September
1933 [Kat. 183]

2 Oscar Tellgmann, Werkkamer van Wilhelm II,
september 1933 [cat. 183] Oscar Tellgmann, Arbeitszimmer von Wilhelm II., September 1933 [Kat. 183]

1

2

auto, die beide mit Gegenständen beladen wurden – wobei der Begriff 'Erinnerungswert' wahrscheinlich sehr breit interpretiert wurde. Die Autos waren jedoch zu klein und dadurch musste ein Teil zurückbleiben, darunter die *großen Albums (Mittelmeer- u. Nordlandreise u.s.w.)*.[14]

Haus Doorn blieb als Museum in Besitz des Niederländischen Staates und bekam 1955 den heutigen Namen Stichting tot Beheer van Huis Doorn.[15] Von einer musealen Verwaltung in Hinsicht auf Konservierung und Restauration kann in den Jahren vor 1990 nur gelegentlich gesprochen werden. Während die Inventarisierung der Kunst- und Gebrauchsgegenstände seit der Konfiszierung 1945 sehr genau durchgeführt wurde, blieben die Gegenstände im Archiv und die Fotos unberührt. Der Zustand dieser Stücke, die zeitweilig in den Kellern aufbewahrt worden waren, wurde Besorgnis erregend, nachdem durch Bauarbeiten im Dorf der Grundwasserspiegel stieg und dadurch die Kellerräume feucht wurden. Die Gegenstände im Archiv wurden 1975 in das Utrechter Archiv gebracht und dort erschlossen. Erst Anfang der Neunziger Jahren wurde mit der Konservierung und Inventarisierung der Fotos begonnen.[16] In dieser Zeit wurde auch eine erste bescheidene Fotoausstellung organisiert: *De keizer gekiekt* [Der Kaiser geknipst] (1990). 1990 gab es in Haus Doorn kaum Kenntnisse über Restaurierung- und Konservierungsmethoden von fotografischem Material. Das führte dazu, dass viele Fotos die durch Schimmel oder Klebereste angegriffen waren weggeworfen wurden.[17] Während der Restaurierung von Haus Doorn (1990-1992) wurden 1991 ein beachtlicher Teil der Fotos und viele andere Objekte aus dem Museum im Münchener Stadtmuseum und im Deutschen Historischen Museum in Berlin ausgestellt und zum ersten Mal in einem dazugehörigen Katalog beschrieben.[18] Über die Darstellung des Kaisers durch Fotografie und Film schrieb Klaus-D. Pohl in diesem Katalog einen Artikel: *Der Kaiser im Zeitalter seiner technischen Reproduzierbarkeit*. Damit war er der Erste, der die Aufmerksamkeit auf die besondere Bedeutung der Fotosammlung in Doorn lenkte.[19] Die Renovierung war mit einer weit reichenden Reorganisation verbunden, die zu einer professionellen Vorgehensweise in Bezug auf die museale Verwaltung, Inventarisierung und Beschreibung der Sammlung und Konservierung und Restauration führte. Trotzdem waren erst 1996 die notwendigen Personen und die Kenntnisse verfügbar, um die Arbeit an der Fotosammlung wieder aufnehmen zu können. Die Inventarisierung und Beschreibung der Sammlung ist momentan in vollem Gange, vereinzelt werden auch Restaurierungen

zijn museale functie aan de oorspronkelijke toestand waarin huis en inboedel zijn gebleven na de dood van de laatste bewoner – is de fotoverzameling in de afgelopen jaren toch met een enkele aankoop en een paar schenkingen verrijkt. De aankoop betreft een zestigtal foto's van de fotograaf Oscar Tellgmann uit Eschwege, een van de hoffotografen van de keizer tijdens diens regeerperiode en in de Eerste Wereldoorlog.[21] In 1933 kwam deze fotograaf naar Doorn om het landgoed van de verbannen keizer van binnen en van buiten te fotograferen. De foto's zijn aangekocht omdat ze een uniek document vormen voor het herstel van de oorspronkelijke situatie in en buiten Huis Doorn. Een vergelijkbare verzameling kreeg het museum in 2001 in eeuwigdurend bruikleen: bijna 300 amateur-foto's die de Duitse majoor Gutschmidt maakte in de jaren dertig van het kasteel, het park, het poortgebouw en het dorp.[22]

Over de toekomst van de bijzondere fotografische nalatenschap van keizer Wilhelm II valt na het besluit van de voormalige staatssecretaris tot stopzetting van de subsidie nog niets met zekerheid te zeggen.[23] Zeker is dat de collectie een plaats verdient in het Nederlands fotografisch erfgoed. Ook al gaat het om een specifiek Duitse verzameling, gemaakt voor en bijeengebracht door de Duitse monarchie, in een tijd waarin het Europese gedachtegoed hoog op de politieke agenda staat, mag en moet een dergelijke collectie onze aandacht en zorg ten volle krijgen.

durchgeführt.[20] Durch Publikationen und Ausstellungen muss die Sammlung nicht nur in den Niederlanden, sondern auch im Ausland bekannter werden. Obwohl das Museum keine aktive Akquisitionspolitik betreibt – die museale Verwaltung bemüht sich den ursprünglichen Zustand des Hauses und des Inventars nach dem Tod seines letzten Bewohners zu erhalten – wurde die Fotosammlung in den letzten Jahren doch durch einige Käufe und Schenkungen bereichert. Es wurden mehr als sechzig Fotos von dem Fotografen Oscar Tellgmann aus Eschwege gekauft, der einer der Hoffotografen des Kaisers während seiner Regentschaft und im Ersten Weltkrieg war.[21] Im Jahre 1933 kam dieser Fotograf nach Doorn, um das Landgut des verbannten Kaisers von innen und außen zu fotografieren. Die Fotos wurden gekauft, da sie einzigartige Dokumente sind, die bei der Rekonstruktion der ursprünglichen Situation in und um Haus Doorn helfen. Eine vergleichbare Sammlung bekam das Museum 2001 als ständige Leihgabe: fast 300 Amateurfotos, die der deutsche Major Gutschmidt in den dreißiger Jahren von dem Schloss, Park, Torgebäude und dem Dorf gemacht hat.[22]

Über die Zukunft des besonderen fotografischen Nachlasses von Kaiser Wilhelm II. kann noch nichts Konkretes gesagt werden, da der frühere Staatssekretär beschlossen hat, die Subventionen einzustellen.[23] Sicher ist, dass die Sammlung einen Platz im Nachlass der niederländischen Fotografie verdient. Auch wenn es sich um eine spezifisch deutsche Sammlung handelt, die für und durch die deutsche Monarchie zusammengestellt wurde. Aber in einer Zeit, in der das europäische Gedankengut ganz oben auf der politischen Tagesordnung steht, muss und darf einer solchen Sammlung unsere volle Aufmerksamkeit und Sorgfalt zu Teil werden.

De keizer in beeld
Wilhelm II en de fotografie als PR-instrument

Der Kaiser im Bild
Wilhelm II. und die Fotografie als PR-instrument

Sinds de dood van prinses Diana, opgejaagd door paparazzi in een Parijse tunnel in 1997, lijkt de toch al gespannen relatie tussen vorsten en de media er niet beter op te zijn geworden. Toen de prins en prinses van Wales hun huwelijksperikelen tot in de onsmakelijkste details in de tabloids en op televisie uit de doeken deden, ontspon zich al gauw de discussie of de koninklijke familie niet zelf deels verantwoordelijk was voor haar daling in populariteit. Niet alleen in Engeland maar ook bij andere Europese vorstenhuizen is het steeds zoeken geweest naar een evenwicht: hoe kan een regerend monarch zo veel mogelijk zichtbaar zijn – om de relatie met de onderdanen te verstevigen – en tegelijkertijd het sprookje in stand houden?[1] Bij deze vraag komt al gauw de negentiende-eeuwse Britse journalist Walter Bagehot om de hoek kijken, die in zijn opstel *Physics and Politics* uit 1872 enkele rake analyses van de (politieke) rol van de Britse monarchie gaf die in bepaalde opzichten nu nog steeds geldig zijn. Bagehots theorieën sloten aan bij het concept van de 'zichtbare monarchie' dat aan het begin van de negentiende eeuw werd ontwikkeld. Sinds de Franse revolutie konden vorsten niet meer rekenen op de onvoorwaardelijke loyaliteit van hun onderdanen. Zij werden geacht hun bijzondere positie tenminste te verantwoorden en bij voorkeur ook waar te maken. Het ambt was hun niet meer als vanzelfsprekend door God gegeven. Om zich van de aanhankelijkheid van zijn onderdanen te kunnen verzekeren was het nog meer dan vroeger nodig dat de vorst zich liet zíen, en wel van zijn beste kant. Bagehot schreef: *to be invisible is to be forgotten ... To be a symbol, and an effective symbol, you must be vividly and often seen*, en dat hoefde nog niet zozeer in persoon te zijn, een goed portret kon ook zeer effectief zijn.[2] Tegelijkertijd moest de vorst er alles aan doen om zijn aureool van verheven onaantastbaarheid te behouden: *We must not let in daylight on magic*, aldus Bagehot.[3] Het portret van een vorst werd in de negentiende eeuw dus gebruikt om diens aan-

Seit dem Tod von Prinzessin Diana, von Paparazzi gejagt, 1997 in einem Pariser Tunnel scheint das sowieso schon gestörte Verhältnis zwischen Fürsten und den Medien nicht besser geworden zu sein. Als der Prinz und die Prinzessin von Wales ihre Eheprobleme bis in die unappetitlichsten Details in den Klatschblättern und im Fernsehen offenbarten, begann schon bald die Diskussion, ob die königliche Familie nicht teilweise selbst für das Sinken ihrer Beliebtheit verantwortlich ist. Nicht nur in England, sondern auch bei anderen europäischen Fürstenhäusern war man immer auf der Suche nach einem Gleichgewicht: Wie kann ein regierender Fürst so viel wie möglich sichtbar sein – um die Beziehung zu verstärken – und gleichzeitig das Märchen aufrecht erhalten?[1] Bei dieser Frage kommt einem schnell der britische Journalist Walter Bagehot aus dem neunzehnten Jahrhundert in den Sinn, der in seinem Aufsatz *Physics and Politics* von 1872 einige treffende Analysen der (politischen) Rolle der britischen Monarchie gab, die in gewisser Hinsicht jetzt immer noch gültig sind. Bagehots Theorien bezogen sich auf das Konzept der 'sichtbaren Monarchie', das zu Beginn des neunzehnten Jahrhunderts entwickelt wurde. Seit der Französischen Revolution konnten Fürsten nicht mehr mit der bedingungslosen Loyalität ihrer Untertanen rechnen. Man erwartete von ihnen, dass sie ihre besondere Position mindestens verantworten und vorzugsweise auch realisieren konnten. Das Amt war ihnen nicht mehr selbstverständlich von Gott gegeben. Um sich der Anhänglichkeit seiner Untertanen zu versichern, war es noch mehr als früher notwendig, dass der Fürst sich sehen ließ, und zwar von seiner besten Seite. Bagehot schrieb: *to be invisible is to be forgotten ... To be a symbol, and an effective symbol, you must be vividly and often seen*, und das musste nicht einmal unbedingt persönlich sein, ein gutes Porträt konnte diesen Zweck auch erfüllen.[2] Zugleich musste der Fürst alles dafür tun, den Anschein erhabener Unberührbarkeit zu erhalten: *We must not let in daylight on magic*, laut Bagehot.[3] Das Porträt eines Fürsten wurde im neunzehn-

wezigheid alomtegenwoordig te maken en zijn koninklijke macht te accentueren. Om dat effect te kunnen bereiken moest het vorstelijk portret natuurlijk wel worden gezien en diende het te beantwoorden aan de heersende conventies. Dat betekende bijvoorbeeld dat in de negentiende en twintigste eeuw door de opkomende bourgeoisie van de vorst werd verwacht dat hij niet alleen een goed militair en politiek leider was, maar ook een deugdzaam en huiselijk leven leidde met vrouw en kinderen.

Als er één negentiende-eeuwse vorst is geweest die de implicaties van het 'zichtbaar koningschap' goed heeft begrepen dan is dat wel de laatste Duitse keizer geweest. Zijn keizerschap kwam neer op een permanente show waarbij hij zich bediende van de modernste technieken zoals fotografie en film. In feite was Wilhelm II de eerste filmster van zijn tijd: hij wist er voortdurend voor te zorgen zo voordelig mogelijk in beeld te komen.[4] De keizer straalde een jeugdige energie uit die zou kunnen leiden tot verandering en vernieuwing. Zijn intensieve bemoeienissen met staatszaken op allerlei terreinen en zijn militair machtsvertoon op parades en manoeuvres wekten de indruk dat het land op een daadkrachtige vorst kon rekenen. Niets was minder waar, zijn optreden was in feite niets meer dan theater. Zijn hypernerveuze karakter belette hem als het er echt op aan kwam ferm op te treden.[5] Wilhelms tragiek was dat hij niet alleen de indruk diende te wekken een uitmuntend staatsman en militair strateeg te zijn, door het politieke bestel in Duitsland werd dat ook van hem verwacht. Terwijl in Groot-Brittannië de macht al eeuwen bij het parlement lag, had Rijkskanselier Otto von Bismarck er voor gezorgd dat in het Pruisische koninkrijk en later het Duitse keizerrijk de vorst de feitelijke macht behield – achter de schermen bijgestaan door adviseurs. De Duitse keizer voerde een *Persönliches Regiment*, een persoonlijke heerschappij die alleen was gestoeld op de kwaliteiten van de vorst zelf. En hoe sterk deze vorm van bestuur ook beantwoordde aan Wilhelms eigen ideeën over een door God gegeven autocratisch keizersschap, uiteindelijk bleek hij er niet tegen opgewassen.

Uit de ruim 12.000 foto's tellende fotoverzameling van de laatste Duitse keizer in Huis Doorn komt duidelijk naar voren waar zijn interesses en preoccupaties lagen: zijn eigen imago, militaire parades, reizen, schepen, jagen, archeologie en de Eerste Wereldoorlog. Maar nog interessanter is het te kunnen zien hoe de keizer de fotografie intensief voor zijn eigen beeldvorming gebruikte

ten Jahrhundert also dazu gebraucht, dessen Anwesenheit allgegenwärtig zu machen und seine königliche Macht zu akzentuieren. Um diese Wirkung erreichen zu können, musste das fürstliche Porträt natürlich gesehen werden und es musste den herrschenden Konventionen genügen. Das bedeutete zum Beispiel, dass im neunzehnten und zwanzigsten Jahrhundert das aufkommende Bürgertum vom Fürsten erwartete, dass er nicht nur ein guter militärischer und politischer Führer war, sondern auch ein tugendhaftes und häusliches Leben mit Frau und Kindern führte.

Wenn es einen Fürsten aus dem neunzehnten Jahrhundert gegeben hat, der die Implikationen des 'sichtbaren Königtums' gut verstanden hat, dann ist das der letzte deutsche Kaiser gewesen. Sein Kaisertum war eigentlich eine immerwährende Show, wobei er sich modernster Techniken wie der Fotografie und des Films bediente. Im Grunde war Wilhelm II. der erste Filmstar seiner Zeit: Er verstand es, ständig dafür zu sorgen, so vorteilhaft wie möglich ins Bild zu kommen.[4] Der Kaiser strahlte jugendliche Energie aus, die zu Veränderung und Erneuerung führen könnte. Seine intensive Beschäftigung mit Staatsangelegenheiten auf allen Gebieten und seine militärische Machtdemonstration bei Paraden und Manövern erweckten den Eindruck, dass das Land mit einem zur Tat entschlossenen Fürsten rechnen konnte. Nichts war weniger wahr, sein Auftreten war im Grunde nicht mehr als Theater. Sein übernervöser Charakter hinderte ihn entschlossen aufzutreten, wenn es darauf ankam.[5] Wilhelms Tragik war es, dass er nicht nur den Eindruck erwecken musste, ein hervorragender Staatsmann und militärischer Stratege zu sein, das politische System in Deutschland erwartete das auch von ihm. Während in Großbritannien die Macht schon jahrhundertelang beim Parlament lag, hatte Reichskanzler Otto von Bismarck dafür gesorgt, dass im preußischen Königreich und später im deutschen Kaiserreich der Fürst die tatsächliche Macht behielt – hinter den Kulissen von Beratern unterstützt. Der deutsche Kaiser führte ein *persönliches Regiment*, eine persönliche Herrschaftsausübung, die ausschließlich auf den Qualitäten des Fürsten selbst beruhte. Und wie stark diese Regierungsform auch Wilhelms eigenen Ideen eines von Gott gegebenen autokratischen Kaisertums entsprach, letztendlich stellte sich heraus, dass er dem nicht gewachsen war.

Aus der gut 12.000 Fotos zählenden Fotosammlung des letzten deutschen Kaisers im Haus Doorn wird deutlich sichtbar, wo seine Interessen und Lieblingsbeschäftigungen lagen: sein eigenes Bild,

in een tijd waarin de ontwikkeling van de fotografie in een stroomversnelling was geraakt en de maatschappelijke verhoudingen in Duitsland sterk onder druk waren komen te staan. Zijn belangstelling voor industriële innovaties en de laatste technische snufjes, waarbij zijn gebruik van de nieuwste fotografische technieken én de film goed aansluit, staat bijna haaks op zijn overtuiging een bij de gratie Gods regerend monarch te zijn die aan niemand verantwoording verschuldigd was. Met moderne middelen streefde Wilhelm II een anachronistisch keizerschap na dat op den duur niet meer te handhaven kon zijn.[6]

Visitekaartportretten De uitvinding van de fotografie in 1839 bood koninklijke families volop nieuwe mogelijkheden om zich te laten portretteren én om hun beeltenis wijd te verspreiden. Zeker in het begin was de magie van het nieuwe medium extra voelbaar. Er werd gesproken over de *magic mirror*, het zilveren daguerreotypieplaatje dat het spiegelbeeld van de geportretteerde vasthield. De Britse koninklijke familie was er snel bij, al in 1842 poseerde Prins Albert in Brighton voor William Constable, die een van de eerste fotostudio's bezat. Na 1851, toen foto's voor het eerst op grote schaal tentoongesteld werden op de *Great Exhibition* in Londen, lieten koningin Victoria en prins Albert zich steeds vaker fotograferen en begonnen zij met de aanleg van een omvangrijke verzameling foto's van hoge kwaliteit.[7] Hun oudste dochter was hen daarbij van dienst toen zij al in Duitsland woonde: *ik zag een foto in een winkel die ik hierbij stuur, denkend dat je hem wel mooi vindt, ik kijk altijd rond wanneer ik onderweg ben of ik [foto's] zie die je misschien mooi zal vinden,* schreef ze op 27 februari 1858 vanuit Berlijn aan haar vader.[8] Koningin Victoria en prins Albert nodigden de beste fotografen uit naar Buckingham Palace, Balmoral of Osborne House te komen om daar de familie te portretteren. Buckingham Palace en Windsor Castle werden zelfs in 1854 uitgerust met een donkere kamer. Ook in de fotocollectie van Wilhelm II zijn enkele van deze vroege door koningin Victoria geïnitieerde foto's terug te vinden. Hij was immers de oudste kleinzoon van de Britse vorstin. Zijn moeder, *Princess Royal* Victoria, die in familiekring 'Vicky' werd genoemd, trouwde op 25 januari 1858 met de Pruisische prins Friedrich Wilhelm, de latere keizer Friedrich III en voor naasten 'Fritz'. Vier dagen na hun huwelijk portretteerde William Bambridge hen bij Windsor Castle waar ze hun wittebroodsdagen

Militärparaden, Reisen, Schiffe, Jagden, Archäologie und der erste Weltkrieg. Aber noch interessanter ist es sehen zu können, wie der Kaiser die Fotografie intensiv zu seiner eigenen Vorstellung benutzte in einer Zeit, in der die Entwicklung der Fotografie rasant vorwärts ging und die gesellschaftlichen Verhältnisse in Deutschland unter einem starken Druck standen. Sein Interesse für industrielle Innovationen und die letzten technischen Neuheiten, zu denen auch der Gebrauch der neuesten fotografischen Techniken und des Films gehörte, steht im krassen Gegensatz zu seiner Überzeugung, ein von Gottes Gnaden regierender Monarch zu sein, der niemandem Rechenschaft schuldig war. Mit modernen Mitteln strebte Wilhelm II. einem anachronistischen Kaisertum nach, das auf die Dauer nicht zu halten sein konnte.[6]

Visitenkartenporträts Die Erfindung der Fotografie 1839 bot königlichen Familien eine Vielzahl neuer Möglichkeiten, sich porträtieren zu lassen und ihr Bild weit zu verbreiten. Vor allem am Anfang war die Magie des neuen Mediums besonders zu spüren. Es wurde vom *magic mirror* gesprochen, der silbernen Daguerreotypieplatte, die das Spiegelbild des Porträtierten festhielt. Die britische königliche Familie war eine der ersten, schon 1842 posierte Prinz Albert in Brighton vor William Constable, der eines der ersten Fotostudios besaß. Nach 1851, als Fotos zum ersten Mal in großem Umfang auf der *Great Exhibition* ausgestellt wurden, ließen Königin Victoria und Prinz Albert sich immer öfter fotografieren und begannen mit einer umfangreichen Sammlung qualitativ hochwertiger Fotos.[7] Ihre älteste Tochter war ihnen dabei von Dienst, als sie bereits in Deutschland wohnte: *Ich sah ein Foto in einem Laden, das ich Ihnen schicke, denn ich denke, dass es Ihnen gefällt, ich schaue mich immer um, wenn ich unterwegs bin, ob ich [Fotos] sehe, die Ihnen vielleicht gefallen,* schrieb sie am 27. Februar 1858 aus Berlin an ihren Vater.[8] Königin Victoria und Prinz Albert luden die besten Fotografen in den Buckingham Palace, nach Balmoral oder Osborne House ein, um dort die Familie zu porträtieren. Der Buckingham Palace und Windsor Castle wurden 1854 sogar mit einer Dunkelkammer ausgestattet. Auch in der Fotosammlung von Wilhelm II. sind einige dieser frühen von Königin Victoria veranlassten Fotos zu finden. Er war schließlich der älteste Enkel der britischen Fürstin. Seine Mutter, *Princess Royal* Victoria, die in der Familie 'Vicky' genannt wurde, heiratete am 25. Januar 1858 den preußischen Prinzen Friedrich Wilhelm, den späteren Kaiser

1 Alexander Bassano, Koningin Victoria, ca. 1896 [cat. 70]
Alexander Bassano, Königin Victoria, ca. 1896 [Kat. 70]

2 John Mayall, Visitekaartportret van prins Albert
Edward, *Prince of Wales*, op het terras van Osborne
House, 1859   John Mayall, Visitenkartenporträt von
Prinz Albert Edward, Prinz von Wales, auf der Terrasse
von Osborne House, 1859

hadden doorgebracht.[9] Het portretje van de jonggehuwden staat in Huis Doorn nog altijd in de werkkamer van de keizer [p 99].

In de glazen kast met familiesnuisterijen in deze kamer zijn nog meer foto's te vinden die destijds in opdracht van koningin Victoria van haar familieleden zijn gemaakt: dat zijn behalve een handgekleurd portret van prins Albert, bijvoorbeeld ook acht door John Mayall in Osborne gemaakte visitekaartportretten van de koningin, prins Albert, de hertogin van Kent (moeder van de koningin) en de kinderen Albert Edward, Alice, Alfred, Helena, Louise, Arthur, Leopold en Beatrice, ooms en tantes van de keizer. Deze portretjes, die erg onder licht en tijd hebben geleden, markeren een bijzonder moment in de geschiedenis van de fotografie. In 1854 kwam de Franse fotograaf A.A.E. Disdéri met een portret op visitekaartformaat (ca. 9×6 cm) dat in grote hoeveelheden tegelijkertijd kon worden geproduceerd. Op één glasplaat konden wel zes, acht of tien verschillende opnamen worden gemaakt waardoor één afdruk hetzelfde aantal portretjes opleverde.[10] Deze goedkope en snelle methode bracht de fotografie binnen het bereik van een veel grotere groep mensen, die nu niet alleen zichzelf konden laten portretteren maar ook voor relatief weinig geld portretten van beroemdheden konden verzamelen. Er ontstond een ware 'cartomanie' die tot het eind van de eeuw zou duren. In Engeland was het Mayall die rond 1859 als eerste de koninklijke familie op deze manier mocht vereeuwigen en de resultaten van deze historische sessie zijn ook in Doorn terug te vinden.[11] Dat de koningin toestemming aan de fotografen gaf hun portretten te publiceren en te verspreiden was een belangrijk signaal dat door het publiek onmiddellijk werd opgepikt: iedereen kon nu een foto van de koningin bezitten wat daarvoor alleen aan de happy few was voorbehouden. De koningin zelf kon zo haar 'aanwezigheid' vergroten. Koningin Victoria was zelf ook een enthousiast verzamelaar van visitekaartportretjes van leden van andere koninklijke families, politici, kerkelijke leiders en andere beroemdheden die zij bewonderde.[12]

1

2

Gouden daguerreotypieën De eerste foto's van Wilhelm II werden gemaakt toen hij pas enkele maanden oud was. Zijn ouders waren aanvankelijk een beetje huiverig om hem te laten fotograferen *vanwege de geur & de belichting die de oogjes van de baby pijn zouden kunnen doen*.[13] Maar al snel was een bezoekje aan de fotograaf een

1

2

3

Friedrich III. und für Angehörige 'Fritz'. Vier Tage nach ihrer Hochzeit porträtierte sie William Bambridge bei Windsor Castle, wo sie
ihre Flitterwochen verbracht hatten. [9] Das kleine Porträt der Jung-
vermählten steht in Haus Doorn noch immer im Arbeitszimmer des
Kaisers [S 99].

In dem Glasschrank mit Familiennippes in diesem Zimmer finden
sich noch mehr Fotos, die damals von Königin Victoria und ihren
Familienmitgliedern gemacht wurden: Das sind neben einem hand-
kolorierten Porträt von Prinz Albert zum Beispiel auch acht von John
Mayall in Osborne gemachte Visitenkartenporträts der Königin, von
Prinz Albert, der Herzogin von Kent (Mutter der Königin) und den
Kindern Albert Edward, Alice, Alfred, Helene, Louise, Arthur, Leopold
und Beatrice, Onkel und Tanten des Kaisers. Diese kleinen Porträts,
die sehr unter dem Licht und der Zeit gelitten haben, markieren einen
besonderen Moment in der Geschichte der Fotografie. 1854 kam der
französische Fotograf A.A.E. Disdéri mit einem Porträt im Visitenkartenformat (ca. 9×6 cm), das gleichzeitig in großen Mengen pro-
duziert werden konnte. Auf einer Glasplatte konnten sechs, acht
oder zehn verschiedene Aufnahmen gemacht werden, wodurch ein
Abdruck die selbe Anzahl Porträts lieferte. [10] Diese billige und schnelle
Methode machte die Fotografie für eine viel größere Personengruppe
erschwinglich, die sich jetzt nicht nur selbst porträtieren lassen konnte,
sondern auch für relativ wenig Geld Porträts von Berühmtheiten
sammeln konnte. Es entstand eine wahre 'Kartomanie', die bis zum
Ende des Jahrhunderts dauern sollte. In England war es Mayall, der
um 1859 als erster die königliche Familie auf diese Weise verewigen
durfte, und die Ergebnisse dieser historischen Sitzung sind auch in
Doorn zu finden. [11] Dass die Königin den Fotografen die Erlaubnis
erteilte, ihre Porträts zu veröffentlichen und zu verbreiten, war ein
wichtiges Signal, das die Öffentlichkeit sofort annahm: Jeder konnte
jetzt ein Foto der Königin besitzen, was bisher nur einer selekten
Gesellschaft vorbehalten gewesen war. Die Königin selbst konnte so
ihre 'Anwesenheit' vergrößern. Königin Victoria selbst war auch eine
begeisterte Sammlerin von Visitenkartenporträts von Mitgliedern
anderer königlicher Familien, Politikern, Kirchenführern und anderen Berühmtheiten, die sie bewunderte. [12]

Goldene Daguerreotypien Das erste Foto von Wilhelm II. wurde
gemacht, als er erst ein paar Monate alt war. Seine Eltern zögerten
anfangs, ihn fotografieren zu lassen *wegen des Geruchs u. der Beleuchtung,*

regelmatig terugkerend uitje. In de zomer van 1861 was de kleine Wilhelm met zijn ouders en zijn zusje Charlotte in Engeland. Zijn vader beschrijft in zijn dagboek hoe zij op 4 juli een bezoek brachten aan Mayall in Londen om zich met de kinderen te laten fotograferen. Twee dagen eerder had Friedrich Wilhelm beschreven hoe hij Vicky naar de in Londen gevestigde Franse fotograaf Camille Silvy had gebracht: *Met Vicky naar de fotograaf Silvy, een domme Fransman, wiens manieren mij onder de Engelsen nog onaangenamer leken, dan de Franse [manieren] überhaupt al zijn.*14 Maar fotograferen kon Silvy wel: een van de meest verfijnde visitekaartportretjes van Wilhelms moeder, elegant geposeerd voor een geschilderd decor, is nog altijd in de collectie [p 100]. Niet lang daarna, in december 1861, overleed Wilhelms grootvader prins Albert na een kort ziekbed. De ontroostbare koningin Victoria liet door William Bambridge in maart 1862 een serie foto's maken waarop zij met haar kinderen de *Prince Consort* de laatste eer bewijst. De prins is in de vorm van een buste op alle foto's aanwezig. De fotocollectie van de keizer bevat twee foto's uit de serie: één met koningin Victoria met haar kinderen Vicky, Alice en Alfred [p 101] en één zonder de koningin maar met de vijf prinsessen bij het borstbeeld van de prins. *Day turned into night* schreef koningin Victoria op haar eigen exemplaar dat in de Royal Archives bewaard wordt. De dood van haar geliefde prins-gemaal greep de vorstin zo zeer aan dat zij zich jarenlang uit het openbare leven terugtrok. Dit zelfgekozen isolement werd haar door haar onderdanen niet in dank afgenomen. Zelfs haar overleden echtgenoot was van mening geweest dat de monarchie de meeste kans van overleven had bij een actief 'PR-beleid'.15

Waar de Britse vorstin en haar familie voorop liepen in fotografiegebruik, lieten de Pruisische Hohenzollerns zich tijdens de pioniersjaren van de fotografie ook niet onbetuigd.16 De verzameling in Huis Doorn geeft daarvan een paar fraaie voorbeelden. Zo is er een handgekleurde stereodaguerreotypie van Wilhelms grootvader Wilhelm I, die rond 1860 gemaakt moet zijn, het jaar waarin hij zijn broer Friedrich Wilhelm IV opvolgde als koning van Pruisen. Deze foto is gemaakt door de Duitse fotograaf Trudpert Schneider, die met zijn zonen Heinrich en Wilhelm rond 1860 diverse Europese vorstenhoven afreisde om er clientèle te werven.17 Maar echt bijzonder zijn de twee gouden daguerreotypieportretten die Wilhelm I in 1845 van zijn twee kinderen Friedrich Wilhelm en Luise liet maken [p 103]. De kostbare en zeer zeldzame

*die die kleinen Augen treffen könnte.*13 Aber schon bald war ein Besuch beim Fotografen ein regelmäßig wiederkehrender Ausflug. Im Sommer 1861 war der kleine Wilhelm mit seinen Eltern und seiner Schwester Charlotte in England. Sein Vater beschreibt in seinem Tagebuch, wie sie am 4. Juli Mayall in London besuchten, um sich mit den Kindern fotografieren zu lassen. Zwei Tage zuvor hatte Friedrich Wilhelm beschrieben, wie er Vicky zu dem in London ansässigen französischen Fotografen Camille Silvy gebracht hatte: *Mit Vicky zum Photographen Silvy, Stockfranzoße, dessen Manieren mir unter den englischen noch unangenehmer erschienen, als überhaupt die französischen sind.*14 Aber fotografieren konnte Silvy schon: Eines der raffiniertesten Visitenkartenporträts von Wilhelms Mutter, elegant posierend vor einem gemalten Hintergrund, ist immer noch in der Sammlung [S 100]. Nicht viel später, im Dezember 1861, starb Wilhelms Großvater Prinz Albert nach kurzer Krankheit. Die untröstliche Königin Victoria ließ von William Bambridge im März 1862 eine Fotoserie machen, auf der sie mit ihren Kindern dem *Prince Consort* die letzte Ehre erweist. Der Prinz ist in der Form einer Büste auf allen Fotos anwesend. Die Fotosammlung des Kaisers beinhaltet zwei Fotos aus dieser Serie: Eines mit Königin Victoria mit ihren Kindern Vicky, Alice und Alfred [S 101] und eines ohne die Königin mit den fünf Prinzessinnen um das Brustbild des Prinzen herum. *Day turned into night* schrieb Königin Victoria auf ihr eigenes Exemplar, das in den Royal Archives bewahrt wird. Der Tod ihres geliebten Prinzgemahls nahm die Fürstin so sehr mit, dass sie sich jahrelang aus dem öffentlichen Leben zurückzog. Diese selbst gewählte Isolierung nahmen ihre Untertanen ihr übel. Selbst ihr verstorbener Ehemann war der Meinung gewesen, dass die Monarchie bei einer aktiven 'PR-Politik' die meisten Überlebenschancen hatte.15

Auch wenn die britische Monarchin und ihre Familie eine Vorreiterrolle im Fotografiegebrauch einnahmen, auch die preußischen Hohenzollern beteiligten sich in den Pioniersjahren der Fotografie nach Kräften.16 Die Sammlung in Haus Doorn gibt dafür ein paar schöne Beispiele. So gibt es z.B. eine handkolorierte Stereodaguerreotypie von Wilhelms Großvater Wilhelm I., die um 1860 gemacht worden sein muss, das Jahr, in dem er seinem Bruder Friedrich Wilhelm IV. als König von Preußen nachfolgte. Dieses Foto wurde von dem deutschen Fotografen Trudpert Schneider gemacht, der mit seinen Söhnen Heinrich und Wilhelm um 1860 verschiedene europäische Fürstenhöfe abreiste, um Kundschaft zu werben.17 Aber wirklich außergewöhnlich sind die beiden goldenen Daguerreotypien, die

gouden laag op de twee daguerreotypieën maakt deze portretten uniek.[18] De foto's zijn gemaakt door de Berlijnse fotograaf Philipp Graff die al in 1843 een fotostudio had geopend. Friedrich Wilhelm maakt op 28 augustus 1845 in zijn dagboek melding van zijn bezoek aan de fotograaf. Uit de opgeschreven herinneringen van Prof. Dr. Karl Schellbach, de wis- en natuurkundeleraar van Friedrich Wilhelm, blijkt dat deze de prins enkele jaren later zelf leerde fotograferen: *Ik was in de gelegenheid hem [Friedrich Wilhelm] met de wonderen van de daguerreotypie bekend te maken, en ik heb nog twee portretten van hem uit 1847, waaruit echter niet blijkt dat hij ooit een knappe man zou zijn. Tijdens deze bezigheden onderscheidde de prins zich vaak. Zijn zuster, de beminnelijke prinses Luise, moest gedaguerreotypeerd worden. De jonge prins stelde voor haar in een kleine fraai bewerkte deuropening van het slot [Babelsberg] te zetten en haar een palmtak in de hand te geven, zodat op deze manier een prachtig portret ontstond dat nog lang de studeerkamer van haar vader sierde.*[19] Dat de ouders van de prins de beperkte mogelijkheden van de daguerreotypie inzagen, blijkt uit Schellbachs volgende notitie: *In die tijd ontstonden de eerste proeven van de [papier]fotografie. Bij het zien daarvan voorzag onze gevierde prinses [Augusta], ondanks de eerste onvolkomenheden, al het einde van de daguerreotypie, hetgeen ook inderdaad gebeurde.*[20] Het grote nadeel van de daguerreotypie was dat het een uniek beeld opleverde dat zich niet liet dupliceren, alleen dan door het opnieuw te fotograferen. Dit is ook gebeurd met het gouden daguerreotypieportret van prins Friedrich Wilhelm, waarvan jaren later nog een reproductie op kabinetformaat is gemaakt die hoogstwaarschijnlijk in hoge oplagen is verspreid.[21]

Jeugdfoto's In de fotocollectie van de keizer zijn diverse jeugdportretten van de keizer bewaard gebleven, bijna allemaal in de vorm van visitekaartportretjes die niet alleen voor privé-gebruik waren maar ook te koop werden aangeboden. L. Haase & Co., Hermann Selle en Carl Wigand waren enkele van de Duitse (hof)fotografen die Wilhelm op zeer jeugdige leeftijd mochten portretteren [p 104, 105]. Het was aan hen om het kind niet alleen stil te laten zitten, maar ook om zijn ongelukkig armpje zo elegant mogelijk te verbergen. Wilhelm was op 27 januari 1859 geboren na een uiterst gecompliceerde bevalling, waarbij de zenuwen in zijn linkerarm beschadigd waren geraakt. Dit had tot gevolg dat deze arm niet zou volgroeien en altijd min of meer verlamd zou blijven. Al op zeer jonge leeftijd werd de prins aan allerhande

Wilhelm I. 1845 von seinen beiden Kindern Friedrich Wilhelm und Luise machen ließ [S 103]. Die kostbare und sehr seltene goldene Schicht auf den beiden Daguerreotypien macht diese Porträts einzigartig.[18] Die Fotos hat der Berliner Fotograf Philipp Graff gemacht, der bereits 1843 ein Fotostudio eröffnet hatte. Friedrich Wilhelm erwähnt am 28. August 1845 in seinem Tagebuch seinen Besuch beim Fotografen. Aus den niedergeschriebenen Erinnerungen von Prof. Dr. Karl Schellbach, dem Mathematik- und Physiklehrer von Friedrich Wilhelm, geht hervor, dass dieser dem Prinzen später selbst das Fotografieren beibrachte: *Ich war vollkommen im Stande ihn mit den Wundern der Daguerreotypie bekannt zu machen, und besitze noch zwei Bilder von ihm, die aus dem Jahre 1847 stammen, aber nicht zeigen, daß er einst der schönste Mann werden würde. Bei diesen Beschäftigungen trat der Kunstsinn des Prinzen vielfach hervor. Seine Schwester, die liebenswürdige Prinzessin Luise, sollte daguerreotypiert werden. Der junge Prinz schlug vor, sie in die Umrahmung einer kleinen, verzierten Thür des Schlosses [Babelsberg] zu stellen und ihr einen Palmenzweig in die Hand zu geben, so daß auf diese Weise wirklich ein Bild entstand, welches lange Zeit das Arbeitszimmer des Vaters schmückte.*[19] Dass die Eltern des Prinzen die beschränkten Möglichkeiten der Daguerreotypie einsahen, geht aus Schellenbachs folgenden Notizen hervor: *In dieser Zeit entstanden die ersten Spuren der Photographie, bei deren Anblick ungeachtet ihres unvollkommenen Anfangs, unsere gefeierte Prinzessin [Augusta] schon das Ende der Daguerreotypie voraussah, was auch wirklich bald eintrat.*[20] Der große Nachteil der Daguerreotypie war es, dass sie ein einzigartiges Bild lieferte, das sich nicht vervielfältigen ließ, außer man fotografierte es erneut. Das ist auch mit dem goldenen Daguerreotypieporträt von Prinz Friedrich Wilhelm geschehen, von dem Jahre später noch eine Reproduktion auf Kabinettformat gemacht wurde, die höchstwahrscheinlich in hohen Auflagen verbreitet wurde.[21]

Jugendfotos In der Fotosammlung des Kaisers sind verschiedene Jugendporträts des Kaisers bewahrt geblieben, fast alle in der Form von Visitenkartenporträts, die nicht nur für den Privatgebrauch bestimmt waren, sondern auch zu kaufen waren. L. Haase & Co, Hermann Selle und Carl Wigand waren einige der deutschen (Hof-)Fotografen, die Wilhelm in sehr jungem Alter porträtieren durften [S 104, 105]. Ihre Aufgabe war es, das Kind nicht nur zum Stillsitzen zu bewegen, sondern auch sein unglückliches Ärmchen so elegant wie möglich zu verbergen. Wilhelm war am 27. Januar 1859 nach einer äußerst

medische behandelingen onderworpen die meer weg hadden van martelingen dan van therapieën. Hoewel Wilhelm II ondanks zijn handicap een bedreven zeiler, jager en ruiter is geworden, hebben de weinig zachtzinnige behandelingen blijvende psychische schade aangericht, nog afgezien van het feit dat het zowel voor zijn ouders als voor hemzelf moeilijk te verkroppen was dat de Pruisische troonopvolger met een gebrek ter wereld was gekomen.[22]

Ter gelegenheid van zijn tiende verjaardag in januari 1869 werd Wilhelm door de Berlijnse fotograaf Heinrich Graf in het uniform van het 1. *Garde Regiment zu Fuß* gefotografeerd. Van de sessie zijn verschillende opnamen bewaard gebleven. Op een foto in de collectie in Doorn staat de prins naast een tafel waar zijn helm op ligt, zijn (goede) rechterhand houdt hij op zijn borst, waardoor het niet duidelijk te zien is dat zijn (slechte) linkerarm, die naast zijn lichaam hangt, veel korter is. Op een portretje in het archief van de Hessische Hausstiftung zit de prins aan een tafel waarop hij zijn goede arm laat rusten terwijl zijn slechte arm in zijn schoot rust en hij met die hand een witte handschoen vasthoudt om zijn arm langer te laten lijken en zijn hand groter. Toch is op deze foto duidelijk te zien dat de arm en de hand onvolgroeid zijn. Het verhaal gaat dat Wilhelm om die reden het negatief van deze foto zou hebben laten vernietigen.[23] Niettemin was het portretje nog in 1895 te vinden in de fondslijst van een Duitse uitgever, maar wel gevignetteerd zodat zijn handen niet te zien zijn.[24] Op veel van Wilhelms jeugdportretten is zijn slechte arm wel degelijk te zien, maar de fotografen hebben er meestal vakkundig voor gezorgd dat de misvorming nauwelijks opvalt.

Op 10 juni 1882 stuurde Wilhelms moeder een foto aan haar eigen moeder koningin Victoria met de woorden: *Hierbij stuur ik je een hele lelijke maar amusante foto van de keizer, Fritz, Willie en Baby, vier generaties op één foto.*[25] Het gaat hier om een foto van de toenmalige keizer Wilhelm I, zijn zoon (Fritz), de latere keizer Friedrich III, diens zoon (Willie), de latere keizer Wilhelm II, en de eerstgeboren zoon van Wilhelm (II) en zijn vrouw Auguste-Victoria (Baby). De Duitse hoffotograaf Hermann Selle maakte de betreffende foto in mei 1882 naar aanleiding van het bezoek dat de oude keizer Wilhelm I, samen met zijn zoon Fritz, aan zijn oudste kleinzoon had gebracht ter gelegenheid van de geboorte van baby Wilhelm. De foto bevindt zich nog altijd in de fotocollectie in de Royal

komplizierten Geburt geboren worden, bei der die Nerven seines linken Arms beschädigt worden waren. Das hatte zur Folge, dass dieser Arm nicht richtig wachsen und immer mehr oder weniger gelähmt bleiben sollte. Schon in sehr jungem Alter wurde der Prinz allen möglichen medizinischen Behandlungen ausgesetzt, die eher Folterungen glichen als Therapien. Obwohl Wilhelm trotz seiner Behinderung ein begeisterter Segler, Jäger und Reiter wurde, haben die wenig einfühlsamen Behandlungen bleibende psychische Schäden angerichtet, ganz abgesehen davon, dass es sowohl für seine Eltern als auch für ihn selbst schwer zu akzeptieren war, dass der preußische Thronfolger mit einem Makel zur Welt gekommen war.[22]

Anlässlich seines zehnten Geburtstages im Januar 1869 wurde Wilhelm vom Berliner Fotografen Heinrich Graf in der Uniform des 1. Garderegiments zu Fuß fotografiert. Von dieser Sitzung sind verschiedene Fotos erhalten. Auf einem Foto in der Sammlung in Doorn steht der Prinz neben einem Tisch, auf dem sein Helm liegt, seine (gesunde) rechte Hand hält er an der Brust, wodurch nicht deutlich zu sehen ist, dass sein (kranker) linker Arm, der an seinem Körper hängt, viel kürzer ist. Auf einem kleinen Porträt im Archiv der Hessischen Hausstiftung sitzt der Prinz am Tisch, auf dem er seinen gesunden Arm ruhen lässt, während sein kranker Arm im Schoß liegt und die Hand einen weißen Handschuh festhält, um seinen Arm länger und seine Hand größer erscheinen zu lassen. Dennoch ist auf diesem Foto deutlich zu sehen, dass Arm und Hand nicht ausgewachsen sind. Es wird behauptet, dass Wilhelm aus diesem Grund das Negativ dieses Fotos vernichtet haben lassen soll.[23] Nichtsdestotrotz war das Porträt noch 1895 im Verlagsverzeichnis eines deutschen Verlages zu finden, allerdings vignettiert, so dass seine Hände nicht zu sehen sind.[24] Auf vielen von Wilhelms Jugendporträts ist sein kranker Arm sehr gut zu sehen, aber die Fotografen haben meistens fachkundig dafür gesorgt, dass die Missbildung kaum auffällt.

Am 10. Juni 1882 sandte Wilhelms Mutter ein Foto an ihre eigene Mutter, Königin Victoria, mit den Worten: *Ich schicke Ihnen ein sehr hässliches, aber amüsantes Foto vom Kaiser, Fritz, Willi und Baby, vier Generationen auf einem Foto.*[25] Es geht hierbei um ein Foto, das den damaligen Kaiser Wilhelm I., seinen Sohn (Fritz), den späteren Kaiser Friedrich III., dessen Sohn Wilhelm II. (Willi) und den erstgeborenen Sohn von Wilhelm (II) und seiner Frau Auguste Viktoria (Baby) zeigt. Der deutsche Hoffotograf Hermann Selle machte das betreffende Foto im Mai 1882 anlässlich des Besuches des alten Kaisers

Archives in Windsor Castle en oogt niet zozeer lelijk als wel eenvoudig. Selle heeft de opname buiten gemaakt in de tuin van het Marmorpalais in Potsdam waar Wilhelm met zijn gezin woonde. De keizer houdt zijn achterkleinkind in zijn armen terwijl de vader en grootvader aan weerszijden toekijken. Paul Seidel, destijds directeur van het Hohenzollern Museum en conservator van de koninklijke collecties, schreef in 1906 in een speciale aflevering van het *Hohenzollern Jahrbuch* naar aanleiding van het vijfentwintigjarig huwelijk van Wilhelm en Auguste-Victoria dat het portret ongeveer acht tot tien dagen na dat bezoek was gemaakt om het gedenkwaardige moment van vier generaties toch nog vast te leggen.[26] Ongetwijfeld was de foto niet als herinnering bedoeld, maar moest het beeld de rest van Duitsland overtuigen dat de Hohenzollerns ruimschoots van troonopvolgers waren voorzien en dat hun keizerlijke dynastie niet in gevaar was. De foto is in vele vormen de wereld over gegaan en veelvuldig in boeken over de keizer gepubliceerd, maar in de fotoverzameling van Wilhelm II in Doorn is het beeld terug te vinden in de vorm van een niet al te beste fotoreproductie, gemaakt door de Berlijnse fotograaf Sophus Williams, van een schilderij dat de kunstenaar E. Hader nogal houterig naar de foto heeft gemaakt. *Gesetzlich geschützt* (wettelijk beschermd) staat er op de foto wat impliceert dat het een populair beeld moet zijn geweest, gevoelig voor ongeoorloofde kopieën. De foto staat nog altijd ingelijst in de echtelijke slaapkamer in Doorn.

Staatsieportretten De negenentwintigjarige Wilhelm werd in 1888, na de dood van zijn vader Friedrich III, die slechts negenennegentig dagen had geregeerd, Duits keizer. De manier waarop Wilhelm zich vanaf dat moment liet portretteren verschilt van de wijze waarop zijn voorgangers dat deden. Wilhelm presenteerde zich op zijn foto's nadrukkelijk als Duits keizer, terwijl zijn grootvader Wilhelm I zich veel bescheidener had gepresenteerd als een oude, wijze vorst. Friedrich III daarentegen had zich juist laten zien als de serieuze troonopvolger en dappere krijgsheer [p 107]. Waar het gaat om vorstelijke personen en hun houding tegenover fotografen is er nog een aardige opmerking van generaal von Moltke over Friedrich III bewaard. Op 16 februari 1857, toen Moltke met de latere keizer Friedrich op veldtocht was, schreef hij zijn vrouw: *Welke grote vreugde heeft je foto mij gebracht.*

Wilhelm I. zusammen mit seinem Sohn Fritz bei seinem ältesten Enkelsohn bei Gelegenheit der Geburt des Babys Wilhelm. Das Foto befindet sich noch immer in der Fotosammlung der Royal Archives in Windsor Castle und sieht nicht hässlich aus, allerdings sehr einfach. Selle hat die Aufnahme draußen gemacht, im Garten des Marmorpalais in Potsdam, wo Wilhelm mit seiner Familie wohnte. Der Kaiser hält sein Urenkelkind in den Armen, während der Vater und der Großvater an beiden Seiten zuschauen. Paul Seidel, damals Direktor des Hohenzollern-Museums und Konservator der königlichen Sammlungen, schrieb 1906 in einer Sonderausgabe des *Hohenzollern-Jahrbuchs* anlässlich der Silberhochzeit von Wilhelm und Auguste Viktoria, dass das Porträt ungefähr acht bis zehn Tage nach diesem Besuch gemacht worden sei, um den denkwürdigen Moment von vier Generationen doch noch festzulegen.[26] Zweifellos war das Foto nicht als Erinnerung gemeint, sondern musste das Bild das restliche Deutschland davon überzeugen, dass die Hohenzollern über mehr Thronfolger als genug verfügten und ihre kaiserliche Dynastie nicht in Gefahr war. Das Foto ist in vielen Formen um die Welt gegangen und wurde häufig in Büchern über den Kaiser veröffentlicht, aber in der Fotosammlung von Wilhelm II. in Doorn findet sich das Bild in der Form einer nicht allzu guten Fotoreproduktion, die der Berliner Fotograf Sophus Williams von einem Gemälde des Künstlers E. Hader gemacht hat, der wiederum etwas ungeschickt das Foto abgemalt hatte. *Gesetzlich geschützt* steht auf dem Foto, was angibt, dass es ein beliebtes Bild gewesen sein muss, in Gefahr, unerlaubt kopiert zu werden. Das Foto steht noch immer gerahmt im ehelichen Schlafzimmer in Doorn.

Offizielle Porträts Der neunundzwanzigjährige Wilhelm wurde 1888 nach dem Tod seines Vaters, Friedrich III., der nur neunundneunzig Tage regiert hatte, deutscher Kaiser. Die Art, wie Wilhelm sich von diesem Moment an porträtieren ließ, unterscheidet sich sehr von der Art, wie seine Vorgänger das taten. Wilhelm präsentierte sich auf seinen Fotos nachdrücklich als deutscher Kaiser, während sein Großvater Wilhelm I. sich viel bescheidener als ein alter, weiser Fürst präsentiert hatte. Friedrich III. dagegen hatte sich gerade als ernsthafter Thronfolger und tapferer Kriegsherr dargestellt. Wenn es um fürstliche Personen und ihre Haltung gegenüber Fotografen geht, ist da noch eine nette Bemerkung von General von Moltke über Friedrich III. überliefert. Am 16. Februar 1857, als Moltke mit dem

1 Hermann Selle, Vier generaties Hohenzollern: Keizer Wilhelm I, kroonprins Friedrich Wilhelm, prins Wilhelm en diens zoon prins Wilhelm, mei 1882, heliogravure uit: *Hohenzollern Jahrbuch* 1906, p. 79. Hermann Selle, Vier Generationen Hohenzollern: Kaiser Wilhelm I., Kronprinz Friedrich Wilhelm, Prinz Wilhelm und dessen Sohn Prinz Wilhelm, Mai 1882, Heliogravüre aus: *Hohenzollern Jahrbuch* 1906, p. 79.

2 Sophus Williams, Kabinetfoto met vier generaties Hohenzollern: Keizer Wilhelm I, kroonprins Friedrich Wilhelm, prins Wilhelm en diens zoon prins Wilhelm, 1882 [cat. 83] Sophus Williams, Kabinettfoto mit vier Generationen Hohenzollern: Kaiser Wilhelm I., Kronprinz Friedrich Wilhelm, Prinz Wilhelm und dessen Sohn Prinz Wilhelm, 1882 [Kat. 83]

3 Kuth & Stock, *Hurrah! Vier Könige!*, kabinetfoto met vier generaties Hohenzollern: Keizer Wilhelm I, kroonprins Friedrich Wilhelm, prins Wilhelm en diens zoon prins Wilhelm, 1882 [cat. 84] Kuth & Stock, *Hurrah! Vier Könige!*, Kabinettfoto mit vier Generationen Hohenzollern: Kaiser Wilhelm I., Kronprinz Friedrich Wilhelm, Prinz Wilhelm und dessen Sohn Prinz Wilhelm, 1882 [Kat. 84]

4 Anoniem, Wilhelm II in uniform van het 1. *Garde Regiment zu Fuß* met twee kameraden, ca. 1880 [cat. 3] Anonym, Wilhelm II. in einer Uniform des 1. Garderegiments zu Fuß mit zwei Kameraden, ca. 1880 [Kat. 3]

5 Reichard & Lindner, Keizer Wilhelm I op zijn sterfbed, 9 maart 1888 [cat. 80] Reichard & Lindner, Kaiser Wilhelm I. auf dem Totenbett, 9. März 1888 [Kat. 80]

6 Reichard & Lindner, Keizer Friedrich III op zijn sterfbed, 16 juni 1888 [cat. 81] Reichard & Lindner, Kaiser Friedrich III. auf dem Totenbett, 16. Juni 1888 [Kat. 81]

1

2

3

4

5

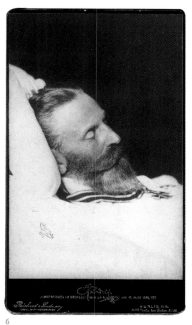

6

Ze is buitengewoon gelukt; een zo goed gelijkend portret is toch werkelijk een kostbaar goed. Gewoonlijk stelt men zich enigszins bevangen op bij het portretteren, men voelt zich bekeken en wil een bepaalde gezichtsuitdrukking aannemen, daardoor gaat de eigenlijke uitdrukking verloren. Dit beeld kijkt zo vrijmoedig en met een gerust geweten de wereld in alsof ik je voor me zie. Met de loep bekeken wint het nog meer. Ook de prins vindt het heel delicieus. Kort geleden was ik met hem bij een fotograaf alhier, met wiens resultaten hij niet tevreden was. Hij neemt echter een representatieve gezichtsuitdrukking ['Representationsmiene'] aan, en al zijn foto's hebben een ernst en strengheid die hij in het dagelijkse leven helemaal niet heeft.[27]

Omdat de officiële foto's van keizer Wilhelm II vanaf 1888 wat betreft vorm en inhoud in een strak keurslijf werden gegoten, bedienen fotografen zich van een vergelijkbare iconografie als die gebruikelijk was in het heersersportret zoals zich dat vanaf de achttiende eeuw had ontwikkeld in de schilderkunst.[28] Het geschilderde portret was uiteraard nog steeds in zwang. Vorsten lieten zich, naar voorbeeld van hun illustere voorgangers, graag op doek portretteren – zo was het immers mogelijk een illusionistisch beeld van macht te creëren. De kunstenaars bedienden zich daarbij vaak van een laag standpunt, barokke stoffering met een prominente plaats voor de regalia. Zo liet de nieuwe Duitse keizer zich in 1890 door Max Koner schilderen naar voorbeeld van onder andere Hyacinthe Rigauds beroemde portret van koning Lodewijk XIV. De onthulling van dit portret in de Duitse ambassade te Parijs in 1890, ontlokte een Franse generaal de uitspraak: *dat portret daar, dat is een oorlogsverklaring!*[29] Ook fotografen volgden deze traditie: ze kozen vaak een laag standpunt waardoor de keizer imposanter lijkt, terwijl zijn blik naar boven is gericht of juist vanuit de hoogte neerkijkt op de beschouwer. Waar de camera bepaalde tekortkomingen niet kon verdoezelen, werden retouches aangebracht. De beroemde snor van de keizer, met de bijnaam *es ist erreicht* – het is gelukt –, werd in het negatief of met potlood op de afdruk nog wat groter en hoger opgekruld, de taille van de keizerin werd nog iets smaller gemaakt en haar heupen bijgewerkt tot het destijds modieuze zandloperfiguur. De ongelukkige linkerarm van de keizer werd weggewerkt door hem zijn arm op de rug te laten houden, te laten steunen op een degen, of door hem handschoenen in de linkerhand te geven.

Aan de portretten is duidelijk af te lezen wat Wilhelm als zijn belangrijkste taakuitoefening zag: *Oberste Kriegsherr*, opperbevel-

spätteren Kaiser Friedrich auf Feldzug war, schrieb er seiner Frau: *Welche große Freude hast Du mir durch deine Photographie gemacht. Sie ist unübertrefflich gelungen; so ein ganz ähnliches Bild ist doch ein rechter Schattz. Gewöhnlich stellt man sich zum Porträtiren mit einiger Befangenheit, man weiß sich beobachtet und will eine bestimmte Miene annehmen, dadurch geht der eigentliche Ausdruck verloren. Dies Bild blickt so keck und mit gutem Gewissen in die Welt, als ob ich Dich vor mir sehe. Auch der Prinz findet es ganz deliciös. Ich war kürzlich mit ihm bei einem hiesigen Photographen, mit dessen Leistungen er nicht zufrieden war. Er nimmt aber eine Repräsentationsmiene an, und alle seine Photographien haben einen Ernst und eine Strenge, die er im gewöhnlichen Leben gar nicht hat.*[27] [S 107]

Weil die offiziellen Fotos von Kaiser Wilhelm II. ab 1888 in Bezug auf Form und Inhalt in eine Zwangsjacke gesteckt wurden, bedienen sich die Fotografen einer vergleichbaren Ikonografie wie sie im Herrscherporträt üblich war, wie es sich seit dem achtzehnten Jahrhundert in der Malerei entwickelt hatte.[28] Das gemalte Porträt war natürlich immer noch beliebt. Fürsten ließen sich nach dem Vorbild ihrer illustren Vorgänger gern auf Leinwand porträtieren – so war es schließlich möglich, ein illusionistisches Bild der Macht zu schaffen. Die Künstler bedienten sich dabei oft eines niedrigen Standortes, wählten barockes Dekor mit einem prominenten Platz für die Regalien. So ließ sich der neue deutsche Kaiser 1890 von Max Koner malen nach dem Vorbild von u.a. Hyacinthe Rigauds berühmtem Porträt von König Ludwig XIV. Die Enthüllung dieses Porträts in der deutschen Botschaft zu Paris 1890 bewegte einen französischen General zu dem Ausspruch: *Das Porträt da, das ist eine Kriegserklärung!*[29] Auch Fotografien folgten dieser Tradition: Sie wählten oft einen niedrigen Standort, wodurch der Kaiser imposanter aussieht, während sein Blick nach oben gerichtet ist oder gerade aus dieser Höhe auf den Betrachter niederblickt. Wo die Kamera gewisse Mängel nicht verstecken konnte, wurden Retouchierungen angebracht. Der berühmte Schnurrbart des Kaisers – mit dem Spitznamen *Es ist erreicht* – wurde im Negativ oder mit Bleistift noch etwas größer und höher gezwirbelt, die Taille der Kaiserin wurde noch etwas schmaler gemacht und ihre Hüften in die Richtung der damals modernen Sanduhrfigur gebracht. Der unglückselige linke Arm des Kaisers wurde verborgen, indem man ihn auf seinem Arm oder Rücken ruhen ließ, ihn auf einen Degen stützen ließ oder indem man ihm Handschuhe in die linke Hand gab.

An den Porträts sieht man deutlich, was Wilhelm als seine wichtigste Aufgabe sah: Oberster Kriegsherr, Oberbefehlshaber der

hebber van het Duitse leger.[30] Voor het poseren kon de keizer
kiezen uit talloze uniformen van verschillende binnen- én buitenlandse regimenten. Alle foto's bij elkaar wekken de indruk van
een grote verkleedpartij, een indruk die versterkt wordt door de
iets te nadrukkelijke 'vorstelijke' houding van de keizer. Zo maakte
T.H. Voigt, een van Wilhelms favoriete portretfotografen, rond
1902 een serie van de keizer in achtereenvolgens de uniformen
van: een Oostenrijks huzarenregiment, de Johannieter Orde, een
Hongaars huzarenregiment, de *Generalkapitän* van het Spaanse
leger [p 108] en de admiraal van de Duitse Keizerlijke Marine
[p 109]. Wilhelm is op zijn fotoportretten dan ook vrijwel nooit
in burger geportretteerd, of het moest in jachtkostuum zijn. Er
is in de collectie een unieke driekleurenkooldruk uit 1907 te vinden, waarop de keizer een groen jagersjasje draagt én de orde van
de kouseband [p 111].[31] Eén keer is de keizer afgebeeld in een toga,
naar aanleiding van het eredoctoraat in de rechten dat hij op 15
november 1907 van de universiteit van Oxford ontving [p 112].
Als dank voor de hem verleende eer schonk hij de universiteit
een meer dan levensgroot, door Alfred Schwarz geschilderd,
portret.[32] Het fotoportret werd tijdens het poseren vermoedelijk
door Schwarz zelf gemaakt. Het lijkt alsof de keizer zich in toga
minder op zijn gemak voelt dan in uniform, alsof hij niet helemaal weet welke houding een wetenschapper dient aan te nemen.

Wilhelm was overigens niet de eerste negentiende-eeuwse
vorst die zijn fotoportret op zelfbewuste wijze liet maken en gebruiken – hij was wel de eerste vorst die dat op grote schaal deed.
Ook Napoleon III, keizer van het *Second Empire* (1852-1871), had goed
gekeken naar de visuele propagandatechnieken van zijn illustere
oom Napoleon I en bevorderde de publicatie en verspreiding van
zijn eigen (foto)portret dan ook ten zeerste. Zo gaf de Franse regering tussen 1854 en 1864 jaarlijks 1.260.000 francs uit aan de pro-
ductie van keizerlijke portretten.[33] Net als zijn Duitse collega
was de Franse keizer ook niet gezegend met een perfecte fysiek,
daarom moesten fotografen al hun optische kennis gebruiken
om van zijn kleine gestalte een imposante figuur te maken. Maar
in tegenstelling tot Wilhelm II, die zich ten tijde van zijn heerschappij vrijwel uitsluitend in uniform liet portretteren, was de
Franse keizer regelmatig in burger te zien. Dit was ongetwijfeld
bedoeld om de sterke republikeinse sentimenten in Frankrijk te
sussen en zijn eigen staatsgreep te legitimeren. Bovendien was

1 Classens, Keizer Wilhelm I in
het *Mersenburger Schloßportal*, 1884
[cat. 78]   Classens, Kaiser Wilhelm I.
im *Mersenburger Schloßportal*, 1884
[Kat. 78]

2 Classens, Kroonprins Friedrich
Wilhelm in het *Mersenburger Schloßportal*, 1886 [cat. 79]   Classens,
Kronprinz Friedrich Wilhelm im *Mersenburger Schloßportal*, 1886 [Kat. 79]

3 T.H. Voigt, Keizer Wilhelm II in
uniform van de Johannieter Orde,
1902 [cat. 10]   T.H. Voigt, Kaiser
Wilhelm II. in der Uniform des
Johanniterordens, 1902 [Kat. 10]

4 T.H. Voigt, Keizer Wilhelm II in
uniform van de Hongaarse Huzaren, 1902 [cat. 11]   T.H. Voigt,
Kaiser Wilhelm II. in der Uniform der
Ungarischen Husaren, 1902 [Kat. 11]

1

2

3

4

1 T.H. Voigt, Keizerin Auguste-Victoria, juni 1915
[cat. 47] T.H. Voigt, Kaiserin Auguste Viktoria, Juni 1915
[Kat. 47]

2 T.H. Voigt, Keizerin Auguste-Victoria en haar
schoondochter Cecilie met haar pasgeboren dochter
Alexandrine, juni 1915 T.H. Voigt, Kaiserin Auguste
Viktoria und ihre Schwiegertochter Cecilie mit der neugeborenen Tochter Alexandrine, Juni 1915

1

Juni 1915.

2

deutschen Armee.[30] Für das Posieren konnte der Kaiser aus zahllosen Uniformen verschiedener in- und ausländischer Regimenter wählen. Alle Fotos zusammen erwecken den Eindruck eines großen Kostümfestes, ein Eindruck, der durch die etwas zu betonte 'fürstliche' Haltung des Kaisers noch verstärkt wird. So machte T.H. Voigt, einer von Wilhelms bevorzugten Porträtfotografen um 1902 eine Serie vom Kaiser nacheinander in folgenden Uniformen: ein österreichisches Husarenregiment, der Johanniterorden, ein ungarisches Husaren-regiment, der Generalkapitän der spanischen Armee [S 108] und der Admiral der Deutschen Kaiserlichen Marine [S 109]. Wilhelm ist auf seinen Fotoporträts praktisch nie in Zivil porträtiert, höchstens noch im Jägerkostüm. In der Sammlung gibt es einen einzigartigen Drei-farbenpigmentdruck aus dem Jahre 1907, auf dem der Kaiser eine grüne Jägerjacke trägt und den Hosenbandorden [S 111].[31] Einmal ist der Kaiser in einer Toga abgebildet, anlässlich eines Ehrendoktorats in Rechtswissenschaft, das er am 15. November 1907 von der Univer-sität von Oxford erhielt [S 112]. Als Dank für die ihm verliehene Ehre schenkte er der Universität ein mehr als lebensgroßes, von Alfred Schwarz gemaltes Porträt.[32] Das Fotoporträt wurde während des Posierens vermutlich von Schwarz selbst gemacht. Es sieht so aus, als ob sich der Kaiser in Toga weniger wohl fühlte als in Uniform, als ob er gar nicht wüsste, welche Haltung ein Wissenschaftler anzunehmen hatte.

Wilhelm war übrigens nicht der erste Fürst des neunzehnten Jahr-hunderts, der sein Fotoporträt auf selbstbewusste Weise machen und gebrauchen ließ – er war allerdings der erste Fürst, der das in großem Rahmen tat. Auch Napoleon III., der Kaiser des *Second Empire* (1852-1871), hat sich die visuellen Propagandatechniken seines illustren Onkels Napoleon I. gut angeschaut und förderte die Veröffentlichung und Verbreitung seines eigenen (Foto-) Porträts entschieden. So gab die französische Regierung zwischen 1854 und 1864 jährlich 1.260.000 Franc für die Herstellung kaiserlicher Porträts aus.[33] Wie sein deutscher Kollege war auch der französische Kaiser nicht mit einem vollkommenen Körper gesegnet, deshalb mussten Fotografen all ihr optisches Wissen einsetzen, um aus seiner kleinen Gestalt eine imposante Figur zu machen. Aber im Gegensatz zu Wilhelm II., der sich in den Zeiten seiner Herrschaft praktisch aus-schließlich in Uniform porträtieren ließ, war der französische Kaiser regelmäßig in Zivil zu sehen. Das hatte zweifellos zum Zweck, die starken republikanischen Gefühle in Frankreich zu dämpfen und

Frankrijk nu eenmaal lang niet zo militaristisch ingesteld als Pruisen en het latere Duitse keizerrijk. Voor de Franse keizerin Eugénie waren devotie en moederliefde de belangrijkste eigenschappen die zij in haar portretten ten toon spreidde, nagenoeg dezelfde kwaliteiten die de Duitse keizerin Auguste-Victoria veertig jaar later zou laten zien.

Auguste-Victoria, keizerin en moeder Wilhelms echtgenote keizerin Auguste-Victoria liet zich ook regelmatig fotograferen. Weliswaar ziet zij er door haar elegante en dure kleding, haar sieraden en rechte houding zeer statig en majesteitelijk uit, de stoffering past meer bij de eenvoud van haar karakter: kastjes, tafeltjes met bloemen, een boek, een waaier [p 113]. Af en toe draagt ze een diadeem in het haar die iets van haar keizerlijke status weergeeft.[34] Staatsieportretten zijn er van de keizerin uiteraard ook gemaakt, maar deze zijn vreemd genoeg in de collectie van de keizer nauwelijks terug te vinden op enkele foto's van Reichard & Lindner uit 1899 na. De meeste foto's van de keizerin beantwoorden geheel aan haar reputatie van voorbeeldige moeder en nederige en godvrezende vrouw, voor wie gezin, geloof en liefdadigheid het levensdoel vormden. Zij belichaamde het ideaal van de Duitse vrouw die zich in Bismarcks ogen aan drie zaken diende te wijden: *Kirche, Kinder und Küche.*[35] Op veel foto's kijkt zij devoot naar beneden, naar een (klein)kind of leest ze in een boek, meestal de bijbel. Op de dagslaapkamer van de keizer in Doorn hangt bijvoorbeeld een close-up portret van de keizerin met neergeslagen blik. Bij nadere beschouwing blijkt de foto een uitsnede te zijn van het portret dat T.H. Voigt in juni 1915 van de keizerin maakte staand naast haar schoondochter Cecilie met haar dochter Alexandrine op schoot. Ook Ottomar Anschütz portretteerde de keizerin in 1900 als welgestelde burgervrouw, in hooggesloten, eenvoudige donkere japon, zonder opsmuk of al te veel sieraden, maar wel met het portret van haar echtgenoot in uniform van het *Garde du Corps* prominent zichtbaar op het kastje [p 114, 115]. Na haar dood werden de portretten van de keizerin nog lange tijd in de vorm van briefkaarten uitgegeven. Op de achterzijde van een dergelijke kaart schreef Auguste-Victoria's zoon Adalbert aan zijn vader: *Wir gedenken der geliebten Mama am heutigen Tage! D[einer]. Getr[euer]. S[ohn] Adalbert.*[36] Een van de laatste portretten van Auguste-Victoria als keizerin maakte T.H. Voigt vlak voor de oorlog: en profil met

seinen eigenen Staatsstreich zu legitimieren. Außerdem war Frankreich nun einmal lange nicht so militaristisch eingestellt wie Preußen und später das deutsche Kaiserreich. Für die französische Kaiserin Eugénie waren Frömmigkeit und Mutterliebe die wichtigsten Eigenschaften, denen sie in ihren Porträts Ausdruck verlieh, praktisch die selben Qualitäten, die die deutsche Kaiserin Auguste Viktoria vierzig Jahre später noch demonstrieren sollte.

Auguste Viktoria, Kaiserin und Mutter Wilhelms Ehefrau, Kaiserin Auguste Viktoria, ließ sich auch regelmäßig fotografieren. Sie sieht durch ihre elegante und wertvolle Kleidung, ihren Schmuck und ihre gerade Haltung zwar sehr würdevoll und majestätisch aus, aber die Ausstattung passt eher zur Einfachheit ihres Charakters: Schränkchen, Tischlein mit Blumen, ein Buch, ein Fächer [S 113]. Ab und zu trägt sie ein Diadem, das etwas von ihrem kaiserlichen Stand wiedergibt.[34] Offizielle Porträts von der Kaiserin wurden natürlich auch gemacht, aber diese sind seltsamerweise in der Sammlung des Kaisers kaum zu finden, bis auf einige Fotos von Reichard & Lindner aus dem Jahre 1899. Die meisten Fotos von der Kaiserin entsprechen ganz und gar ihrem Ruf der vorbildlichen Mutter und demütigen und gottesfürchtigen Frau, für die Familie, Glaube und Wohltätigkeit das Lebensziel bilden. Sie verkörperte das Ideal der deutschen Frau, die sich in Bismarcks Augen drei Dingen zu widmen hatte: *Kirche, Kinder und Küche.*[35] Auf vielen Fotos schaut sie demütig nach unten, auf ein (Enkel-) Kind oder liest in einem Buch, meistens in der Bibel. Im Ruhezimmer des Kaisers in Doorn hängt zum Beispiel eine Großaufnahme der Kaiserin mit gesenktem Blick. Bei näherem Hinsehen stellt man fest, dass das Foto ein Ausschnitt aus dem Porträt ist, das T.H. Voigt im Juni 1915 von der Kaiserin machte; sie steht darauf neben ihrer Schwiegertochter Cecilie mit Tochter Alexandrine auf dem Schoß. Auch Ottomar Anschütz porträtierte die Kaiserin 1900 als gutsituierte Bürgersfrau in einem hochgeschlossenen einfachen dunklen Kleid ohne Putz oder all zu viel Schmuck, allerdings mit einem sehr auffallenden Porträt ihres Mannes in der Uniform der Garde du Corps auf der Kommode [S 114, 115]. Nach ihrem Tod wurden die Porträts der Kaiserin noch lange Zeit in Form von Postkarten herausgegeben. Auf der Rückseite einer solchen Karte schrieb Auguste Viktorias Sohn Adalbert an seinen Vater: *Wir gedenken der geliebten Mama am heutigen Tage! D[einer]. Getr[euer]. S[ohn] Adalbert.* Eines der letzten Porträts von Auguste Viktoria als Kaiserin machte T.H. Voigt kurz vor dem Krieg:

diadeem, parelketting en waaier [p 113]. De foto is in vele varianten gepubliceerd, gevignetteerd, in spiegelbeeld, op groot en klein formaat, op briefkaarten en in tijdschriften. Deze foto is samen met een portret van de keizer in Engels admiraalsuniform op een briefkaart gemonteerd en onder de titel *Deutschlands Kaiserhaus* verspreid. [37] Er zijn overigens bijna geen dubbelportretten van Wilhelm en Auguste-Victoria bewaard gebleven, behalve in de vorm van een montage van twee portretten. Kennelijk was de keizer zo op zichzelf gericht dat hij vergat dat zij ook samen actief een rol konden spelen in de beeldvorming.

Voor keizerin Auguste-Victoria was trouw aan echtgenoot en gezin belangrijker dan macht en status, althans dat was de indruk die zij naar buiten toe wilde wekken. *Wees trouw tot in de dood, dan zal ik u kronen met het leven,* was de bijbelstrofe die zij als leidraad in het leven hanteerde, blijkens het gedenkschrift dat na haar dood in 1921 in Duitsland verscheen. [38] Maar Auguste-Victoria zou ook heel conservatief en kortzichtig zijn geweest en haar vroomheid was op het bigotte af. [39] Eenmaal in Doorn was de keizerin al te ziek om nog echt te kunnen poseren voor fotografen. Op een van de weinige foto's die er van haar is genomen in deze periode, zit zij in een rolstoel op het balkon van Huis Doorn.

Portretrage De portretten van Wilhelm, Auguste-Victoria en hun gezin werden op grote schaal verspreid en waren in alle soorten en maten in de boek- en prenthandels te koop. Uitgeverijen sloten overeenkomsten met fotografen om hun portretten van beroemdheden te mogen produceren en distribueren. De fotografen waren zo verzekerd van een veel grotere afzet. De Berlijnse uitgever Erche & Comp. bracht rond 1895 een fondslijst uit van alle door hem uitgegeven foto's. [40] *Miniaturen-Katalog* staat er op de omslag van het album omdat alle foto's als miniatuurtjes zijn afgebeeld voorzien van titelbeschrijving, naam van de fotograaf of kunstenaar, jaartal en de formaten waarin de foto's te bestellen waren. Het albumpje geeft een prachtig overzicht van het soort fotografie dat kleinburgelijke Duitse families rond 1900 het liefst kochten. Dit waren vooral reproducties naar romantische, sentimentele of religieuze genretafereeltjes van *Moderne Meister*. Portretten van beroemde personen scoorden ook hoog. Politici, wetenschappers, kunstenaars, acteurs en actrices, componisten en musici, aan de lijst valt makkelijk af te lezen wie bekend en

im Profil mit Diadem, Perlenkette und Fächer [S 113]. Das Foto wurde in vielen Varianten veröffentlicht, vignettiert, spiegelbildlich, in großem und kleinem Format, auf Karten und in Zeitschriften. Dieses Foto wurde zusammen mit einem Porträt des Kaisers in englischer Admiralsuniform auf einer Karte montiert und unter dem Titel *Deutschlands Kaiserhaus* verbreitet. [36] Übrigens sind fast keine Doppelporträts von Wilhelm und Auguste Viktoria erhalten, außer in der Form einer Montage von zwei Porträts. Offensichtlich war der Kaiser so auf sich selbst orientiert, dass er vergaß, dass sie auch zusammen aktiv eine Rolle in der Bildung einer Vorstellung hätten spielen können.

Für Kaiserin Auguste Viktoria war die Treue gegenüber Ehemann und Familie wichtiger als Macht und Status, jedenfalls war das der Eindruck, den sie nach außen hin erwecken wollte. *Sei Getreu bis an den Tod, so will ich dir die Krone des Lebens geben,* war das Bibelzitat, das ihr als Lebensmotto diente, ist in einer Gedenkschrift zu lesen, die nach ihrem Tod 1921 noch in Deutschland erschien. [37] Aber Auguste Viktoria soll auch sehr konservativ und beschränkt gewesen sein und ihre Frömmigkeit glich mehr der Bigotterie. [38] In Doorn war die Kaiserin schon zu krank, um noch für Fotografen posieren zu können. Auf einem der wenigen Fotos, die es von ihr aus dieser Zeit gibt, sitzt sie in einem Rollstuhl auf dem Balkon von Haus Doorn.

Porträtieren Die Porträts von Wilhelm, Auguste Viktoria und ihrer Familie wurden in großem Umfang verbreitet und waren in allen Arten und Größen in den Buch- und Druckhandlungen zu kaufen. Verlage schlossen Verträge mit Fotografen, um deren Porträts von Berühmtheiten produzieren und verbreiten zu dürfen. Den Fotografen garantierte das einen viel größeren Absatzmarkt. Der Berliner Verlag Erche & Comp. brachte um 1895 eine Verlagsliste aller von ihm herausgegebenen Fotos heraus. [39] *Miniaturen-Katalog* steht auf dem Umschlag des Albums, weil alle Fotos als Miniaturen abgebildet sind, mit Titelbeschreibung, Namen des Fotografen oder Künstlers, Jahreszahl und bestellbaren Formaten versehen. Das kleine Album gibt eine ausgezeichnete Übersicht der Art von Fotografie, die kleinbürgerliche deutsche Familien um 1900 am liebsten kauften. Das waren vor allem Reproduktionen nach romantischen, sentimentalen oder religiösen Genrestücken *Moderner Meister*. Porträts von berühmten Personen waren besonders beliebt. Politiker, Wissenschaftler, Künstler, Schauspieler und Schauspielerinnen, Komponisten und Musiker, an der Liste kann man ablesen, wer im Berlin des Fin de

beroemd waren in het Berlijn van het fin de siècle. Uiteraard ontbreken de portretten van de Duitse keizerlijke familie en van leden van andere Europese vorstenhuizen niet. Zo kon er uit ruim veertig verschillende fotoportretten van de keizer worden gekozen waaronder jeugdportretjes, zoals bijvoorbeeld het hierboven genoemde portret van Wilhelm op tienjarige leeftijd dat in vier varianten in de catalogus stond. Maar ook een gevignetteerde variant van het portret dat M. Ziesler in 1889 van de jonge keizer had gemaakt kon worden besteld [p 116], evenals de twee portretten van Reichard & Lindner rond 1890, die op groot formaat in de fotocollectie van de keizer zijn terug te vinden [p 117]. Van de buitenlandse vorsten is het interessant te vermelden dat de uitgever het beroemde portret van een piepjonge koningin Wilhelmina in zwarte jurk en met losse haren van de Haagse fotograaf Adolphe Zimmermans heeft opgenomen.

De fondslijst laat duidelijk zien dat fotoportretten van vorsten en andere beroemdheden nog jaren na dato werden afgedrukt. Een bewonderaar van de keizer, een zekere Wilhelm von Holthoff, moet ook gebruik hebben gemaakt van geïllustreerde fondslijsten als die van Erche. De albums die hij rond dezelfde tijd samenstelde en die hij, vermoedelijk toen Wilhelm al in ballingschap was gegaan, aan de keizer schonk bevatten dezelfde piepkleine miniatuurportretjes. Verder heeft hij van allerlei fotografen fotomateriaal verzameld zoals familieportretten van J.C. Schaarwächter, diverse portretten van de keizer te paard door M. Ziesler en het door C.H. Schiffer gefotografeerde bezoek van de keizer met tsaar Nicolaas II aan Wiesbaden uit 1897. Deze foto's kon hij bestellen of bij de boekhandels kopen.[41] Een uitgever als Erche & Comp. maakte gebruik van de in de negentiende eeuw sterk toegenomen populariteit van portretten van beroemdheden. Economische groei in heel Europa had een nieuwe klasse van zelfbewuste *petite bourgeoisie* doen ontstaan die haar gevoel van nationale trots bevestigde met biografieën en portretten van bekende mensen.[42]

Foto als onderscheiding Nog gelukkiger dan degenen die een portret van de keizer konden kopen waren zij die een portret van de keizer mochten ontvangen. Een foto van de keizer had bijna de status van een koninklijke onderscheiding. En net als bij onderscheidingen waren de foto's in allerlei soorten, maten en rangen te vergeven al naar gelang de status van de ontvanger. Een grote

1

2

3

1 Wilhelm von Holthoff von Fassmann (samensteller album *Kaiser-Sammlung II*), Albumblad met tweeëntwintig fotoportretjes van Wilhelm II, geknipt uit een fondscatalogus, ca. 1895 [cat. 185]
Wilhelm von Holthoff von Fassmann (Zusammensteller des Albums *Kaiser-Sammlung II.*), Albumseite mit zweiundzwanzig kleinen Fotoporträts von Wilhelm II., ausgeschnitten aus einem Fondskatalog, ca. 1895 [Kat. 185]

2 M. Ziesler, Keizer Wilhelm II te paard, foto in het album *Kaiser-Sammlung I*, samengesteld door Wilhelm von Holthoff von Fassmann in 1897 [cat. 185]
M. Ziesler, Kaiser Wilhelm II. zu Pferde, Foto im Album *Kaiser-Sammlung I*, zusammengestellt von Wilhelm von Holthoff von Fassmann im Jahre 1897 [Kat. 185]

3 Titelpagina Album *Kaiser-Sammlung II*, samengesteld door Wilhelm von Holthoff von Fassmann in 1898 [cat. 185]
Titelseite Album *Kaiser-Sammlung II*, zusammengestellt von Wilhelm von Holthoff von Fassmann im Jahre 1898 [Kat. 185]

foto was meer waard dan een kleine en een handgeschreven op-dracht of handtekening op het beeld had meer betekenis dan een voorbedrukte foto. Het weggeven van gesigneerde fotoportretten door monarchen (én politici, acteurs, musici en andere beroemd-heden) was in de tweede helft van de negentiende eeuw een wijd-verspreid gebruik. Zo zou koningin Victoria al nauwkeurig hebben bijgehouden wie in aanmerking kwam voor een portret en wie een dure of goedkope afdruk, al dan niet ingekleurd of ingelijst mocht ontvangen.[43] Ook Wilhelms vader Friedrich III en zijn grootvader Wilhelm I verleenden al hun gunsten door middel van het schenken van fotoportretten.[44] Nog voordat hij keizer was gebruikte Wilhelm op zeer zelfbewuste wijze zijn foto-portretten om zijn positie als Duits troonopvolger te benadruk-ken. Hij stuurde foto's naar andere vorsten zoals de Servische koning Milan Obrenovic die hij in 1882 bij een jachtpartij had leren kennen, en aan de Russische tsaar Alexander III nadat hij deze in 1884 voor het eerst had ontmoet.[45] Ook goede vrienden, zoals Emile Görtz en Philipp zu Eulenburg, werden overladen met foto's. Niets kon Wilhelm een groter plezier doen dan een opgetogen reactie van de ontvanger. Zo schreef de moeder van Emile Görtz, Anna Görtz, met wie Wilhelm een innige relatie had: *Ik ben gelukkig … en voel me nu ongeremd en ik kan mijn gevoelens vrij spel geven. Deze gevoelens zou ik moederlijk willen noemen, en als ik naar je foto kijk, die ik op een hele goede plaats heb gezet, dan bid ik altijd tot God dat Hij een goed woordje zal doen voor de persoon die op de foto staat en hem zal zegenen.*[46] Haar zoon Emile was echter kritischer en schreef aan Wilhelm dat hij van de ontvangen foto's het grote kniestuk het minst mooi vond. Görtz, die geen onvoorwaardelijke bewonde-ring voor Wilhelm kon opbrengen, viel dan ook op een gegeven moment uit de gratie. Herbert von Bismarck wist daarentegen heel goed hoe hij de jonge prins moest behagen – en zijn eigen belang moest dienen – toen hij schreef: *Ik smeek Uwe Koninklijke Hoogheid hoogst onderdanig en allerhoffelijkst me toe te staan mijn diep eerbiedige en oprechte dank aan uw voeten te leggen om mij goedgunstig Uw prachtige foto toe te kennen … Voor mij wordt het portret door de woorden onder de foto het kostbaarste geschenk dat ik bezit, en ik kan de woorden niet vinden om uit te drukken hoe gelukkig Uwe Koninklijke Hoogheid mij heeft gemaakt. Ik ben gewoonweg overweldigd door de Gratie van Uw Koninklijke Hoogheid, maar tegelijkertijd ben ik vervuld van grote trots dat Uwe Koninklijke Hoog-heid mij zulke grote eer heeft bewezen ….* Hoewel deze dankwoorden

Siècle bekannt und berühmt war. Natürlich fehlten die Porträts der deutschen kaiserlichen Familie und von Mitgliedern anderer euro-päischer Fürstenhäuser nicht. So konnte aus gut vierzig verschiedenen Fotoporträts des Kaisers gewählt werden, darunter Jugendporträts wie das obengenannte Porträt von Wilhelm mit zehn Jahren, das in vier Varianten im Katalog stand. Aber auch eine vignettierte Variante des Porträts, das M. Ziesler 1889 von dem jungen Kaiser gemacht hatte, konnte bestellt werden [S116], ebenso die beiden Porträts von Reichardt & Lindner um 1890, die in Großformat in der Fotosamm-lung des Kaisers zu finden sind [S117]. Was die ausländischen Fürsten betrifft, ist es interessant zu wissen, dass der Verlag das berühmte Porträt der sehr jungen niederländischen Königin Wilhelmina in schwarzem Kleid und offenem Haar vom Den Haager Fotografen Adolphe Zimmermans ins Programm aufgenommen hatte.

Die Verlagsliste zeigt deutlich, dass Fotoporträts von Fürsten und anderen Berühmtheiten noch Jahre später gedruckt wurden. Ein Bewunderer des Kaisers, ein gewisser Wilhelm von Holthoff, muss auch illustrierte Verlagslisten wie die von Erche verwendet haben. Die Alben, die er um die gleiche Zeit herum zusammenstellte und die er, vermutlich als Wilhelm bereits ins Exil gegangen war, dem Kaiser schenkte, beinhalten die gleichen winzigen Miniaturporträts. Weiter hat er von allen möglichen Fotografen Fotomaterial gesam-melt, wie z.B. Familienporträts von J.C. Schaarwächter, diverse Porträts des Kaisers zu Pferd von M. Ziesler und den von C.H. Schiffer fotografierten Besuch des Kaisers mit Zar Nikolaus II. in Wiesbaden 1897. Diese Fotos konnte er bestellen oder in den Buchhandlungen kaufen.[40] Ein Verlag wie Erche & Comp. profitierte von der im neun-zehnten Jahrhundert stark zugenommenen Beliebtheit von Porträts von Berühmtheiten. Das Wirtschaftswachstum in ganz Europa hatte eine neue Klasse eines selbstbewussten Kleinbürgertums entstehen lassen, die ihren Nationalstolz mit Biografien und Porträts bekannter Menschen nährte.[41]

Foto als Auszeichnung Noch glücklicher als die, die ein Porträt des Kaisers kaufen konnten, waren die, die ein Porträt des Kaisers emp-fangen durften. Ein Foto des Kaisers hatte beinahe den Status einer königlichen Auszeichnung. Und genau wie bei Auszeichnungen waren Fotos in allen möglichen Arten, Größen und Rängen zu vergeben, je nach Status des Empfängers. Ein großes Foto war mehr wert als ein kleines, und eine handgeschriebene Widmung oder eine Unterschrift

ook voor die tijd schaamteloos en op het oneerbiedige af waren, was Wilhelm toch heel gevoelig voor zulke vleierijen.[47]

Na Wilhelms troonsbestijging bleef het laten maken en schenken van officiële portretfoto's in gebruik. Deze activiteiten zette hij voort nadat hij in 1918 in Nederland in ballingschap was gegaan – zoals hij na 1918 ook koninklijke onderscheidingen en militaire ordes bleef verlenen. Op 8 januari 1928 schreef Wilhelms vleugeladjudant Sigurd von Ilsemann: *Het uitdelen van foto's is de laatste tijd in Doorn een ware rage geworden. In de afgelopen weken zijn hele stapels foto's van de keizer verzonden. Vroeger hebben de mensen bij uitzondering de keizer om foto's voor anderen gevraagd, maar nu bestellen bijvoorbeeld Eschenburg, mejuffrouw Borth en anderen gewoonweg zo- en zoveel grote en kleine foto's van de keizer met zijn handtekening. Alle verzoeken worden ingewilligd.*[48] Ondanks de grote hoeveelheden foto's die werden verstuurd liggen er in Doorn nog altijd stapels niet verzonden foto's in alle maten en soorten.[49] In Doorn liet Wilhelm nog regelmatig Duitse fotografen overkomen om zich officieel, meestal in generaals-uniform, te laten portretten. Hoewel hij in november 1918 troons-afstand had moeten doen met de belofte nooit meer aanspraak op de Duitse troon te zullen maken, bleef hij zich via zijn portret-foto's als keizer manifesteren [p 119]. Ook zijn tweede vrouw Hermine, met wie hij in 1922 in ballingschap trouwde, had dui-delijk keizerlijke aspiraties want niet alleen liet zij zich Hare Majesteit noemen, ook liet zij zich regelmatig in vol ornaat por-tretteren om deze foto's in Duitsland uit te kunnen delen onder de nog altijd vele aanhangers van de keizer.[50]

Familiekiekjes Tenminste één keer is de keizer door het schen-ken van een fotoportret in verlegenheid gebracht. In de winter van 1888/1889 meldde een zekere Emilie Klopp, ook wel bekend als Miss Love, zich via Wilhelm ('Bill') Bismarck, een zoon van de oude Rijkskanselier, bij Wilhelm met zes brieven en een gesigneer-de foto. Zij beweerde sinds de *Kaisermanöver* van 1885 bij Straats-burg een intieme relatie met de keizer te hebben gehad. Wilhelm had haar zelfs in Potsdam een appartement laten inrichten waar hij haar regelmatig bezocht. Slechts honderd mark had zij voor haar diensten mogen ontvangen én, na zijn eerste bezoek, een gesigneerde foto met de belofte zijn financiële verplichting later na te zullen komen. De kosten die Miss Love voor de woning in Potsdam had moeten maken kwamen echter naar haar zeggen

auf dem Bild hatten mehr Bedeutung als ein vorbedrucktes Foto. Das Verschenken signierter Fotoporträts durch Monarchen (und Politiker, Schauspieler, Musiker und andere Berühmtheiten) war in der zweiten Hälfte des neunzehnten Jahrhunderts weitverbreiteter Brauch. So soll Königin Victoria schon eine präzise Liste geführt haben, wer für ein Porträt in Frage kam und wer einen teuren oder billigen Abzug, eventuell koloriert oder gerahmt empfangen durfte.[42] Auch Wilhelms Vater Friedrich III. und sein Großvater Wilhelm I. gewährten all ihre Gunst mittels Verschenken von Fotoporträts.[43] Noch bevor er Kaiser war, benutzte Wilhelm auf sehr selbstbewusste Weise seine Foto-porträts, um seine Position als deutscher Thronfolger zu betonen. Er schickte Fotos an andere Fürsten wie den serbischen König Milan Obrenovic, den er 1882 bei einer Jagd kennen gelernt hatte und an den russischen Zar Alexander III., nachdem er diesen 1884 zum ersten Mal getroffen hatte.[44] Auch gute Freunde wie Emile Görtz und Philipp zu Eulenburg wurden mit Fotos überschüttet. Nichts machte Wilhelm eine größere Freude als die begeisterte Reaktion eines Beschenkten. So schrieb die Mutter von Emile Görtz, Anna Görtz, mit der Wilhelm eine innige Beziehung verband: *Ich bin froh. ... Ich fühle mich nun unbefangen, und frei meinen Gefühlen Lauf zu lassen. Diese Gefühle darf ich in der That mütterliche nennen, und wenn ich das Bild ansehe dem ich einen sehr guten Platz gegeben habe, so kommt mir immer Fürbitte und Segen für den es darstellt, ins Gemüth.*[45] Ihr Sohn Emile war allerdings kritischer und schrieb an Wilhelm, dass ihm von den erhaltenen Fotos das große Kniestück am wenigsten gefalle. Görtz, der keine bedingungslose Bewunderung für Wilhelm aufbringen konnte, fiel auch irgendwann in Ungnade. Herbert von Bismarck wusste dagegen sehr gut, wie er dem jungen Prinzen schmeicheln – und seinem eigenen Interesse dienen -musste, als er schrieb: *Euere Königliche Hoheit bitte ich unterthä-nigst mir huldreichst gestatten zu wollen, höchstdenselben meinen ebenso ehr-furchtsvollen wie tiefgefühlten Dank für die Gnädige Gewährung des schönen Bildes zu Füßen legen zu dürfen .... Die Worte unter dem Bilde machen dasselbe für mich zu dem werthvollsten Besitze, den ich habe, und ich vermag es nicht auszudrücken, wie glücklich mich Euere Königliche Hoheit gemacht haben. Ich bin wirklich ganz beschämt durch Euerer Königlichen Hoheit Huld, aber zugleich erfüllt es mich mit dem größten Stolz, daß Höchstdieselben mich so hoch ausgezeichnet ... haben ....*Obwohl diese Dankesworte selbst für die Zeit unverschämt und beinahe respektlos waren, war Wilhelm sehr empfänglich für solche Schmeicheleien.[46]

Nach Wilhelms Thronbesteigung blieb das Aufnehmen und

Verschenken offizieller Porträtfotos gebräuchlich. Diese Aktivitäten setzte er fort, nachdem er 1918 ins niederländische Exil gegangen war – ebenso wie er nach 1918 weiterhin königliche Auszeichnungen und Militärorden verlieh. Am 8. Januar 1928 schrieb Wilhelms Flügeladjutant Sigurd von Ilsemann: *Geradezu eine Epidemie ist in der letzten Zeit in Doorn des Verschenken von Photographien geworden. In den vergangenen Wochen sind ganze Stapel von kaiserlichen Photographien verschickt worden. Früher haben die Menschen den Kaiser in Ausnahmefällen um Photos für andere gebeten, jetzt aber bestellen zum Beispiel Eschenburg, Fräulein Borth, und andere, einfach so und so viele große und kleine Bilder des Kaisers mit allerhöchster Unterschrift. Alles wird bewilligt.*[47] Trotz der großen Mengen an Fotos, die verschickt wurden, liegen in Doorn immer noch stapelweise Fotos aller Größen und Arten.[48] In Doorn ließ Wilhelm noch regelmäßig deutsche Fotografen kommen, um sich offiziell – meist in Generalsuniform, porträtieren zu lassen. Obwohl er im November 1918 auf den Thron hatte verzichten müssen mit dem Versprechen, nie wieder den deutschen Thron zu beanspruchen, demonstrierte er sich mit seinen Porträtfotos weiterhin als Kaiser [S 119]. Auch seine zweite Frau Hermine, die er 1922 im Exil heiratete, hatte deutlich kaiserliche Allüren, denn sie ließ sich nicht nur Ihre Majestät nennen, sondern ließ sich auch regelmäßig in vollem Ornat porträtieren, um diese Fotos in Deutschland unter den noch immer zahlreichen Anhängern des Kaisers zu verteilen.[49]

Familienfotos Mindestens einmal brachte den Kaiser das Verschenken eines Fotoporträts in Verlegenheit. Im Winter 1888/1889 meldete sich eine gewisse Emilie Klopp, auch als Miss Love bekannt, über Wilhelm ('Bill') Bismarck, einen Sohn des alten Reichskanzlers, bei Wilhelm mit sechs Briefen und einem signierten Foto. Sie behauptete, seit dem Kaisermanöver 1885 bei Straßburg ein intimes Verhältnis mit dem Kaiser zu haben. Wilhelm hätte ihr sogar in Potsdam eine Wohnung einrichten lassen, wo er sie regelmäßig besuche. Nur hundert Mark habe sie für ihre Dienste bekommen und nach seinem ersten Besuch ein signiertes Foto mit dem Versprechen, seinen finanziellen Verpflichtungen später nachzukommen. Die Kosten, die Miss Love für die Wohnung in Potsdam aufbringen musste, betrügen allerdings nach ihrer eigenen Aussage gut 20.000 Mark. Deshalb wünsche sie jetzt Genugtuung für die erwiesenen Dienste. Da der Kaiser selbst nicht auf ihre Bittschriften reagierte, bediente sie sich schließlich einer anderen Methode: Erpressung. Weil der Kaiser

neer op ruim 20.000 mark. Daarom wenste zij nu genoegdoening voor bewezen diensten. Omdat de keizer zelf niet reageerde op haar verzoeken nam ze haar toevlucht tot een andere methode: chantage. Omdat de keizer de relatie weliswaar bevestigde maar het bestaan van de brieven ontkende – laat staan de foto – kocht Bismarck na overleg met zijn vader en broer Herbert de brieven én de foto voor 25.000 mark van Miss Love en was een schandaal in de kiem gesmoord.[51] De keizer was behalve de *Allerhöchste* en *Oberste Kriegsherr* ook een vader van zeven kinderen. Het was daarom minstens zo belangrijk dat de keizerlijke familie ook als 'gewoon' gezin naar buiten trad, met Wilhelm in de rol van trouwe echtgenoot en goede vader. In die beeldvorming pasten geen buitenechtelijke avontuurtjes. Het gemiddelde Duitse gezin kon zich zo pas met zijn vorst identificeren. En dus zien we ook 'ongedwongen' kiekjes in de geïllustreerde bladen verschijnen die de keizer in zijn menselijke gedaante tonen: als huisvader op vakantie, picknickend in Noorwegen, tijdens de gymnastiek op het dek van de *Hohenzollern*.

Vrijwel direct na Wilhelms troonsbestijging waren er al regelmatig (kabinet)foto's van het hele gezin en van de gezinsleden afzonderlijk verspreid. Zorgvuldig gecomponeerd met de keizer in het midden, keizerin schuin erachter, de kinderen daaromheen gegroepeerd, en, als ultieme blijk van goed vaderschap, het jongste kind bij vader op schoot. De boodschap was duidelijk: hier ziet u het voorbeeldige Duits burgergezin. Vooral de fotografen J.C. Schaarwächter en Selle & Kuntze werden voor het maken van dergelijke portretten uitgenodigd. Deze foto's verschenen ook als reproducties naar slecht getekende kopieën, gecompleteerd met teksten als *Der Storch hats gebracht!* (bij de geboorte van een prinsenkind) of *Zu Befehl, Majestät!* (de keizer wordt door drie van zijn geüniformeerde zoontjes gegroet). In de fotocollectie van Huis Doorn zijn dergelijke foto's terug te vinden in een album dat een Belgische fan van de keizer ooit naar hem had gestuurd.[52] Een bijzondere curiositeit in de collectie van de keizer vormt de zogenaamde *Blechmütze* (grenadiershelm) uit 1894 met op de open te klappen voorzijde negen albuminedrukjes in ovale medaillons van het keizerlijk paar en hun kinderen.[53]

De fotoverzameling van de laatste Duitse keizer bevat ook enkele foto's van het gezin die waarschijnlijk niet voor de openbaarheid waren bestemd: amateurfoto's gemaakt door Auguste-Victoria

das Verhältnis zwar bestätigte, aber das Vorhandensein der Briefe abstritt – ebenso des Fotos – kaufte Bismarck nach Rücksprache mit seinem Vater und seinem Bruder Herbert die Briefe und das Foto für 25.000 Mark Miss Love ab und so war ein Skandal im Keim erstickt worden.[50] Der Kaiser war außer dem Allerhöchsten und Obersten Kriegsherrn auch Vater von sieben Kindern. Deshalb war es mindestens genauso wichtig, dass die kaiserliche Familie auch als 'normale' Familie auftrat, mit Wilhelm in der Rolle des treuen Ehemanns und guten Vaters. In dieses Bild passten keine außerehelichen Abenteuer. Die deutsche Durchschnittsfamilie konnte sich erst so mit ihrem Fürsten identifizieren. Und so erscheinen auch 'ungezwungene' Fotos in den illustrierten Zeitschriften, die den Kaiser in menschlicher Gestalt zeigen: als Hausvater im Urlaub, beim Picknick in Norwegen, bei der Gymnastik oder auf dem Deck der *Hohenzollern*.

Praktisch direkt nach Wilhelms Thronbesteigung wurden bereits regelmäßig (Kabinett-) Fotos von der ganzen Familie und von den einzelnen Familienmitgliedern verbreitet. Sorgfältig komponiert mit dem Kaiser in der Mitte, der Kaiserin schräg dahinter, die Kinder rundherum gruppiert und – als höchster Beweis guter Vaterschaft, das jüngste Kind auf Vaters Schoß. Die Botschaft war klar: Hier sehen Sie die vorbildliche deutsche Bürgerfamilie. Vor allem die Fotografen J.C. Schaarwächter und Selle & Kuntze wurden für das Aufnehmen solcher Porträts eingeladen. Diese Fotos erschienen auch als Reproduktionen von schlecht gemalten Kopien, vervollständigt durch Texte wie *Der Storch hats gebracht!* (bei der Geburt eines kleinen Prinzen) oder *Zu Befehl, Majestät!* (der Kaiser wird von drei seiner uniformierten Söhne gegrüßt). In der Fotosammlung von Haus Doorn findet man solche Fotos in einem Album, das ein belgischer Fan des Kaisers ihm einst geschickt hatte.[51] Eine besondere Kuriosität in der Sammlung des Kaisers bildet die sogenannte Blechmütze (ein Grenadiershelm) von 1894 mit neun Albumindrucken in ovalen Medaillons vom kaiserlichen Paar und seinen Kindern auf dem Visier.[52]

Die Fotosammlung des letzten deutschen Kaisers enthält auch einige Familienfotos, die wahrscheinlich nicht für die Öffentlichkeit bestimmt waren: Amateurfotos von Auguste Viktoria und einigen Kindern. 1888 hatte die amerikanische Firma George Eastman eine Kamera (Kodak) auf den Markt gebracht, mit der jeder ohne jegliche Kenntnis von Optik oder Chemie Fotos machen konnte. *You press the button, we do the rest* lautete der berühmte Slogan. Diese Handkamera, zu der man kein Stativ benötigte, hatte ein Magazin für einen Roll-

en enkele kinderen. In 1888 was de Amerikaanse firma George Eastman met een camera (Kodak) op de markt gekomen waarmee iedereen zonder enige kennis van optica of chemie foto's kon maken. *You press the button, we do the rest* luidde de beroemde slogan. Deze handcamera, waar geen statief meer bij nodig was, had een magazijn voor een rolfilm waarmee vele foto's achter elkaar konden worden genomen. De fotograaf hoefde zo niet meer bij elke opname een nieuwe plaat in de camera te plaatsen. De film werd door de fabrikant ontwikkeld en afgedrukt. Ook koninklijke families stortten zich op deze noviteit. Al in 1889 was prinses Alexandra, echtgenote van de Britse kroonprins Albert Edward, in het bezit van een Kodak camera. In 1908 publiceerde ze, inmiddels koningin geworden, haar foto's in het boek *Queen Alexandra's Christmas Gift Book* dat een grote bestseller werd.[54] Ook de gezinsleden van Wilhelm II fotografeerden zelf. Of de keizer zelf ook de camera heeft gehanteerd, is niet bekend. Hoewel de familie waarschijnlijk veel van de keizerlijke amateurfoto's na 1941 uit Doorn heeft meegenomen is er nog wel een album uit de periode 1907-1913 aanwezig, samengesteld door de enige dochter van de keizer prinses Viktoria Luise. Op foto's in het album poseert ze veelvuldig met haar camera, net als haar moeder en haar broer Joachim. Het zijn herkenbare familiekiekjes, vooral gemaakt tijdens de vele reizen en vakanties. Veel later, in 1969, publiceerde Viktoria Luise een deel van haar foto's in het boek *Bilder der Kaiserzeit* (in 1992 verschenen als *Im Glanz der Kaiserzeit*). Daarin schreef ze: *In mijn jeugd begon het fotograferen ook voor amateurs toegankelijk te worden. De camera's waren nog niet direct handzaam, en we hadden veel pech, maar we bedreven deze bezigheid met veel passie. Fotograferen was ... voor mij – zoals men tegenwoordig zegt – een hobby.*[55] De foto's van Auguste-Victoria konden destijds al af en toe buiten de familiekring worden gezien. Zo werden enkele van haar foto's gepubliceerd in het officiële herinneringsboek *Das Deutsche Kaiserpaar im Heiligen Lande im Herbst 1898*. De *Leipziger Illustrirte Zeitung* had op 1 december 1898 een gravure gepubliceerd naar een fotografisch portret van B. Krikorian, waarop de keizerin prominent te zien is met haar camera op schoot voor een huis in Baalbeck.[56] Deze voor privé-doeleinden gemaakte foto's waren een geheid succes omdat ze iets van het leven van de koninklijke familie lieten zien dat normaal verborgen bleef.

film, mit dem man viele Fotos hintereinander aufnehmen konnte. Der Fotograf musste so nicht mehr nach jeder Aufnahme eine neue Platte in die Kamera einlegen. Der Fabrikant entwickelte den Film und machte Abzüge. Auch die königliche Familie stürzte sich auf diese Neuheit. Schon 1889 war Prinzessin Alexandra, Ehefrau des britischen Kronprinzen Albert Edward, im Besitz einer Kodak-Kamera. 1908 veröffentlichte sie, inzwischen Königin, ihre Fotos in dem Buch *Queen Alexandra's Christmas Gift Book*, welches ein großer Bestseller wurde.[53] Auch die Familienmitglieder von Wilhelm II. fotografierten selbst. Ob der Kaiser selbst auch mit der Kamera umgegangen ist, ist nicht bekannt. Obwohl die Familie wahrscheinlich viele von den kaiserlichen Amateurfotos nach 1941 aus Doorn mitgenommen hat, gibt es dort noch ein Album aus der Zeit 1907-1913, von der einzigen Tochter des Kaisers, Prinzessin Viktoria Luise zusammengestellt. Auf den Fotos in dem Album posiert sie oft mit ihrer Kamera, ebenso wie ihre Mutter und ihr Bruder Joachim. Es wurden typische Familienfotos, vor allem während der vielen Reisen und Ferienaufenthalte gemacht. Viel später, 1969, veröffentlichte Viktoria Luise einen Teil ihrer Fotos in dem Buch *Bilder der Kaiserzeit* (1992 erschienen als *Im Glanz der Kaiserzeit*). Darin schrieb sie: *In meiner Jugendzeit begann das Fotografieren auch den Amateuren zugänglich zu werden. Die Apparate waren nicht gerade handlich, und es gab zahlreiche Pannen, aber wir betrieben diese Beschäftigung mit großer Passion. Fotografieren war ... für mich – wie man heute sagt – ein Hobby.*[54] Die Fotos von Auguste Viktoria konnten damals schon ab und zu außerhalb des Familienkreises gesehen werden. So wurden einige ihrer Fotos veröffentlicht in dem offiziellen Erinnerungsbuch *Das Deutsche Kaiserpaar im Heiligen Lande im Herbst 1898*. Die *Leipziger Illustrirte Zeitung* veröffentlichte am 1. Dezember 1898 eine Gravur nach einem fotografischen Porträt von B. Krikorian, auf dem die Kaiserin prominent mit ihrer Kamera auf dem Schoß vor einem Haus in Baalbeck zu sehen ist.[55] Diese für Privatzwecke gemachten Fotos waren ein sicherer Erfolg, weil sie etwas vom Leben der königlichen Familie zeigten, das normalerweise verborgen blieb.

Schnappschuss Andererseits bot die Handkamera dem Mann auf der Straße auch die Möglichkeit, selbst die königliche Familie zu fotografieren, wenn sich die Gelegenheit ergab. Während einer seiner Reisen nach Norwegen (Nordlandreisen) lud der Kaiser alle Passagiere des Dampfers *Viktoria Luise* ein, seine Jacht *Hohenzollern* zu besichtigen. Hans Bohrdt, einer der Gäste des Kaisers, beschrieb

1 J.C. Schaarwächter, Keizer Wilhelm II, keizerin Auguste-Victoria en hun zeven kinderen, 1896 [cat. 87] J.C. Schaarwächter, Kaiser Wilhelm II., Kaiserin Auguste Viktoria und ihre sieben Kinder, 1896 [Kat. 87]

2 Arthur Jünger, *Zu Befehl! Majestät!* Kabinetfoto naar een tekening van Wilhelm II en zijn oudste drie zonen, 1897 Arthur Jünger, *Zu Befehl! Majestät!* Kabinettfoto nach einer Zeichnung von Wilhelm II. mit seinen ältesten drei Söhnen, 1897

3 Anoniem, *Unser Kaiserhaus*: briefkaart met montage van de keizerlijke familie, ca. 1907 Anonym, *Unser Kaiserhaus*: Postkarte mit Montage der kaiserlichen Familie, ca. 1907

4 Portret van keizerin Auguste-Victoria, prinses Viktoria Luise en prins Joachim met camera's aan boord van de *Iduna*, 1908

[cat. 92] Porträt der Kaiserin Auguste Viktoria, Prinzessin Viktoria Luise und Prinz Joachim mit Kameras an Bord der *Iduna*, 1908 [Kat. 92]

5 Portret van prinses Viktoria Luise gefotografeerd door kapitein Karpf, aan boord van de *Iduna*, 1908 [cat. 92] Porträt von Prinzessin Viktoria Luise aufge-

nommen von Kapitän Karpf an Bord der *Iduna*, 1908 [Kat. 92]

6 Auguste-Victoria of Joachim, Portret van prinses Viktoria Luise aan boord van de *Iduna*, 1911 [cat. 92] Auguste Viktoria oder Joachim, Porträt der Prinzessin Viktoria Luise an Bord der *Iduna*, 1908 [Kat. 92]

7 Auguste-Victoria, Portret van prinses Viktoria Luise en prins Joachim met teckel aan boord van de *Iduna*, 1908 [cat. 92] Auguste Viktoria, Porträt der Prinzessin Viktoria Luise und Prinz Joachim mit Dackel an Bord der *Iduna*, 1908 [Kat. 92]

1

2

3

4

5

6

7

Snapshot Andersom bood de handcamera de man op straat echter ook de mogelijkheid om zelf de koninklijke familie te fotograferen als de gelegenheid zich voordeed. Tijdens een van zijn reizen naar Noorwegen (*Nordlandreisen*) nodigde de keizer alle opvarenden van het stoomschip de *Viktoria Luise* uit om een kijkje te komen nemen aan boord van zijn jacht de *Hohenzollern*. Hans Bohrdt, een van de gasten van de keizer, beschreef de gebeurtenis als volgt: *Op het bovendek wandelde de keizer met enkele heren uit zijn gevolg aan stuurboord. Langzaam werden de honderden nieuwsgierigen langs bakboord geleid. Ik heb de keizer zelden zien standhouden in zo'n vernietigend kruisvuur van fotocamera's als bij zulke gelegenheden. Met goede humor liet de hoge heer al het ongemak over zich heen gaan ... .*[57] In 1894 was een bezoek aan boord van de *Hohenzollern* nog niet zo vanzelfsprekend geweest. Opvarenden van de *Augusta Viktoria* waren diep teleurgesteld toen ze hun keizer in de haven van Bergen niet te zien kregen: *Alle ogen en toneelkijkers waren op de Hohenzollern gericht; maar hoe geconcentreerd ze ook keken en tuurden, noch de keizer noch de keizerin waren te zien – wat een ontgoocheling voor zo vele passagiers, die misschien de reis over de grote oceaan hadden gemaakt in de hoop hun jonge keizerspaar op de Nordlandreise te ontmoeten ...*[58] Maar het feit dat veel meer mensen nu een camera hadden betekende ook dat vorsten in feite voorgoed beroofd waren van de exclusieve invloed op hun eigen beeldvorming.[59] Het was niet meer een kwestie van poseren, men kon ook betrapt worden tijdens een onbewaakt ogenblik, een snapshot was zo gemaakt. Bismarck bijvoorbeeld, die zich zeer bewust was van de macht van de fotografie, was daar altijd bang voor geweest: op elke hoek van de straat kon wel eens een fotograaf staan. Je kon überhaupt niet meer weten *ob man fotografiert oder erschossen wird.*[60] Er mocht dan ook geen enkele foto zonder zijn toestemming worden gepubliceerd. De 'ijzeren kanselier' had eens moeten weten dat hij op zijn sterfbed nog door een *paparazzo-avant-la-lettre* is gefotografeerd.[61] Het lijkt dat Wilhelm pas na de Eerste Wereldoorlog echt last van opdringerige persfotografen kreeg. Zo werd hij door een schooljongen stiekem gefotografeerd op het station van Eijsden waar hij op 10 november 1918 bijna twintig uur moest wachten voor hij in Nederland asiel kreeg. Maar ook uit de dagboeken van zijn vleugeladjudant Ilsemann blijkt dat de fotografen regelmatig in de bossen rond Huis Doorn op de loer lagen.

das Ereignis folgendermaßen: *Auf dem Oberdeck promenierte der Kaiser mit einigen Herren des Gefolges an der Steuerbordseite. Langsam wurden die Hunderte von Neugierigen an der Backbordseite entlang geführt. Ich habe den Kaiser selten einem solch vernichtenden Kreuzfeuer von photographischen Apparaten standhalten sehen wie bei solchen Gelegenheiten.*[56] 1894 wäre ein Besuch an Bord der *Hohenzollern* noch nicht so selbstverständlich gewesen. Passagiere der *Augusta Viktoria* waren tief enttäuscht, als sie ihren Kaiser im Hafen von Bergen nicht zu Gesicht bekamen: *Aller Augen und aller Operngucker waren nach der Hohenzollern gerichtet; aber so andächtig sie auch blickten und spähten, weder Kaiser noch Kaiserin kamen in Sicht. Welch eine Enttäuschung für so manchen Passagier, der vielleicht die Reise über den großen Ozean in der Hoffnung gemacht hatte, dem jugendlichen Herrscherpaar auf der Nordlandfahrt zu begegnen...*[57] Aber die Tatsache, dass jetzt viel mehr Leute eine Kamera hatten, bedeutete auch, dass Fürsten tatsächlich ihres exklusiven Einflusses auf ihre eigene Darstellung beraubt waren.[58] Es war keine Frage des Posierens mehr, man konnte auch in einem unbewachten Augenblick erwischt werden, und ein Schnappschuss war gemacht. Bismarck z.B., der sich der Macht der Fotografie sehr bewusst war, hatte immer Angst davor gehabt: An jeder Straßenecke könnte ja ein Fotograf stehen. Man könne überhaupt nicht mehr wissen, *ob man fotografiert oder erschossen wird.* Es durfte deshalb kein einziges Foto ohne seine Zustimmung veröffentlicht werden. Wenn der 'eiserne Kanzler' gewusst hätte, dass er auf seinem Sterbebett noch von einem Paparazzo par excellence fotografiert werden würde![59] Es scheint, dass Wilhelm erst nach dem ersten Weltkrieg wirklich Schwierigkeiten mit aufdringlichen Pressefotografen bekommen hat. So wurde er heimlich von einem Schuljungen auf dem Bahnhof von Eijsden fotografiert, wo er am 10. November 1918 beinahe zwanzig Stunden lang warten musste, bevor ihm in den Niederlanden Asyl gewährt wurde. Aber auch aus den Tagebüchern seines Flügeladjutanten Ilsemann geht hervor, dass die Fotografen regelmäßig in den Wäldern rundum Haus Doorn auf der Lauer lagen.

Theater des Staates In seinem Testament aus dem Jahre 1934 hat Wilhelm II. ausdrücklich bestimmt, dass die Fotos von offiziellen Ereignissen weder seiner Ehefrau noch seinen Nachkommen vermacht werden durften. Sie konnten aus der Fotosammlung aussuchen, was sie wollten, nur nicht *Militärische- und Staatsaktionen betreffende* Fotos.[60] Diese hatten im Besitz des ganzen Hauses Hohenzollern zu bleiben,

Theater van de staat In zijn testament uit 1934 heeft Wilhelm II nadrukkelijk bepaald dat de foto's van officiële gebeurtenissen niet aan zijn echtgenote noch aan zijn nakomelingen mochten worden vermaakt. Zij konden kiezen uit de fotocollectie wat zij wilden met uitzondering van *Militärischen und Staatsaktionen betreffende* foto's.[62] Deze dienden in het bezit van het gehele Huis Hohenzollern te blijven, vermoedelijk omdat zij van belang werden geacht voor de familiegeschiedenis van de Hohenzollerns en herinnerden aan de positie die zij ooit hadden bekleed in het tweede Duitse keizerrijk. Uiteindelijk bleven de meeste foto's in Huis Doorn omdat de Nederlandse staat het gehele bezit van de keizer in 1945 confisqueerde.[63] De foto's laten de keizer zien als stralend middelpunt van allerhande festiviteiten, ceremonies en militaire parades. Dat er een heel tijdperk naar hem is vernoemd – het *Wilhelminische Zeitalter* – had, volgens de Duitse schrijver Golo Mann, de keizer vooral te danken aan zijn talent om voortdurend in het middelpunt van de belangstelling te staan en niet zozeer aan bijzondere daden. Ook toen hij aan het eind van zijn macht al lang niet meer die reputatie bezat en hij door diverse crises was gegaan, bleef de keizer iemand *met wiens doen en niet-doen, verschijnen en spreken men steeds rekening moest houden*.[64] Overigens ook in negatieve zin: de keizer verscheen niet alleen wekelijks zo niet dagelijks in de (geïllustreerde) pers maar bood ook het satirische tijdschrift *Simplicissimus* voortdurend stof voor spotprenten.

Net als in andere Europese monarchieën nam in het Duitse keizerrijk aan het eind van de negentiende eeuw het aantal officiële plechtigheden waarbij de vorst aanwezig was enorm toe. Deze evenementen boden niet alleen vertier maar versterkten ook de band tussen vorst en volk. Of het nu Wilhelms eigen verjaardag was, het vijfentwintigjarig bestaan van het Duitse keizerrijk in 1896 of de tweehonderdste geboortedag van Frederik de Grote in 1912, elke gelegenheid werd aangegrepen om deze op grootse en publieke wijze te vieren met parades, ontvangsten en diverse fotografen die het gebeuren van alle kanten vastlegden. Deze spektakelstukken gingen steeds meer lijken op theater, daarom zijn deze ceremonies – die de burger, om met historicus Jaap van Osta te spreken, bij uitstek de gelegenheid gaven zijn 'gevoel voor de staat' te beleven en te uiten – de geschiedschrijving in gegaan onder de verzamelnaam 'het theater van de staat'.[65] Onder het mom van de instandhouding van eeuwenoude tradities beant-

1

2

woordden deze plechtigheden aan de praalzucht van het fin de siècle en kon de vorst onbeschaamd zijn macht zowel binnenslands als in het buitenland demonstreren. De foto's zouden er achteraf voor zorgen dat ook degenen die er niet bij waren geweest geïmponeerd raakten.

Fotomontages en momentopnamen Foto's van gebeurtenissen en evenementen waren in de negentiende eeuw nog lang niet zo vanzelfsprekend als nu. De meeste foto's laten niet de gebeurtenis zelf zien maar verwijzen er alleen naar: de versieringen in de stad, de troffel waarmee de eerste steen is gelegd, de ruïnes van de afgebrande fabriek.[66] Het moment suprème was voorbehouden aan de schilders, tekenaars en graveurs die in alle rust na afloop de scène konden reconstrueren om deze zo mooi mogelijk in beeld te kunnen brengen. Maar mensen wilden steeds vaker ook foto's omdat deze meer naar de waarheid zouden zijn en daardoor ook meer indruk maakten. Om aan deze behoefte te kunnen voldoen zochten sommige fotografen hun toevlucht tot fotomontages. In 1871 bijvoorbeeld verspreidde de Berlijnse fotograaf Heinrich Schnaebeli enkele trucagefoto's van de proclamatie van het Duitse keizerrijk, die op 18 januari van dat jaar in Versailles had plaatsgevonden. Wilhelms grootvader, koning Wilhelm I van Pruisen, werd er tot Duits keizer benoemd. Schnaebeli's foto's laten strak in het gelid poserende Pruisische militairen zien in de *Salon de la Paix* en langs de opgang naar de spiegelzaal. Ze lijken op bordkartonnen figuurtjes die uit andere foto's zijn geknipt en voor de gelegenheid in het interieur van het paleis te Versailles zijn geplaatst.[67] Atelier Pfaume & Co., eveneens uit Berlijn, legde in 1871 dezelfde overijver aan de dag met de publicatie van enkele visitekaartportretten van Wilhelm met keizerskroon en hermelijnen mantel: keizer Wilhelm I is echter nooit officieel tot keizer gekroond, bovendien was er nog helemaal geen keizerskroon.[68] Overigens bedienden Franse fotografen zich in hetzelfde jaar 1871 tijdens de Parijse *Commune* van vergelijkbare technieken. Eugène Appert reconstrueerde de gebeurtenissen achteraf: met behulp van visitekaartportretjes en poserende soldaten op locatie liet hij de gevangenneming en executies van de *communards* zien. Hoewel deze foto's net als de hierboven genoemde er in onze ogen nogal knullig uit zien, werden ze goed verkocht.[69]

De stand van de fotografische techniek was grotendeels verant-

vermutlich weil sie als wichtig für die Familiengeschichte der Hohenzollern eingeschätzt wurden und an die Stellung erinnerten, die sie einmal im zweiten deutschen Kaiserreich eingenommen hatten. Schließlich blieben die meisten Fotos im Haus Doorn, weil der niederländische Staat den gesamten Besitz des Kaisers 1945 konfiszierte.[61] Die Fotografien zeigen den Kaiser als strahlenden Mittelpunkt der verschiedensten Festlichkeiten, Zeremonien und Militärparaden. Dass ein ganzes Zeitalter nach ihm benannt wurde – das *Wilhelminische Zeitalter* – verdankte der Kaiser, so der deutsche Historiker Golo Mann, vor allem seinem Talent stets im Mittelpunkt des Interesses zu stehen und weniger seinen großen Taten. Auch als er am Ende seiner Macht längst nicht mehr die Reputation besaß und diverse Krisen erlebt hatte, blieb der Kaiser jemand, *dessen Tun und Nicht-Tun, Erscheinen und Reden man sich beständig kümmern mußte*.[62] Übrigens auch in negativem Sinn: der Kaiser erschien nicht nur wöchentlich, wenn nicht täglich, in der (illustrierten) Presse, sondern bot auch der satirischen Zeitschrift *Simplicissimus* ständig Stoff für Karikaturen.

Ebenso wie in anderen europäischen Monarchien nahm im deutschen Kaiserreich gegen Ende des neunzehnten Jahrhunderts die Zahl der offiziellen Feierlichkeiten, denen der Herrscher beiwohnte, enorm zu. Solche Veranstaltungen boten nicht nur Unterhaltung, sondern stärkten auch das Band zwischen Herrscher und Volk. Ob es sich dabei um Wilhelms eigenen Geburtstag handelte, um das fünfundzwanzigjährige Bestehen des deutschen Kaiserreiches im Jahre 1896 oder um den zweihundertsten Geburtstag Friedrichs des Großen im Jahre 1912, jede Gelegenheit wurde genutzt, um sie mit Paraden und Empfängen groß und öffentlich zu feiern und mit diversen Fotografen, die das Geschehen von allen Seiten festhielten. Diese Spektakelstücke glichen immer mehr einem Theater, darum sind diese Zeremonien – die dem Bürger, um mit dem Historiker van Osta zu sprechen, eine vorzügliche Gelegenheit boten, 'Gefühl für den Staat' zu erleben und zu äußern – sie sind in die Geschichtsschreibung eingegangen unter dem Sammelbegriff als 'Theater des Staates'.[63] Unter der Maske der Erhaltung jahrhundertealter Traditionen entsprachen diese Feierlichkeiten der Prunksucht des Fin de Siècle und der Herrscher konnte seine Macht auf diese Weise schamlos sowohl im Inland als auch im Ausland demonstrieren. Die Fotografien sollten dafür sorgen, dass im Nachhinein auch denjenigen imponiert wurde, die nicht dabei gewesen waren.

woordelijk voor het feit dat gebeurtenissen zelf nog niet gefotografeerd konden worden: momentopnames waren niet mogelijk door de lange belichtingstijden en fotografen waren door hun zware platencamera's op statief niet mobiel genoeg om snel ter plekke te kunnen zijn. Binnen fotograferen was bijna niet mogelijk, dat kon pas goed na de uitvinding van bruikbaar flitslicht in de jaren twintig van de twintigste eeuw. Toen Wilhelm II in 1888 aan de macht kwam kon hij profiteren van de essentiële technische innovaties in de fotografie. Het nattecollodiumprocédé, dat zeer omslachtig in het gebruik was, werd vanaf 1871 vervangen door de 'droge plaat'. Deze drogeplaatnegatieven konden niet alleen van te voren, en vanaf ca. 1880 ook fabrieksmatig, worden geproduceerd, ze waren ook een stuk lichtgevoeliger. Een fractie van een seconde was al genoeg om het negatief te belichten. Dit maakte momentopnamen van actie en beweging pas goed mogelijk. Hoewel Wilhelms troonsbestijging in 1888 niet op foto's is terug te vinden, is vrijwel elke gebeurtenis met betrekking tot de keizer daarna wel gefotografeerd. Foto's van Wilhelms 'theater van de staat' beperkten zich niet meer tot het decor, zoals bij voorgangers nog het geval was, maar lieten de gebeurtenis zelf herleven in scherpe en levendige foto's.

Parades en manoeuvres De beëdiging van rekruten, militaire parades en manoeuvres vormen de hoofdmoot van de fotoalbums in de fotocollectie van de keizer. Geheel in lijn met de Pruisische traditie had Wilhelms 'theater van de staat' een uitgesproken militair karakter. Al in 1880 beklaagde zijn moeder zich erover in een brief aan koningin Victoria: *gisteren hadden we een erg vermoeiend en stijf ceremonieel avondfeest en vandaag een even vermoeiend diner. Het is zo saai om je familieleden nooit eens zonder uniform te zien en het maakt alles zo stijf.*[70] Maar zoals we al zagen was Wilhelm dol op uniformen en zijn er vrijwel geen foto's bekend waarop hij niet in uniform te zien is. Hoewel hij, in tegenstelling tot zijn vader Friedrich III, bepaald geen militair strateeg was, voelde Wilhelm zich in het leger thuis. De foto's tonen de keizer, in zijn element, paraderend langs zijn troepen die strak in het gelid staan opgesteld op het Tempelhofer Feld, langs Unter den Linden of voor het *Stadtschloß* in Potsdam. De meeste fotografen hebben het fotogenieke karakter van de ritmische rijen soldaten en vaandeldragers tegen de achtergrond van de pompeuze Pruisische architectuur ten volle

Fotomontagen und Momentaufnahmen Fotos von Ereignissen und Veranstaltungen waren im neunzehnten Jahrhundert längst nicht so selbstverständlich wie heute. Die meisten Fotos zeigen auch nicht das Geschehen selbst, sondern weisen nur darauf hin: die geschmückte Stadt, die Maurerkelle, mit der der erste Stein gelegt wurde, die Ruinen der abgebrannten Fabrik.[64] Der Moment suprême war den Malern, Zeichnern und Graveuren vorbehalten, die die Szene nach ihrer Beendigung in aller Ruhe rekonstruieren konnten, um sie möglichst prächtig ins Bild setzen zu können. Aber die Leute wollten immer öfter Fotos sehen, weil diese wahrheitsgetreuer seien und dadurch mehr Eindruck machten. Um diese Nachfrage befriedigen zu können, suchten manche Fotografen Zuflucht bei Fotomontagen. Im Jahre 1871 beispielsweise verbreitete der Berliner Fotograf Heinrich Schnaebeli einige bearbeitete Fotografien von der Proklamation des deutschen Kaiserreiches, die am 18. Januar des Jahres in Versailles stattgefunden hatte. Wilhelms Großvater, König Wilhelm I. von Preußen, wurde dort zum deutschen Kaiser ausgerufen. Schnaebelis Fotografien zeigen im *Salon de la Paix* und am Aufgang zum Spiegelsaal in Reih und Glied posierendes preußisches Militär. Sie sehen aus wie Pappfiguren, die man aus anderen Fotos ausgeschnitten hat, um sie für diese Gelegenheit ins Interieur des Schlosses zu Versailles zu verpflanzen.[65] Das Atelier Pfaume & Co., ebenfalls zu Berlin, legte im Jahre 1871 denselben Übereifer an den Tag, indem es mehrere Visitenkartenporträts veröffentlichte, auf denen Wilhelm mit Kaiserkrone und Hermelinmantel zu sehen ist: Kaiser Wilhelm I. wurde jedoch nie offiziell zum Kaiser gekrönt und außerdem gab es noch gar keine Kaiserkrone.[66] Französische Fotografen bedienten sich übrigens im selben Jahr 1871 während der Pariser *Commune* vergleichbarer Techniken. Eugène Appert rekonstruierte das Geschehen nachträglich: mit Hilfe von Visitenkartenporträts und posierenden Soldaten vor Ort zeigte er die Gefangennahme und die Exekutionen der *communards*. Obwohl diese Fotografien ebenso wie die oben genannten in unseren Augen ziemlich stümperhaft wirken, wurden sie doch gut verkauft.[67]

Vor allem der Stand der damaligen Fototechnik war dafür verantwortlich, dass die Geschehnisse selbst noch nicht fotografiert werden konnten: Momentaufnahmen waren wegen der langen Belichtungszeiten unmöglich und die Fotografen waren wegen ihrer schweren Plattenkameras auf Stativ nicht beweglich genug, um schnell an Ort und Stelle sein zu können. Drinnen fotografieren war fast unmöglich, das ging erst richtig nach der Erfindung brauchbaren Blitzlichts in

den zwanziger Jahren des zwanzigsten Jahrhunderts. Als Wilhelm II.
1888 an die Macht kam, konnte er von wesentlichen technischen
Innovationen in der Fotografie profitieren. Das in der Anwendung
recht umständliche Kollodiumverfahren wurde ab 1871 durch die
Trockenplatte abgelöst. Diese Trockenplatten-Negative konnten
nicht nur im Voraus und etwa ab 1880 auch in der Fabrik hergestellt
werden, sondern sie waren auch deutlich lichtempfindlicher. Der
Bruchteil einer Sekunde genügte bereits zur Belichtung des Negativs.
Das machte Momentaufnahmen von Aktion und Bewegung erst
richtig möglich. Obwohl Wilhelms Thronbesteigung im Jahre 1888
auf Fotografien nicht zu finden ist, wurde danach so ziemlich jedes
Ereignis, das den Kaiser betraf, fotografiert. Fotos von Wilhelms
'Theater des Staates' beschränkten sich nicht mehr aufs Dekor, wie
das bei den Vorgängern noch der Fall gewesen war, sondern ließen
das Geschehen selbst in scharfen und lebendigen Fotografien wieder
auferstehen.

Paraden und Manöver Die Vereidigung von Rekruten, Militärparaden und Manöver bilden das Kernstück der Fotoalben in des
Kaisers Fotokollektion. Ganz auf gleicher Linie mit der preußischen
Tradition hatte Wilhelms 'Theater des Staates' einen ausgesprochen
militärischen Charakter. Bereits im Jahre 1880 beklagte sich seine
Mutter darüber in einem Brief an Königin Viktoria: *Gestern hatten wir
eine sehr ermüdende steife zeremonielle Abendgesellschaft und heute ein ebenso
ermüdendes Diner. Es ist so langweilig seine Verwandten niemals ohne Uniform
zu sehen und es macht alles so steif.*[68] Aber wie wir bereits gesehen haben,
war Wilhelm von Uniformen sehr angetan, und so sind auch wohl
keine Fotografien bekannt, auf denen er nicht in Uniform zu sehen
ist. Obwohl er, im Gegensatz zu seinem Vater Friedrich III., gewiss
kein militärischer Stratege war, fühlte sich Wilhelm in der Armee zu
Hause. Die Fotografien zeigen den Kaiser in seinem Element, seine
Truppen abschreitend, die in Reih und Glied auf dem Tempelhofer
Feld aufmarschiert sind, Unter den Linden oder vor dem Stadtschloss
in Potsdam. Die meisten Fotografen haben den fotogenen Charakter
der die rhythmischen Reihen von Soldaten und Fahnenträgern vor
dem Hintergrund der pompösen preußischen Architektur in vollen
Zügen genutzt, wie beispielsweise August Schweri das bei der Rekrutenvereidigung vor dem Berliner Dom am 31. Oktober 1908 tat [S 120].
    Obgleich längst nicht von allen Fotografien bekannt ist, wer sie
aufgenommen hat, ragt doch ein Fotograf weit über allen heraus:

benut, zoals bijvoorbeeld August Schweri deed bij de rekruten-beëdiging voor de Dom in Berlijn op 31 oktober 1908 [p 120].

Hoewel van lang niet alle foto's bekend is wie ze gemaakt heeft steekt er één fotograaf met kop en schouders boven uit: Ottomar Anschütz (1846-1907). Deze veelzijdige fotograaf, die al in 1868 tot hoffotograaf was benoemd, behoorde samen met Eadweard Muybridge, Etienne Jules Marey en Thomas Eakins tot de belangrijkste uitvinders van de bewegingsfotografie. Wereldberoemd werd Anschütz met zijn serie foto's van aanvliegende ooievaars die hij in 1884 in de dierentuin van Breslau had gemaakt. In 1887 lukte het hem om beweging in sequentie te laten zien: discuswerpers, speerwerpers, verspringers, springende paarden en andere bewegende mensen en dieren. Al die tijd berichtte de *Leipziger Illustrirte Zeitung* trouw over zijn vorderingen. Op 15 maart 1884 publiceerde dit weekblad als eerste fotografische momentopnamen zonder de tussenkomst van een graveur: twee door Anschütz gemaakte foto's van de *Kaisermanöver* bij Homburg: *Voor ons lagen twee omvangrijke albums met veel beelden – de meeste op kabinetformaat – die scènes van de manoeuvres van vorig jaar tonen evenals enkele bijzondere groepen, namelijk van paarden zowel in rust als in alle bewegingen en standen. Op veel manoeuvre-foto's is keizer Wilhelm [I] te zien, frappant herkenbaar en in zijn karakteristieke houding te paard; ook de kroonprins [de latere Friedrich III] en andere hoge en beroemde personen zijn op de foto's vereeuwigd. De keizer was blijkbaar zo tevreden over het resultaat dat 120 van Anschütz's foto's enige tijd te zien waren in de aula van de Kriegsakademie in Berlijn.*[71] Toen Wilhelm II in 1888 aan de macht kwam was Anschütz reputatie reeds gevestigd. Ook de nieuwe keizer bleek een goede opdrachtgever. Opmerkelijk is de serie foto's die Anschütz op 17 januari 1901 van de parades ter gelegenheid van het tweehonderdjarig bestaan van het Pruisische koningshuis maakte en die in een album bewaard zijn: zonder zich aan de opdracht te onttrekken om de keizer prominent in beeld te brengen heeft hij een uitgesproken sfeerrijke serie foto's van de parades voor het *Zeughaus* aan Unter den Linden gemaakt [p 121, 126, 127]. De brede toonschaal en de fluwelige, zwarte kleur van de platinadrukken – een kostbare afdruktechniek – waren bij uitstek geschikt om het gewenste resultaat te bereiken. Dat het een mistige dag was heeft ongetwijfeld geholpen om het militaire karakter van de gelegenheid te verzachten, maar dit zegt ook wel iets over de technische kwaliteiten van Anschütz. Een van de foto's uit het album hangt

Ottomar Anschütz (1846-1907). Dieser vielseitige Fotograf, der bereits im Jahre 1868 zum Hoffotografen ernannt wurde, gehörte zusammen mit Eadweard Muybridge, Etienne Jules Marey und Thomas Eakins zu den wichtigsten Erfindern der Bewegungsfotografie. Weltberühmt wurde Anschütz mit seiner Fotoserie von Störchen im Anflug, die er 1884 im Zoo von Breslau aufgenommen hatte. 1887 glückte es ihm, Bewegung in einer Sequenz festzuhalten: Diskuswerfer, Speerwerfer, Weitspringer, Pferde im Galopp und andere sich bewegende Menschen und Tiere. Während der ganzen Zeit berichtete die *Leipziger Illustrirte Zeitung* gewissenhaft von seinen Fortschritten. Am 15. März 1884 veröffentlichte dieses Wochenblatt als erstes fotografische Momentaufnahmen, die ohne die Einschaltung eines Graveurs zustande kamen: zwei von Anschütz aufgenommene Fotografien vom Kaisermanöver bei Homburg: *Es lagen uns zwei umfangreiche Albums dieser Bilder, meist in Kabinetformat, vor, welche Scenen aus den vohrjahrigen Manövern sowie einige besondere Gruppen, namentlich auch Pferde, in Ruhe sowol wie in allen Bewegungen und Rangarten, enthalten. Auf vielen Manöverbildern erscheint Kaiser Wilhelm [I.] in frappanter Aehnlichkeit und in charakteristischer Haltung zu Pferde; auch der Kronprinz [der spätere Friedrich III.] und andere hohe und berühmte Persönlichkeiten sind auf den Photographien verewigt.* Der Kaiser war offensichtlich dermaßen zufrieden mit dem Ergebnis, dass 120 der Fotografien von Anschütz eine Zeitlang in der Aula der Kriegsakademie in Berlin zu sehen waren.[69] Als Wilhelm II. im Jahre 1888 an die Macht kam, genoss Anschütz bereits hohes Ansehen. Auch der neue Kaiser erwies sich als guter Auftraggeber. Auffallend ist die Fotoserie, die Anschütz am 17. Januar 1901 von den Paraden anlässlich des zweihundertjährigen Bestehens des preußischen Königshauses machte und die in einem Album bewahrt sind: Ohne sich dem Auftrag, den Kaiser auffallend ins Bild zu setzen zu entziehen, hat er eine ausgesprochen stimmungsvolle Fotoserie von den Paraden vor dem Zeughaus Unter den Linden aufgenommen [S 121, 126, 127]. Die breite Farbskala und die samtschwarze Farbe der Platindrucke – eine teure Technik – waren besonders geeignet, um das gewünschte Resultat zu erzielen. Dass es sich um einen nebligen Tag handelte, hat zweifellos geholfen den militärischen Charakter der Gelegenheit zu entschärfen, aber das spricht natürlich auch für die technischen Qualitäten von Anschütz. Eines der Fotos aus dem Album hängt immer noch als Vergrößerung im Ankleideraum des Kaisers im Haus Doorn.

Zum Fotografieren seiner Militärmanöver nutzte Wilhelm II.

nog altijd uitvergroot in de kleedkamer van de keizer in Huis Doorn.

Voor het fotograferen van zijn militaire manoeuvres maakte Wilhelm II veelvuldig gebruik van de diensten van Oscar en Franz Tellgmann, de broers uit respectievelijk Eschwege en Mühlhausen [p 125]. Net als Anschütz waren zij gespecialiseerd in het maken van momentopnames.[72] Militaire manoeuvres werden georganiseerd om het leger te trainen en in vorm te houden. Maar het was ook een publiek spektakelstuk dat zowel binnenslands als buitenslands moest laten zien waartoe het leger in staat was. Het was dus niet ongebruikelijk dat kunstenaars werden uitgenodigd om de oefeningen te verbeelden. Al in 1857 had de Franse keizer Napoleon III fotograaf Gustave Le Gray uitgenodigd om de militaire manoeuvres van de *Garde Impériale* op het militaire oefenterrein bij Châlons-sur-Marne te documenteren.[73] Hoewel de Franse keizer nadrukkelijk had gezegd dat het kamp een serieuze aangelegenheid was en zeker niet was bedoeld om het publiek te behagen, bleek het bij uitstek een visueel spektakel op te leveren dat drommen toeschouwers trok. Dat was in feite ook Napoleons intentie: hij wilde de wereld laten zien dat Frankrijk te allen tijde paraat stond met een modern leger dat gebruik maakte van het nieuwste militaire materieel. Helaas zou in 1870/1871 blijken dat het militair oefenkamp van Châlons zijn doel volstrekt had gemist en werd het Franse leger in een vloek en een zucht door de oosterburen verslagen. Maar ver daarvoor, in de nazomer van 1857, had Gustave Le Gray tweeënzestig schitterende opnames gemaakt van het leven in het kamp: de keizerlijke kwartieren, de kampementen, de manoeuvres, de bivak aan de rivier de Suippe en een panorama van het terrein. Ruimte en afstand kenmerken zijn foto's. Die afstand had hij nodig om een goed overzicht te kunnen geven en om bepaalde acties te kunnen vastleggen. Momentopnames waren technisch nog niet mogelijk; de militaire acties lieten zich vanaf een afstand makkelijker registreren zonder dat er vegen op het negatief achterbleven.

De statische foto's van Le Gray verschillen sterk van de zeer levendige foto's die de gebroeders Tellgmann ruim veertig jaar later van de Duitse manoeuvres maakten: nu was het door de stand van de fotografische techniek wel mogelijk om de troepenbewegingen en militaire acties in het veld in al hun details te laten zien. Voor het fotograferen van de manoeuvres golden overigens strenge

häufig die Dienste von Oscar und Franz Tellgmann, den Brüdern aus Eschwege bzw. Mühlhausen [S 125]. Genau wie Anschütz waren sie auf Momentaufnahmen spezialisiert.[70] Militärmanöver wurden durchgeführt, um die Armee zu trainieren und in Form zu halten. Es war aber zugleich auch ein öffentliches Spektakelstück, das sowohl dem eigenen Lande als auch dem Ausland die Leistungsfähigkeit der Armee vorführen sollte. Es war also durchaus nicht unüblich, dass man Künstler einlud, um die Übungen im Bild festzuhalten. Schon im Jahre 1857 hatte der französische Kaiser Napoleon III. den Fotografen Gustave Le Gray eingeladen, die Manöver der *Garde Impériale* auf dem Truppenübungsgelände bei Châlons-sur-Marne zu dokumentieren.[71] Obwohl der französische Kaiser nachdrücklich betonte, dass das Lager eine seriöse Sache sei und gewiss nicht dazu gedacht, dem Publikum zu gefallen, erwies es sich doch als ein besonderes Schauspiel, das scharenweise Zuschauer anzog. Das war natürlich auch Napoleons Absicht: Er wollte der Welt zeigen, dass Frankreich jederzeit parat stand und das mit einer modernen Armee, die über modernste Waffen verfügte. Leider sollte sich 1870/1871 zeigen, dass das Truppenübungslager von Châlons sein Ziel nicht erreicht hat. Die französische Armee wurde im Handumdrehen von ihren östlichen Nachbarn geschlagen. Aber lange vorher, im Spätsommer des Jahres 1857, hatte Gustave Le Gray zweiundsechzig wunderschöne Aufnahmen vom Leben im Lager gemacht: Die kaiserlichen Quartiere, die Truppenunterkünfte, die Manöver, das Feldlager am Fluss Suippe und ein Panorama vom Gelände. Räumliche Tiefe kennzeichnet seine Fotografien. Die Tiefe benötigte er, um eine gute Übersicht erreichen zu können und um bestimmte Aktionen auf die Platte bannen zu können. Momentaufnahmen waren technisch noch nicht möglich; Militäraktionen ließen sich auf Abstand leichter registrieren, ohne dass Streifen auf dem Negativ zurückblieben.

Die statischen Fotografien von Le Gray unterscheiden sich stark von den ganz lebendigen Fotos, die die Gebrüder Tellgmann rund vierzig Jahre später von den deutschen Manövern machten: Jetzt war es durch den Entwicklungsstand der Fotografie möglich geworden, Truppenbewegungen und militärische Aktionen im Felde in allen ihren Einzelheiten zu zeigen. Für das Fotografieren der Manöver galten übrigens strenge Vorschriften: pro Manöver sollte jeweils nur eine Firma zugelassen sein und diese musste im Besitz eines gültigen Passir-Scheines sein, der von Graf von Schlieffen, dem Generalstabschef,

voorschriften: per manoeuvre zou slechts één firma zijn toegelaten en deze diende in het bezit te zijn van een geldig *Passir-Schein*, door Graf von Schlieffen, chef van de generale staf, persoonlijk ondertekend.[74] Behalve Oscar of Franz Tellgmann – de broers bezaten beiden een eigen firma – behoorden ook Alfred Kühlewindt uit Königsberg en Eugen Jacobi uit Metz tot de vaste manoeuvrefotografen van de keizer. Op het terrein konden de fotografen betrekkelijk vrij bewegen – *zu Fuß, zu Pferde und zu Wagen* zolang de oefeningen niet werden gehinderd. Op een fototentoonstelling in Genève in 1893 werden Franz en Oscar Tellgmann samen onderscheiden voor hun foto's – *zahllose Augenblicksbilder 13 x 18 [cm]: De ruiterij valt in volle galop aan, de artillerie schiet, de infanterie trekt in lange rijen voorbij ... de hoogwaardigheidsbekleders met hun gevederde helmen rijden met afgemeten stappen. De keizer is in hoogsteigen persoon aanwezig, ergens.*[75] De keizer kon natuurlijk niet overal op het terrein tegelijkertijd aanwezig zijn en soms staat hij dan ook niet op een foto of is het even zoeken tussen alle uniformen en helmen. Overigens waren niet alle generaals even gelukkig met hun opperbevelhebber. Wilhelms chaotische en impulsieve karakter bedreigde soms het ordentelijk verloop van de oefeningen. In 1894 schreef generaal von Moltke over een door Wilhelm niet helemaal volgens de regels geleide aanval: *Het plezier in een schitterend schouwspel verleidt de keizer tot kinderspel. Dat mag Schlieffen [chef generale staf] niet dulden. Het is gevaarlijk iets in vredestijd te oefenen wat in oorlogstijd niet is toegestaan.*[76] Pas in 1909 lukte het Moltke om de keizer ervan af te brengen zelf actief deel te nemen aan de manoeuvres. Volgens Erich Ludendorff, lid van de generale staf, verliepen de oefeningen toen pas serieus en *möglichst kriegsmäßig.*[77] [p 122, 123]

Hoffotografen Behalve Anschütz en Tellgmann stonden er nog vele andere hoffotografen Wilhelm II ter beschikking. Hoeveel is niet exact bekend maar het aantal wordt geschat op minstens twintig.[78] Het predikaat hoffotograaf betekende niet dat de fotograaf in dienst van de keizer was, maar dat hij wel eens door de keizer werd ingehuurd. Een warme aanbeveling van vorstelijke personen was in ieder geval nooit weg en de meeste fotografen maakten er dan ook vaak goede sier mee door dit nadrukkelijk in hun signatuur, advertenties en achterop hun foto's te vermelden. De keizer koos de fotografen meestal op hun specialisme uit, zo liet hij zich portretteren door ondermeer J.C. Schaarwächter,

Gustave Le Gray, Militaire manoeuvres in het Camp de Châlons, 1857, albuminedruk (Collectie Rijksmuseum, Amsterdam)   Gustave Le Gray, Militärmanöver im Camp de Châlons, 1857, Albumindruck (Sammlung Rijksmuseum, Amsterdam)

Reichard & Lindner, Emil Bieber en T.H. Voigt. Th. Jürgensen uit Kiel ging regelmatig mee op reis en *Momentphotograph* M. Ziesler was vaak aanwezig bij officiële festiviteiten. Deze laatste fotograaf maakte de beroemde foto's van de officiële verzoening tussen Wilhelm en Bismarck op 26 maart 1895, in Huis Doorn zowel in de vorm van een album als een grote bewerkte foto aanwezig [p 128, 129]. De keizer huurde bij grote evenementen vaak verschillende fotografen in om zoveel mogelijk van de activiteiten te kunnen laten vastleggen. Zo waren bij de grote herfstparade in september 1912 op het Tempelhofer Feld, waar voor het eerst niet alleen het *Garde-Korps* maar ook het III. *Armee-Korps* paradeerden, zowel Oscar als Franz Tellgmann aanwezig. Ter ere van de bijzondere gelegenheid maakten de fotografen een zelfportret onder de oude populier op het veld waaruit blijkt dat zij in totaal zeven fotografen en assistenten, minstens vier camera's, een trapje en zeker achttien koffertjes met *munitie voor 400 plaatopnamen* hadden meegenomen.[79] Bij de viering van de tweehonderdste geboortedag van Frederik de Grote op 24 januari eerder dat jaar in Potsdam waren tenminste drie verschillende fotografen aanwezig geweest, zoals blijkt uit het album dat de keizer van de gelegenheid heeft samengesteld. Op de foto's van de parades voor het *Stadtschloß* in Potsdam is zelfs goed te zien hoe de fotografen te werk gingen. Door hun zwarte lange jassen en hoge hoeden vallen ze op tussen de militairen. De Potsdammer fotograaf Ernst Eichgrün stond op een dak om overzichtsfoto's van de rijen marcherende soldaten te kunnen maken [p 131]. Op enkele van zijn foto's is links, midden op het plein, de fotograaf Franz Tellgmann waar te nemen met zijn camera op statief en een assistent. Aan de rechterkant, bij de toeschouwers, staat de Potsdammer fotograaf W. Niederastroth. Omdat bijna alle foto's in het album zijn gesigneerd waren deze fotografen vrij makkelijk te identificeren.

De meeste fotografen die in opdracht van de keizer werkten mochten hun foto's, na toestemming, ook zelf verkopen of via uitgevers zoals Gustav Liersch & Co. of de Neue Photographische Gesellschaft, die de verkoop via boek- en kunsthandels regelden waardoor er een groter afzetgebied ontstond. Fotografen die op eigen initiatief de keizerlijke evenementen fotografeerden konden hun foto's voorleggen aan de hofmaarschalk, waarna Wilhelm voor eigen gebruik uit de foto's kon kiezen. Hierdoor is het soms niet altijd mogelijk om vast te stellen of foto's in de albums van de

persönlich unterzeichnet sein musste.[72] Neben Oscar oder Franz Tellgmann – die Brüder besaßen jeder eine eigene Firma – gehörten auch Alfred Kühlewindt aus Königsberg und Eugen Jacobi aus Metz zu den festen Manöverfotografen des Kaisers. Auf dem Gelände konnten sich die Fotografen ziemlich frei bewegen – *zu Fuß, zu Pferde und zu Wagen*, solange die Übungen nicht behindert wurden. Auf einer Fotoausstellung in Genf im Jahre 1893 wurden Franz und Oscar Tellgmann gemeinsam für ihre Fotografien ausgezeichnet – *zahllose Augenblicksbilder 13 × 18 [cm]: Die Reiterei greift im schärfsten Galopp an, die Artillerie schießt los, die Infanterie zieht in langen Zügen vorüber ... die 'helmbuschumflatterten' Großwürdenträger reiten gemessenen Schrittes vor. Der Kaiser ist in Person da, irgendwo.*[73] Der Kaiser konnte natürlich nicht überall auf dem Gelände gleichzeitig sein und so ist er gelegentlich auch einmal nicht auf dem Foto oder man muss ihn zwischen all den Uniformen und Helmen suchen. Übrigens waren nicht alle Generäle gleichermaßen glücklich mit ihrem Oberbefehlshaber. Wilhelms chaotischer und impulsiver Charakter drohte gelegentlich den ordentlichen Verlauf der Übungen gründlich zu stören. 1894 schrieb General von Moltke über einen von Wilhelm nicht ganz den Regeln entsprechend durchgeführten Angriff: *Den Kaiser verführt die Lust am glänzenden Schauspiel zu solcher Spielerei. Das dürfte Schlieffen [Generalstabschef] nicht dulden. Es ist gefährlich, im Frieden etwas zu üben, was im Kriege versagen muß.*[74] Erst im Jahre 1909 gelang es Moltke den Kaiser davon abzuhalten, selbst aktiv an den Manövern teilzunehmen. Laut Erich Ludendorff, Mitglied des Generalstabs, verliefen die Übungen erst dann seriös und *möglichst kriegsmäßig.*[75]

Hoffotografen Neben Anschütz und Tellgmann standen Wilhelm II. noch viele andere Hoffotografen zur Verfügung. Wie viele es waren, ist nicht genau bekannt, aber ihre Zahl wird auf mindestens zwanzig geschätzt.[76] Das Prädikat 'Hoffotograf' bedeutete nicht, dass der Fotograf Angestellter des Kaisers war, sondern der Kaiser bestellte seine Dienste von Fall zu Fall. Eine warme Empfehlung von Angehörigen des Fürstenhauses war jedenfalls nicht zu verachten und die meisten Fotografen schmückten sich dann auch oft damit, indem sie es ausdrücklich in ihrer Signatur, in Anzeigen und auf der Rückseite ihrer Fotos angaben. Der Kaiser wählte die Fotografen meistens nach ihrer Spezialisierung aus. So ließ er sich unter anderem von J.C. Schaarwächter, Reichard & Lindner, Emil Bieber und T.H. Voigt porträtieren. Th. Jürgensen aus Kiel ging regelmäßig mit auf Reisen und Moment-

keizer nu wel of niet in opdracht van de keizer zijn gemaakt. Als de foto's niet werden ingelijst en opgehangen in de keizerlijke vertrekken dan werden ze los of in albums in de *Königliche Hausbibliothek* bewaard. Het bureau van de hofmaarschalk bepaalde welke foto's voor publicatie in aanmerking kwamen en op welke manier dat gebeurde.[80]

Palestinareis en de pers In de herfst van 1898 maakten de keizer en keizerin een officiële reis naar Turkije, Palestina, Libanon en Syrië. Het doel van de reis was de inwijding van de Verlosserkerk in Jeruzalem, maar politieke motieven speelden, zoals bij al Wilhelms reizen, ook een rol. Zo was hij aanvankelijk zeer geporteerd voor de ideeën van de Zionistische voorman Theodor Herzl om in Palestina een Joodse staat te stichten onder Duits protectoraat. Maar na een bezoek aan de Turkse sultan Abdulhamid II in het toenmalige Constantinopel, die van het hele idee niets moest hebben omdat Palestina deel uitmaakte van het Ottomaanse rijk, veranderde hij van mening en verkondigde dat alle mohammedanen waar ook ter wereld zich een vriend van de Duitse keizer mochten noemen.[81] Zijn vriendschap met de Turkse sultan stond evenwel haaks op zijn Christelijke zendingsdrang die hij zo nadrukkelijk ten toon spreidde bij de inwijding van de Verlosserkerk. Ondertussen sloegen Frankrijk, Engeland en Rusland de activiteiten van de keizer in het Midden-Oosten met argusogen gade want elke beweging van Duitsland in die regio kon het wankele politieke evenwicht in Europa in gevaar brengen. De reis was voor Wilhelm in ieder geval zo belangrijk dat hij iedere gelegenheid aangreep om zijn wederwaardigheden tijdens de reis in de openbaarheid te brengen. Dus reisden er in het zijn toch al omvangrijke gevolg ook enkele fotografen mee waaronder Jürgensen en Anschütz en ook de foto's van de keizerin werden gepubliceerd. In Huis Doorn hangt nog altijd in het halletje onder de bediendetrap een grote foto die herinnert aan deze reis. Hierop is het keizerlijk paar te zien terwijl zij op het punt staan met hun gevolg de Verlosserkerk in Jeruzalem binnen te gaan. Deze foto is op 31 oktober 1898 door Anschütz gemaakt en later voor de keizer vergroot en ingelijst.

Vanuit vrijwel hetzelfde standpunt heeft ook de Leipziger fotograaf Bruno Hentschel het gevolg gefotografeerd. Deze foto's zijn te vinden in het onder auspiciën van de keizer uitgebrachte

photograph M. Ziesler war oft auch bei offiziellen Festlichkeiten anwesend. Dieser Fotograf machte die berühmten Fotografien von der offiziellen Versöhnung zwischen Wilhelm und Bismarck am 26. März 1895 im Haus Doorn, die sowohl in Form eines Albums als auch als große, bearbeitete Fotografie vorhanden sind [S 128,129]. Bei großen Ereignissen bestellte der Kaiser oft verschiedene Fotografen, damit von den Aktivitäten möglichst viel auf Platten gebannt wurde. So waren bei der großen Herbstparade im September 1912 auf dem Tempelhofer Feld, wo erstmals nicht nur das Garde-Korps sondern auch das III. Armee-Korps paradierte, sowohl Oscar als auch Franz Tellgmann anwesend. Zu Ehren der besonderen Gelegenheit nahmen die Fotografen ein Selbstporträt unter der alten Pappel auf dem Feld auf, aus dem zu ersehen ist, dass man insgesamt sieben Fotografen und Assistenten, mindestens vier Kameras, ein Treppchen und sicher achtzehn Köfferchen mit *Munition für 400 Plattenaufnahmen* mitgenommen hatte.[77] Bei den Feierlichkeiten zum zweihundertsten Geburtstag Friedrichs des Großen am 24. Januar desselben Jahres in Potsdam waren mindestens drei verschiedene Fotografen anwesend, wie sich aus dem Album ergibt, das der Kaiser zu der Gelegenheit zusammengestellt hat. Auf den Fotografien von den Paraden vor dem Stadtschloss in Potsdam ist sogar zu sehen, wie die Fotografen gearbeitet haben. Sie fallen zwischen den Angehörigen des Militärs durch ihre langen, schwarzen Mäntel und die hohen Hüte auf. Der Potsdamer Fotograf Ernst Eichgrün stand auf einem Dach, um Übersichtsaufnahmen von den in Reih und Glied marschierenden Soldaten machen zu können [S 131]. Auf einigen seiner Fotos ist links, in der Mitte des Platzes, der Fotograf Franz Tellgmann mit seiner Kamera auf Stativ und einem Assistenten wahrzunehmen. An der rechten Seite bei den Zuschauern steht der Potsdamer Fotograf W. Niederastroth. Da fast alle Fotos in dem Album signiert sind, waren diese Fotografen nicht schwer zu identifizieren.

Die meisten Fotografen, die im Auftrage des Kaisers arbeiteten, durften nach Einholen der entsprechenden Erlaubnis ihre Aufnahmen auch selbst verkaufen oder durch Verleger wie Gustav Liersch & Co. oder die Neue Photographische Gesellschaft vertreiben, die den Verkauf über den Buch- und Kunsthandel regelten, wodurch ein größeres Absatzgebiet entstand. Fotografen, die auf eigene Initiative die kaiserlichen Ereignisse fotografierten, durften ihre Fotos dem Hofmarschall vorlegen, worauf Wilhelm für den Eigengebrauch aus den Fotos wählen konnte. Dadurch ist manchmal nicht mehr festzustel-

1 Auguste-Victoria, *Der Kaiser auf dem Wege zwischen Muallaka und Baalbek: De keizer op de weg tussen Muallaka en Baalbeck, Libanon, tijdens de Palestinareis van 1898* (uit: Palestina 1899, p. 370)   Auguste Viktoria, *Der Kaiser auf dem Wege zwischen Muallaka und Baalbek*, während der *Palästinareise* von 1898 (aus: Palestina 1899, S. 370)

2 Ottomar Anschütz, *Inwijding van de Verlosserkerk in Jeruzalem, 31 oktober 1898* [cat. 112]   Ottomar Anschütz, Einweihung der Erlöserkirche in Jerusalem, 31. Oktober 1898 [Kat. 112]

Aufnahme J. M. der Kaiserin.

Der Kaiser auf dem Wege zwischen Muallaka und Baalbek.

1

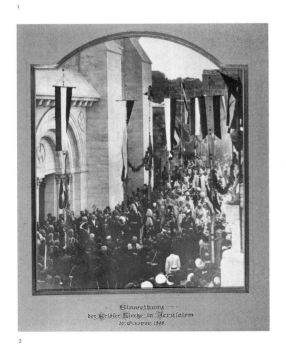

Einweihung
der Erlöser-Kirche in Jerusalem
31. October 1898.

2

len, ob die Fotos in den Alben des Kaisers nun im Auftrag des Kaisers entstanden sind oder nicht. Wenn die Fotografien nicht gerahmt und aufgehängt wurden, dann wurden sie in den kaiserlichen Räumen lose oder in Alben in der Königlichen Hausbibliothek bewahrt. Das Büro des Hofmarschalls legte fest, welche Fotografien zur Veröffentlichung in Frage kamen und aus welche Weise das zu geschehen hatte.[78]

Palästinareise und die Presse Im Herbst des Jahres 1898 unternahm das Kaiserpaar eine offizielle Reise in die Türkei, nach Palästina, den Libanon und nach Syrien. Zweck der Reise war die Einweihung der Erlöserkirche in Jerusalem, aber politische Motive spielten, wie bei allen Reisen Wilhelms, ebenfalls eine Rolle. So war er anfänglich sehr für die Ideen des zionistischen Wegbereiters Theodor Herzl zu haben, um in Palästina einen jüdischen Staat unter deutschem Protektorat zu gründen. Aber nach einem Besuch beim türkischen Sultan Abdulhamid II. im damaligen Konstantinopel, dem die ganze Sache nicht gefiel, weil Palästina Teil des Osmanischen Reiches war, änderte der Kaiser seine Meinung und verkündete nun, dass alle Mohammedaner, wo auch immer in der Welt, sich Freund des deutschen Kaisers nennen durften.[79] Seine Freundschaft mit dem türkischen Sultan stand allerdings in krassem Gegensatz zu seinem christlichen Sendungsbewusstsein, das er bei der Einweihung der Erlöserkirche so nachdrücklich zur Schau trug. Inzwischen beobachteten Frankreich, England und Russland die Aktivitäten des Kaisers im Nahen Osten mit Argusaugen, denn jede Bewegung Deutschlands in der Region konnte das zerbrechliche politische Gleichgewicht in Europa in Gefahr bringen. Die Reise war für Wilhelm jedenfalls so wichtig, dass er jede Gelegenheit beim Schopf ergriff, um seine Erlebnisse während der Reise öffentlich zu machen. Also reisten in seinem doch schon zahlreichen Gefolge auch mehrere Fotografen mit, darunter Jürgensen und Anschütz und auch die Aufnahmen von der Kaiserin wurden veröffentlicht. Im Haus Doorn hängt noch immer im kleinen Flur unter der Personaltreppe eine große Fotografie, die an diese Reise erinnert. Darauf ist das Kaiserpaar zu sehen, als es gerade im Begriff ist samt Gefolge die Erlöserkirche in Jerusalem zu betreten. Diese Aufnahme wurde am 31. Oktober 1898 von Anschütz gemacht und später für den Kaiser vergrößert und gerahmt.

Fast vom gleichen Standort aus hat auch der Leipziger Fotograf Bruno Hentschel das Gefolge fotografiert. Diese Fotos sind in dem

boek *Das deutsche Kaiserpaar im Heiligen Lande*.[82] Waarschijnlijk was Hentschel in opdracht van de *Leipziger Illustrirte Zeitung* naar Palestina gegaan om de reis te verslaan. Vanaf 13 oktober tot en met 1 december 1898 verschenen er wekelijks geïllustreerde verslagen van de reis van de keizer in de *Leipziger Illustrirte Zeitung*. Behalve van Hentschel publiceerde dit weekblad ook foto's van plaatselijke fotografen zoals de in Jeruzalem gevestigde fotograaf B. Krikorian en Khalil Raad. Verder maakte Fausto Bonaro er tekeningen in opdracht van het weekblad. Op 13 oktober 1898, vlak voor het vertrek van de keizerlijke vloot uit Kiel, verschenen er nog gravures van de begeleidingsschepen naar foto's van de Kielse fotograaf Arthur Renard. Overigens publiceerde de *Illustrirte Zeitung* veel van de foto's van de andere genoemde fotografen ook in de vorm van gravures. Het drukken van foto's in één drukgang met de tekst was in die tijd namelijk nog niet zo vanzelfsprekend: vanaf de uitvinding van de fotografie in 1839 zochten fotografen en drukkers naar methoden om het fotografisch beeld in een goed raster te kunnen omzetten. De uitvinding van de autotypie in 1882 door de Duitse graveur Georg Meisenbach, waarbij de foto in een raster van puntjes werd omgezet, bood uitkomst.[83] De eerste foto's verschenen in 1883 in de geïllustreerde weekbladen, maar pas vanaf 1906 was de gravure – vaak naar foto's gemaakt – volledig vervangen door de foto.[84] Tegelijkertijd nam vanaf 1890 het aantal geïllustreerde dag-, week- en maandbladen in Duitsland explosief toe: in de periode dat Wilhelm aan de macht was waren er ruim vijfendertig verschillende bladen in Duitsland te vinden.[85] Een snelle blik in de *Leipziger Illustrirte Zeitung*, Duitslands oudste en meest vooruitstrevende geïllustreerde blad, leert ons dat veel van de foto's die nu in de albums van de keizer zijn terug te vinden ook destijds in de geïllustreerde pers werden gepubliceerd. Om een idee te geven hoeveel mensen deze bladen lazen (en de foto's dus zagen): de *Leipziger Illustrirte Zeitung* had in 1889 een oplage van 20.000 en in 1915 van 35.000, maar de in 1892 opgerichte *Berliner Illustrirte Zeitung*, waarin uiteraard ook veel beeldmateriaal van de keizer verscheen, haalde een nog veel grotere oplage: 800.000 in 1915.[86]

Tegen het eind van de negentiende eeuw werd er steeds vaker samengewerkt tussen redacteuren en fotografen. De bladen kozen in eerste instantie nog uit foto's die door de verschillende persfotografen – *Illustrations-Photographen* zoals zij zich noemden – op

unter Auspizien des Kaisers herausgegebenen Buch *Das deutsche Kaiserpaar im Heiligen Lande* zu finden.[80] Wahrscheinlich war Hentschel im Auftrage der *Leipziger Illustrirte Zeitung* als Reiseberichterstatter nach Palästina gegangen. Vom 13. Oktober bis zum 1. Dezember 1898 erschienen wöchentlich illustrierte Berichte von des Kaisers Reise in der *Leipziger Illustrirten Zeitung*. Außer den Arbeiten von Hentschel publizierte dieses Wochenblatt auch Fotografien von vor Ort ansässigen Fotografen, wie den in Jerusalem wohnhaften Fotografen B. Krikorian und Khalil Raad. Außerdem fertigte Fausto Bonaro im Auftrag dieses Wochenblattes Zeichnungen an. Am 13. Oktober 1898, kurz vor dem Auslaufen der kaiserlichen Flotte aus Kiel, erschienen noch Gravüren der Geleitschiffe nach Fotografien des Kieler Fotografen Arthur Renard. Übrigens publizierte die *Illustrirte Zeitung* viele Fotografien der anderen genannten Fotografen ebenfalls in Form von Gravüren. Das Drucken von Fotografien mit dem Text in einem einzigen Druckvorgang war zu der Zeit nämlich noch nicht selbstverständlich: Seit der Erfindung der Fotografie im Jahre 1839 suchten Fotografen und Drucker nach Methoden, um das fotografische Bild in ein gutes Raster umsetzen zu können. Die Erfindung des Autotypieverfahrens im Jahre 1882 durch den deutschen Graveur Georg Meisenbach, bei dem das Foto in ein Punktraster umgesetzt wird, brachte die Lösung.[81] Die ersten Fotografien erschienen im Jahre 1883 in den illustrierten Wochenblättern, aber erst ab 1906 war die Gravur – oft nach Fotos gemacht – vollständig von Fotos abgelöst.[82] Gleichzeitig nahm ab 1890 die Zahl der illustrierten Tageszeitungen, Wochen- und Monatsblätter in Deutschland explosiv zu: In der Periode, in der Wilhelm an der Macht war, waren rund fünfunddreißig verschiedene Zeitschriften in Deutschland zu finden.[83] Ein rascher Blick in die *Leipziger Illustrirte Zeitung*, Deutschlands ältester und progressivster illustrierte Zeitung, zeigt uns, dass viele der Fotografien, die sich jetzt in den Alben des Kaisers befinden, damals auch in der illustrierten Presse publiziert worden sind. Um zu verdeutlichen, wie viele Leute diese Blätter lasen (und also die Fotos sahen): Die *Leipziger Illustrirte Zeitung* hatte 1889 eine Auflage von 20.000 und 1915 eine von 35.000, jedoch erreichte die 1892 gegründete *Berliner Illustrirte Zeitung*, in der selbstverständlich ebenfalls viel Bildmaterial des Kaisers erschien, eine noch viel höhere Auflage: 800.000 im Jahre 1915.[84]

Gegen Ende des neunzehnten Jahrhunderts arbeiteten Redakteure und Fotografen stets öfter zusammen. Die Blätter trafen zunächst noch eine Auswahl aus den von den verschiedenen Pressefotografen

eigen initiatief waren gemaakt. Maar zoals de samenwerking tussen de *Leipziger Illustrirte Zeitung* en Bruno Hentschel aantoont begonnen tijdschriften en kranten langzaamaan ook opdrachten aan fotografen te geven.[87] Vanuit hedendaagse optiek is het bijna niet meer voor te stellen dat het begrip actualiteit pas aan het begin van de twintigste eeuw bij de geïllustreerde bladen begon door te dringen. Waarheidsgetrouwe foto's, betere druktechnieken, snellere camera's, sneller vervoer door bijvoorbeeld de komst van de auto en snellere communicatie door de uitvinding van de telefoon vervulden het verlangen naar actuele en realistische verslaggeving in woord én beeld.

Der Reisekaiser In Huis Doorn liggen nog vele fotoalbums die getuigen van de vele reizen die Wilhelm tijdens zijn regering maakte. Het zijn zware albums met goud op snee, vaak meerdere delen per reis, met titels als: *Nordlandreise 1903 I., Kieler Woche und Ostsee-Reise 1905 I., Mittelmeer-Reise 1905 II.* etc. Hoewel het bezoek aan Palestina duidelijk een officiële reis betrof, is er over Wilhelms andere reizen vrijwel nooit eenduidig vast te stellen of het een staats- of een privé-aangelegenheid betrof. De foto's van deze reizen vonden daarom zowel hun weg naar de dure albums die Wilhelm voor zichzelf liet aanleggen als naar de geïllustreerde pers. Bovendien kon iedereen door de keizer goedgekeurde foto's nabestellen bij de fotografen of uitgevers. De *Vossische Zeitung* rekende in 1894 voor dat de keizer in 1893 199 van de 365 dagen op reis was geweest. De *Berliner Tageszeitung* kwam in hetzelfde jaar tot eenzelfde conclusie.[88] Ofschoon Wilhelms populariteit in 1894 nog altijd groeiende was, maakten de twee kranten zich zorgen of de jonge keizer wel voldoende in staat was te regeren als hij zo vaak van huis was. Slechts van januari tot mei verbleef hij in Berlijn en de rest van het jaar was hij in zijn residentie te Potsdam of in een van zijn andere paleizen of buitenplaatsen. In percentages uitgedrukt: in 1888 bracht hij nog 65 procent van het jaar door in Berlijn of Potsdam, vanaf 1894 was dat nog maar 47 procent. In de volksmond werd hij al gauw de *Reisekaiser* of *Wilhelm Immer Reisefertig* genoemd, een woordspeling op *Wilhelm I.R. (Imperator Rex)* waar hij mee signeerde.[89]

Waar reisde de keizer zoal naar toe? Het keizerlijk jaar had een min of meer vast patroon: tot 1897 reisde Wilhelm in februari een paar keer naar Wilhelmshaven om de nieuwe marinerekruten te

gemachten Aufnahmen – *Illustrations-Photographen* wie sie sich nannten –, die aus eigener Initiative entstanden waren. Aber wie die Zusammenarbeit zwischen der *Leipziger Illustrirten Zeitung* und Bruno Hentschel zeigt, begannen Zeitschriften und Zeitungen allmählich selbst auch Fotografen zu beauftragen.[85] Aus heutiger Sicht ist es fast unvorstellbar, dass der Begriff Aktualität erst an der Schwelle zum zwanzigsten Jahrhundert bei den illustrierten Blättern durchzudringen begann. Wahrheitsgetreue Fotos, bessere Drucktechniken, schnellere Kameras, schnellerer Transport, beispielsweise durch das Aufkommen des Autos und schnellere Kommunikation durch die Erfindung des Telefons erfüllten das Verlangen nach aktueller und realistischer Berichterstattung in Wort und Bild.

Der Reisekaiser In Haus Doorn liegen noch viele Fotoalben, die von den zahlreichen Reisen zeugen, die Wilhelm während seiner Regierungszeit machte. Es sind schwere Goldschnittalben, oft mehrere Teile pro Reise, mit Überschriften wie: *Nordlandreise 1903 I., Kieler Woche und Ostsee-Reise 1905 I., Mittelmeer-Reise 1905 II.* etc. Obwohl es sich bei dem Besuch in Palästina ganz klar um eine offizielle Reise handelte, ist bei Wilhelms anderen Reisen fast nie eindeutig feststellbar, ob es sich um eine Staats- oder eine Privatangelegenheit handelte. Die Fotos dieser Reisen fanden darum sowohl ihren Weg in die kostbaren Alben, die Wilhelm für sich selbst anlegen ließ, als auch in die illustrierte Presse. Außerdem konnte jedermann vom Kaiser genehmigte Fotografien bei den Fotografen oder Verlegern nachbestellen. Die *Vossische Zeitung* rechnete 1894 vor, dass der Kaiser 1893 199 von den 365 Tagen auf Reisen gewesen war. Die *Berliner Tageszeitung* kam im gleichen Jahr zum selben Ergebnis.[86] Obschon Wilhelms Popularität 1894 noch immer zunahm, machten sich die beiden Zeitungen bereits Sorgen darüber, ob der junge Kaiser wohl hinreichend imstande sei zu regieren, wenn er so oft von zu Hause fort war. Nur von Januar bis Mai hielt er sich in Berlin auf und den Rest des Jahres war er in seiner Residenz zu Potsdam oder er befand sich in einem seiner anderen Schlösser oder Sommerfrischen. In Prozenten ausgedrückt: Im Jahre 1888 verbrachte er noch 65 Prozent des Jahres in Berlin oder Potsdam, ab 1894 waren das nur noch 47 Prozent. Im Volksmund wurde er schon bald der *Reisekaiser* oder *Wilhelm Immer Reisefertig* genannt, ein Wortspiel auf *Wilhelm I.R. (Imperator Rex)*, denn so signierte er.[87]

Wohin führten die Reisen den Kaiser? Das kaiserliche Jahr hatte ein

beëdigen, na 1897 werden deze reisjes vervangen door een weekje vakantie in het familiejachtslot Hubertusstock. Vervolgens ging Wilhelm in het voorjaar naar Elzas-Lotharingen, Karlsruhe en Wiesbaden voor de *Maifestspielen*, om terug te keren naar Potsdam voor de voorjaarsparades. Daartussendoor maakte hij lange reizen naar het buitenland: Palestina (1898), Italië (1893, 1894, 1896), het Middellandse-Zeegebied (1904, 1905) en Corfoe (1908, 1909, 1911, 1912, 1914). In juli vonden de jaarlijkse *Kieler Wochen* plaats, zeilraces en vlootschouwen in de noordelijke havenstad Kiel, waarna de keizer aansluitend op *Nordlandreise* ging (1889-1914) [p 134, 135]. Weer terug in Duitsland reisde Wilhelm in augustus af naar zijn paleis Wilhelmshöhe en was hij in september weer even terug in Berlijn voor de jaarlijkse militaire parades op het Tempelhofer Feld om zich vervolgens naar de militaire manoeuvres te haasten. In oktober begon het jachtseizoen en verbleef hij in zijn jachtsloten Rominten en Hubertusstock, zijn buitenverblijf Cadinen of bij vrienden. In november was hij weer terug in Berlijn en Potsdam afgewisseld met jachtexcursies naar Silezië en Donaueschingen. De keizerlijke 'reiscarrousel' eindigde in december weer in Potsdam waar de kerst werd gevierd.[90] Regeren deed de keizer onderweg, soms tot wanhoop van zijn ministers die hem hijgend achterna reisden.

Reizen was voor Wilhelm niet synoniem met vakantie, reizen was werken, reizen was zijn levensstijl die door tijdgenoten evenzeer werd bespot en bekritiseerd als bewonderd. De bevolking tot in alle uithoeken van het land én in het buitenland kreeg uitgebreid de mogelijkheid om van alle pracht en praal te genieten; de Duitse industrie had baat bij deze onvermoeibare ambassadeur. Zijn schijnbaar kosmopolitische levenswijze en alomtegenwoordige aanwezigheid wekten de indruk dat men hier met een vooruitstrevend monarch van doen had. De reislust van de keizer stond zo symbool voor een nieuwe tijdgeest waarin het tempo van leven door uitvindingen als de telefoon en de auto steeds hoger werd. Duitsland, dat eeuwenlang gepreoccupeerd was geweest door interne conflicten, begon na de eenwording van 1871 aan een internationale opmars die steeds agressievere trekjes kreeg.[91] Waar kwam zijn drang tot reizen uit voort? Er is veel over gespeculeerd, ook door tijdgenoten, maar het zou te makkelijk zijn om te zeggen dat een energieke, manische man als Wilhelm II voortdurend behoefte had aan nieuwe ervaringen, nieuwe mensen en

Auguste-Victoria, Wilhelm achter het roer van
Auguste-Victoria's zeiljacht *Iduna*, ca. 1900 [cat. 135]
Auguste Viktoria, Wilhelm am Ruder von Auguste
Viktorias Segeljacht *Iduna*, ca. 1900 [Kat. 135]

Nach dem Abblasen des Damwildtreibens.

Nach dem Abblasen des Damwildtreibens.

mehr oder weniger festes Muster: Bis 1897 reiste Wilhelm im Februar
mehrmals nach Wilhelmshaven zur Vereidigung der neuen Marinerekruten, nach 1897 wurden diese Reisen ersetzt durch eine Urlaubs-
woche im Familienjagdschloss Hubertusstock. Danach fuhr Wilhelm
im Frühjahr nach Elsass-Lothringen, Karlsruhe und Wiesbaden zu
den Maifestspielen, um rechtzeitig zu den Frühjahrsparaden nach
Potsdam zurückzukehren. Zwischendurch unternahm er lange Reisen
ins Ausland: Palästina (1898), Italien (1893, 1894, 1896), das Mittelmeergebiet (1904, 1905) und nach Korfu (1908, 1909, 1911, 1912, 1914).
Im Juli fand die jährliche Kieler Woche statt, Regatten und Flotten-
paraden in der norddeutschen Hafenstadt Kiel, anschließend begab
sich der Kaiser auf Nordlandreise (1889-1914) [S 134, 135]. Wieder
zurück in Deutschland reiste Wilhelm im August nach Schloss
Wilhelmshöhe ab. Im September war er dann kurz wieder in Berlin
zu den alljährlichen Militärparaden auf dem Tempelhofer Feld, um
gleich darauf zu den Manövern zu eilen. Im Oktober begann die Jagd-
saison, die er auf seinen Jagdschlössern Rominten und Hubertusstock
verbrachte, oder in der Sommerfrische Cadinen oder bei Freunden.
Im November war er dann wieder in Berlin und Potsdam, unterbro-
chen von Jagdausflügen nach Schlesien und Donaueschingen. Das
kaiserliche 'Reisekarussell' endete im Dezember wieder in Potsdam,
wo man Weihnachten feierte.[88] Das Regieren erledigte der Kaiser
unterwegs, gelegentlich sehr zur Verzweiflung seiner Minister, die
ihm atemlos nacheilten.

Reisen war für Wilhelm nicht das Synonym von Urlaub, reisen war
sein Lebensstil, von seinen Zeitgenossen ebenso verspottet und kritisiert wie bewundert. Der Bevölkerung wurde bis in den letzten Winkel
des Landes Gelegenheit gegeben, Prunk und Pracht mit zu genießen
und dem Ausland auch; der deutschen Industrie nutzte dieser uner-
müdliche Botschafter. Seine scheinbar kosmopolitische Lebensweise
und seine allgegenwärtige Anwesenheit weckten den Eindruck, dass
man es hier mit einem modernen Monarchen zu tun habe. Die Reise-
lust des Kaisers war so sehr Symbol für den neuen Zeitgeist, in dem das
Lebenstempo durch Erfindungen wie das Telefon und das Auto stets
schneller wurde. Deutschland, das jahrhundertelang durch interne
Konflikte geprägt gewesen war, begann nach der Reichsgründung
von 1871 einen internationalen Aufmarsch, der stets aggressivere
Züge annahm.[89] Woher kam doch seine enorme Reisefreudigkeit?
Darüber ist viel spekuliert worden, auch von Zeitgenossen, aber es
wäre eine allzu leichte Erklärung, wollte man sagen, dass ein ener-

nieuwe omgevingen. Het tegendeel lijkt haast het geval: het reis-programma, de gastenlijst en de activiteiten zagen er immers elk jaar vrijwel hetzelfde uit. Zijn moeder, die erg genoot van haar reizen naar Italië, beklaagde zich toen Wilhelm jonger was regel-matig over zijn gebrek aan interesse voor andere zaken dan mili-tair vertoon. Vanuit Pegli schreef ze haar moeder op 27 oktober 1879: *Willie is twee dagen geleden vertrokken naar Berlijn. Gelukkig voor hem vindt hij niets interessanter dan Potsdam en Berlijn. Hij ziet nooit iets wat hem interesseert of wat hij bewondert in andere landen en dit betreur ik een beetje want het is altijd goed om niet te bekrompen te zijn, en alles in de wereld te bewonderen wat het bekijken waard is.*[92] Wilhelm lijkt te zijn voortge-dreven door onrust, misschien ook wel door angst voor de zware verantwoordelijkheid die zijn functie met zich meebracht. Het leek zelfs wel of hij op de vlucht was voor de dagelijkse sleur van het stijve hofceremonieel en de bureaucratische routine. De reizen boden Wilhelm, de geboren showman, ook optimale gele-genheid zich in het middelpunt van de belangstelling te plaatsen. Reizen was voor Wilhelm niet zozeer zien, als wel gezien worden en daarom reisde er in zijn gevolg altijd een heel mediacircus mee, waaronder één of meer fotografen die alle activiteiten vastlegden die de keizer het vastleggen waard vond.

Nordlandreisen In 1901 mocht de schilder Hans Bohrdt voor het eerst mee op de jaarlijkse *Nordlandreise* van de keizer. In zijn reisverslag, dat hij in 1902 publiceerde, schreef hij: *De voornaamste vikingtocht naar het Nordland wordt jaarlijks door de Duitse keizer ondernomen met zijn trotse schip de Hohenzollern. Op haar boeg dreigt niet de vanuit don-kere holen boosaardig verderf spuiende draak, maar de Duitse Rijksadelaar, het zinnebeeld van zelfbewuste kracht, die zijn vleugels op verlichte hoogte uitspreidt in de zon.*[93] Het taalgebruik van Bohrdt weerspiegelt de romantische schilderijen, die hij tijdens de reis maakte, vol heroïsche Duitse schepen op rollende golven, in majesteitelijke fjorden tijdens gloedvolle midzomernachten. Sinds 1889 reisde Wilhelm jaar-lijks via de Noorse fjorden naar de Noordkaap. De fotografen die meegingen behoorden in tegenstelling tot kunstenaars als Bohrdt niet tot de officiële gasten, zij hadden aan boord een dienende functie. Want de reis was weliswaar bedoeld om de keizer te laten bijkomen van alle bureaucratische beslommeringen en het stijve hofceremonieel, maar had ook, net als al Wilhelms activiteiten, politieke implicaties. De *Nordlandreisen* werden nadrukkelijk als

gischer, manischer Mann wie Wilhelm II. ständigen Bedarf an neuen Erfahrungen, neuen Menschen und neuen Umgebungen habe. Das Gegenteil scheint fast der Fall zu sein: Das Reiseprogramm, die Gästeliste und die Aktivitäten sahen schließlich jedes Jahr etwa gleich aus. Seine Mutter, die ihre Italienreisen immer sehr genoss, beklagte sich, als Wilhelm jünger war, regelmäßig über sein mangelndes Interesse an allem, was nicht Militär war. Aus Pegli schrieb sie am 27. Oktober 1879 an ihre Mutter: *Willi ist vor zwei Tagen nach Berlin abge-reist. Glücklicherweise findet er nichts interessanter als Potsdam und Berlin. Er sieht in anderen Ländern niemals etwas, das ihn interessiert oder das er bewundert, und das bedaure ich ein bisschen, denn es ist immer gut, nicht zu beschränkt zu sein und alles in der Welt zu bewundern, was das Anschauen wert ist.*[90] Wilhelm scheint durch Unruhe getrieben zu sein, vielleicht auch durch Angst vor der schweren Verantwortung, die sein Amt mit sich bringt. Es schien sogar, als sei er auf der Flucht vor dem Alltäglichen des steifen Hofzeremoniells und vor der bürokratischen Routine. Die Reisen boten Wilhelm, dem geborenen Showman, auch eine optimale Gelegenheit sich in den Mittelpunkt des Interesses zu stel-len. Reisen war für Wilhelm nicht so sehr sehen, als gesehen werden und darum reiste in seinem Gefolge immer ein ganzer Medienzirkus mit, darunter auch ein oder mehrere Fotografen, die all die Aktivitäten festhielten, die der Kaiser des Bewahrens wert fand.

Nordlandreisen Im Jahre 1901 durfte der Maler Hans Bohrdt den Kaiser erstmals auf seiner alljährlichen Nordlandreise begleiten. In seinem Reisebericht, den er 1902 publizierte, schrieb er: *Den vor-nehmsten Wikingszug nach dem Nordlande unternimmt alljährlich der deutsche Kaiser auf seinem stolzen Schiffe Hohenzollern. An ihrem Bug droht nicht der von dunkler Höhle aus tückisch Verderben speiende Drache, sondern der deut-sche Reichsadler, das Sinnbild selbstbewußter Kraft, der seine Schwingen der Sonne entgegen in lichten Höhen ausbreitet.*[91] Der Sprachgebrauch Bohrdts spiegelt die romantischen Gemälde wieder, die er während der Reise gab, voll heroischer deutscher Schiffe auf wogenden Wellen, in majestätischen Fjorden während glutvoller Mittsommernächte. Seit 1889 reiste Wilhelm alljährlich durch die norwegischen Fjorde zum Nordkap. Die mitreisenden Fotografen gehörten im Gegensatz zu Künstlern wie Bohrdt nicht zu den offiziellen Gästen, sie spielten an Bord eine dienende Rolle. Denn die Reise sollte zwar der Erholung des Kaisers von aller bürokratischer Mühsal und vom steifen Hof-zeremoniell dienen, aber sie diente auch, genau wie alle anderen

informele *Herrenreisen* gepresenteerd, maar ondertussen werd de Duitse pers ijverig geïnformeerd en diende deze nadrukkelijk moeite te doen een gevoel van Germaanse verwantschap met de noordelijke 'vikingen' te kweken.[94] Dit deed weinig recht aan de inwoners van Noorwegen, maar stimuleerde wel het Duits toerisme naar Scandinavië. Tegelijkertijd maakte de keizer, die op zijn jacht altijd begeleid werd door diverse torpedojagers en pantserkruisers, reclame voor Duitslands vloot en probeerde hij en passant de banden met de Scandinavische vorstenhuizen aan te halen – tevergeefs want tijdens de Eerste Wereldoorlog bleven de drie landen nadrukkelijk neutraal.[95] Fotografen hielpen de facto dit beeld te bevestigen in zowel de geïllustreerde pers als vanaf ongeveer 1906 in filmpjes.

De oudste albums van de *Nordlandreisen* (periode 1889-1893) in de collectie van de keizer in Doorn lijken voornamelijk te zijn samengesteld uit foto's die door fotograferende gasten aan boord waren gemaakt. De foto's hebben over het algemeen een klein formaat, zijn spontaner van stijl en minder monumentaal van compositie dan je zou verwachten van professionele fotografen. Op een groepsportret van 21 juli 1889 is één van de fotografen met zijn kleine camera ook te zien. De geportretteerde man zou heel goed de Duitse wiskundige Paul Güßfeldt kunnen zijn, die ook alpinist, ontdekkingsreiziger en fotograaf was. Hij is een van de weinige deelnemers die op alle zesentwintig *Nordlandreisen* mee is geweest: Güßfeldt was belast met de samenstelling van de route en het programma. In 1892 publiceerde hij een kostbaar vormgegeven boek over zijn ervaringen tijdens de eerste reizen: *Kaiser Wilhelm's II. Reisen nach Norwegen in den Jahren 1889 bis 1892*. Hij liet het illustreren met gravures van marineschilder Carl Saltzmann, die ook meereisde, en met zesentwintig heliogravures naar zijn eigen foto's. Het boek werd een bestseller dat in 1892 een tweede druk zou beleven en zelfs in het Noors werd uitgegeven. Deze populariteit had het ongetwijfeld niet te danken aan de, weliswaar aanschouwelijke, beschrijvingen van de geologische gesteldheid van Noorwegen maar veeleer aan de beschrijvingen van het doen en laten van de keizer.[96] Güßfeldt gaat ook in op zijn fotografische activiteiten tijdens de reis. Op een van Saltzmanns illustraties is te zien hoe hij samen met een matroos zijn camera een gletscher opdraagt. *Ik bediende me van dezelfde camera, waarmee al mijn foto's van de Andes en de Hoge Alpen opgenomen waren*, schreef hij in het boek.[97] Dit

Aktivitäten Wilhelms, politischen Zwecken. Die Nordlandreisen wurden ausdrücklich als nicht formelle Herrenreisen präsentiert, aber die deutsche Presse wurde natürlich fleißig informiert und hatte sich auch mit Nachdruck darum zu bemühen, dass ein Gefühl der germanischen Verwandtschaft mit den 'Wikingern' des Nordens geweckt würde.[92] Das bedeutete wenig für die Einwohner von Norwegen, aber der es stimulierte sehr wohl den deutschen Tourismus nach Skandinavien. Gleichzeitig machte der Kaiser, dessen Jacht ständig von diversen Zerstörern und Panzerkreuzern begleitet wurde, Reklame für Deutschlands Flotte, und ganz nebenbei versuchte er, die Bande mit den skandinavischen Fürstenhäusern aufzufrischen – vergeblich, denn während des Ersten Weltkrieges blieben die drei Länder ausdrücklich neutral.[93] Fotografen halfen de facto dieses Bild zu bestätigen und das sowohl in der illustrierten Presse als auch etwa ab 1906 in Filmen.

Die ältesten Alben von den Nordlandreisen (Periode 1889-1893) in der Kollektion des Kaisers in Doorn bestehen anscheinend hauptsächlich aus Bildern, die von fotografierenden Gästen an Bord aufgenommen wurden. Die Fotografien haben im Allgemeinen ein kleines Format, sind im Stil spontaner und weniger monumental in der Komposition als das von professionellen Fotografen zu erwarten ist. Auf einem Gruppenporträt vom 21. Juli 1889 ist einer der Fotografen mit seiner kleinen Kamera auch zu sehen. Der porträtierte Mann könnte gut der deutsche Mathematiker Paul Güßfeldt sein, der auch Alpinist, Forschungsreisender und Fotograf war. Er ist einer der wenigen Teilnehmer, die bei allen sechsundzwanzig Nordlandreisen dabei gewesen ist: Güßfeldts Aufgabe war die Ausarbeitung der Route und des Programms. Im Jahre 1892 publizierte er ein kostbar ausgestattetes Buch über seine Erfahrungen während der ersten Reisen: *Kaiser Wilhelms II. Reisen nach Norwegen in den Jahren 1889 bis 1892*. Er ließ es mit Gravüren des Marinemalers Carl Saltzmann illustrieren, der ebenfalls mitreiste, und mit sechsundzwanzig Heliogravüren nach seinen eigenen Fotografien. Das Buch wurde ein Bestseller, der 1892 eine zweite Auflage erleben sollte und sogar auf Norwegisch erschien. Diese Popularität hatte er sicherlich nicht seinen (wenngleich anschaulichen) Beschreibungen der geologischen Verhältnisse Norwegens zu verdanken, sondern eher seinen Beschreibungen von des Kaisers Tun und Lassen.[94] Güßfeldt geht auch auf seine fotografischen Aktivitäten während der Reise ein. Auf einer von Saltzmanns Illustrationen ist zu sehen, wie er gemeinsam mit einem Matrosen seine Kamera

was een platencamera voor negatieven van 16,5 × 12 cm, vanaf 1890 had hij ook een handcamera voor negatiefplaten van 9 × 12 cm mee die hij voor momentopnames gebruikte. Omdat hij de meeste opnames vanaf het deinende schip maakte, beschrijft hij de noodzaak van zeer lichtgevoelige glasplaten. Bovendien kon hij daardoor ook *lebensvolle Eindrücke* fixeren zoals de kleine bootjes die in de Noorse havens om de *Hohenzollern I* cirkelen. De keizer bemoeide zich regelmatig met Güßfeldts fotografie: *Voor de opname controleerde de keizer niet zelden het op te nemen beeld op het zogenaamde matglas van de camera. Een dergelijke aanblik is wonderschoon, omdat alle kleuren in het beeld behouden blijven. Men betreurt altijd weer dat dit mooie kleurenspel in het fotografische [zwart-wit] beeld verloren gaat … .*[98]

In de collectie van het Agfa-Fotohistorama in Keulen bevindt zich ook een fotoalbum van Wilhelms eerste *Nordlandreise* dat eveneens is samengesteld uit foto's van amateurs, waaronder Güßfeldt én Saltzmann, en uit foto's gekocht bij Noorse fotografen en boekhandelaren als K. Knudsen, F. Beyer en Axel Lindahl.[99] Dit album, *Seereise Seiner Majestät des Kaisers und Königs Wilhelm II. nach Norwegen vom 1ten Juli 1889 (Kiel) bis 27ten Juli 1889 (Wilhelmshafen)*, heeft hoogstwaarschijnlijk toebehoord aan Philipp zu Eulenburg, diplomaat en een van Wilhelms beste vrienden en adviseurs. Uit zijn dagboek is bekend dat hij tijdens de reis foto's bij Beyer heeft gekocht. Veel later, in 1913, zouden ook enkele van de meer persoonlijke foto's uit dit album gepubliceerd worden in een artikel in de *Leipziger Illustrirte Zeitung* naar aanleiding van de vijfentwintigste *Nordlandreise*. Dit gegeven illustreert de typische ambivalentie van deze reizen die het midden hielden tussen private aangelegenheid en vorstelijke representatie. Vanaf ongeveer 1894, wellicht gelijktijdig met de komst van het nieuwe, moderne luxejacht *Hohenzollern II*, reisden er professionele fotografen mee naar Noorwegen. Omdat de foto's in de albums meestal niet gesigneerd zijn of de signatuur verborgen is achter het insteekvel valt niet te zeggen welke fotografen dat waren. Ook stilistisch gezien zijn de verschillen tussen de foto's in de albums nauwelijks aan te geven. Het merendeel van de albums bevat diep zwart-wit getinte ontwikkelgelatinezilverdrukken en platinadrukken van steeds weer min of meer dezelfde onderwerpen, genomen vanuit een vergelijkbaar standpunt: zeilschepen tijdens de *Kieler Woche*, fjorden met gletsjers, watervallen en ander natuurschoon, de *Hohenzollern* en haar gevolg feeëriek gelegen in fjorden en havens, wandelingen

auf einen Gletscher trägt. *Ich bediente mich derselben Camera, mit der alle meine Andesbilder und Hochalpen-Photographien aufgenommen wurden*, schrieb er in dem Buch.[95] Das war eine Plattenkamera für Negative von 16,5 × 12 cm, ab 1890 hatte er auch eine Handkamera für Negativplatten von 9 × 12 cm bei sich, die er für Momentaufnahmen benutzte. Weil er die meisten Aufnahmen auf einem schaukelnden Schiff machte, beschreibt er die Notwendigkeit von besonders lichtempfindlichen Glasplatten. Zudem konnte er dadurch auch *lebensvolle Eindrücke* festhalten, wie die kleinen Boote, die in den norwegischen Häfen um die *Hohenzollern I* kreisten. Der Kaiser befasste sich regelmäßig mit Güßfeldts Fotografie: *Vor der Aufnahme prüfte der Kaiser nicht selten das zu gewinnende Bild auf der sogenannten matten Scheibe des Apparates. Ein solcher Anblick ist wunderhübsch, weil dem Bilde alle Farben erhalten bleiben. Man bedauert immer von neuem, daß dieses schöne Farbenspiel dem photographischen [schwarz-weiß] Bilde verloren geht …*[96]

In der Sammlung des Agfa-Fotohistoramas in Köln befindet sich auch ein Fotoalbum von Wilhelms erster Nordlandreise, das ebenfalls aus Fotografien von Amateuren zusammengestellt ist, darunter Güßfeldt und Saltzmann, und auch aus Fotografien, die bei norwegischen Fotografen und Buchhändlern wie K. Knudsen, F. Beyer und Axel Lindahl gekauft wurden.[97] Dieses Album, *Seereise Seiner Majestät des Kaisers und Königs Wilhelm II. nach Norwegen vom 1ten Juli 1889 (Kiel) bis 27ten Juli 1889 (Wilhelmshaven)*, hat höchstwahrscheinlich Philipp zu Eulenburg gehört, Diplomat und einer von Wilhelms besten Freunden und Ratgebern. Aus seinen Tagebuchaufzeichnungen weiß man, dass er während der Reise bei Beyer Fotos gekauft hat. Viel später, im Jahre 1913, sollten auch einige der mehr persönlichen Fotos aus diesem Album in einem Artikel in der *Leipziger Illustrierten Zeitung* anlässlich der fünfundzwanzigsten Nordlandreise publiziert werden. Diese Tatsache illustriert die typische Ambivalenz dieser Reisen, die das Gleichgewicht zwischen privater Angelegenheit und fürstlicher Repräsentation hielten. Etwa ab 1894, möglicherweise gleichzeitig mit dem Kommen der neuen, modernen Luxusjacht *Hohenzollern II*, reisten professionelle Fotografen nach Norwegen mit. Weil die Fotos in den Alben meistens nicht signiert sind oder weil die Signatur hinter den Einsteckbögen verborgen ist, kann man nicht sagen, wer der Fotograf war. Auch stilistisch gesehen sind die Unterschiede zwischen den Fotografien in den Alben kaum anzugeben. Die Mehrzahl der Alben enthält mattschwarzfarbene Gelatine-Silberdrucke und Platindrucke von mehr oder weniger immer gleichen Motiven, aufgenom-

1 Paul Güßfeldt (toegeschreven), *Nordlandreise 1889: groepsportret van het reisgezelschap, 21 juli 1889* (Inv.nr. HUDF-A077) Paul Güßfeldt (zugeschrieben), *Nordlandreise 1889: Gruppenporträt der Reisegesellschaft, 21. Juli 1889* (Inv.Nr. HUDF-A077)

2 Carl Saltzmann, *Paul Güßfeldt draagt zijn camera een gletscher in Noorwegen op, gravure uit: Paul Güßfeldt, Kaiser Wilhelm's II. Reisen nach Norwegen in den Jahren 1889 bis 1892, p. 333.* Carl Saltz-mann, *Paul Güßfeldt trägt seine Kamera auf einen Gletscher in Norwegen, Gravüre aus: Paul Güßfeldt, Kaiser Wilhelms II. Reisen nach Norwegen in den Jahren 1889 bis 1892, S. 333.*

3 Th. Jürgensen (toegeschreven), *Nordlandreise 1907: Turnen auf der Hohenzollern vor Molde, 22.23. u. 24. Juli: Gymnastiek op het dek van de Hohenzollern voor de kust bij Molde, 22 t/m 24 juli 2007* [cat. 155] Th. Jürgensen (zuschrie-ben), *Nordlandreise 1907: Turnen auf der Hohenzollern vor Molde, 22.23. u. 24. Juli* [Kat. 155]

4 Th. Jürgensen (toegeschreven), *Nordlandreise 1907: S.M. der Kaiser und Gefolge auf dem Brückendeck. (Fahrt durch den Lijngenfjord). 13. Juli.: Wilhelm II en zijn gevolg turen vanaf de Hohenzollern door verrekijkers naar de kust van Noorwegen, 13 juli 1907* [cat. 155] Th. Jürgensen (zuge-schrieben), *Nordlandreise 1907: S.M. der Kaiser und Gefolge auf dem Brückendeck. (Fahrt durch den Lijngenfjord). 13. Juli* [Kat. 155]

5 Anoniem, *Nordlandreise 1906: Die Mitternachtssonne in Fieglosund gesehen: de middernachtszon in Fieglosund, Noorwegen, 17 juli 1906* [cat. 154] Anonym, *Nordland-reise 1906: Die Mitternachtssonne in Fieglosund gesehen, 17 Juli 1906* [Kat. 154]

1

2

3

4

5

over gletsjers, bezoekjes aan monumenten, uitstapjes naar Noorse steden als Trontheim of Bergen, het leven aan boord met muziek en gymnastiek, het turen door verrekijker, ontvangsten van Scandinavische vorsten [p 137] en, niet te vergeten, midzomer-nachtopnames van de Noordkaap. De keizer, die zich graag met de kleinste details bemoeide, zal grote invloed op de onderwerps-keuze en het standpunt hebben gehad.

Het is heel goed mogelijk dat de meeste foto's gemaakt zijn door Th. Jürgensen uit Kiel van wie bekend is dat hij regelmatig mee op reis was. Het album *An Bord S.M.Sch. Hohenzollern 1897* is door hem gesigneerd en gedateerd – de foto's zijn in 1898 afgedrukt. Rond 1908 was Jürgensen betrokken bij de 'coup' van de Duitse filmmaatschappij Vitascop GmbH. Om de keizer ervan te over-tuigen dat zijn *Nordlandreise* niet alleen in foto's vast te leggen was maar ook veel succes op film zou kunnen hebben, vroeg deze maatschappij aan Jürgensen of hij niet ongemerkt opnames kon maken met een door de maatschappij ter beschikking gestelde filmcamera. Uit het in 1912 door Paul Klebinder uitgebrachte gedenkboek *Der deutsche Kaiser im Film* blijkt dat vanwege technische onvolkomenheden de keizer tot dan toe nog niet echt voor de film te enthousiasmeren was geweest. *Jürgensen waagde het eerst alleen op grote afstand aan dek van de Hohenzollern enige filmopnames van de keizer te maken. – Door toeval betrapte de monarch op een dag de fotograaf bij deze werkzaamheden. Nu wilde hij dan ook de projectie van deze beelden zien. Zo vond de eerste gedenkwaardige voorstelling aan boord van het keizerlijke jacht plaats. – Het succes was groot. Vanaf dat moment gaf de keizer zelf aan Jürgensen te kennen welke plekken en gebeurtenissen hij aan land en aan boord wenste vast te houden,* aldus Greenbaum, een directielid van Vitascop, in het gedenkboek.[100]

Zoals Wilhelms fotoalbums van zijn *Nordlandreisen* jaar na jaar min of meer dezelfde foto's laten zien, zo sloop er ook voor de passagiers routine in de reis. Zelfs de overweldigende natuur van de Noorse fjorden, telkens weer sfeerrijk gefotografeerd, kon op den duur de verveling niet verdrijven: elk jaar dezelfde route, dezelfde mensen, dezelfde activiteiten, dezelfde grappen en grol-len, dezelfde gymnastiekoefeningen aan boord. Zelfs de keizer kwam nerveuzer van deze reis terug dan hij bij vertrek was geweest.[101] [p 136, 138, 139]

men aus vergleichbaren Standorten: Segelschiffe während der Kieler Woche, Fjorde mit Gletschern, Wasserfälle und andere Schönheiten der Natur, die *Hohenzollern*, märchenhaft gelegen in Fjorden und Häfen, Gletscherwanderungen des Gefolges, Besuche von Denkmälern, Aus-flüge in norwegische Städte wie Trondheim oder Bergen, das Leben an Bord mit Musik und Gymnastik, der Blick durch den Feldstecher in die Ferne, Empfänge für skandinavische Fürsten und, nicht zu ver-gessen, Mittsommernachtaufnahmen vom Nordkap. Der Kaiser, der sich gerne auch bei den kleinsten Einzelheiten einmischte, wird groß-en Einfluss auf die Themenwahl und den Standpunkt gehabt haben.

Es ist gut möglich, dass die meisten Aufnahmen von Th. Jürgen-sen aus Kiel gemacht wurden, von dem man weiß, dass er regelmäßig mit auf Reisen war. Das Album *An Bord S.M.Sch. Hohenzollern 1897* wurde von ihm signiert und datiert – die Fotos wurden 1898 entwickelt. Um 1908 hatte Jürgensen mit dem 'Coup' der deutschen Filmfirma Vita-scope GmbH zu tun. Um den Kaiser davon zu überzeugen, dass seine Nordlandreise nicht nur als Fotografie verewigt werden konnte, son-dern auch als Film großen Erfolg haben könnte, fragte diese Firma Jürgensen, ob er nicht mit einer von der Firma zur Verfügung gestell-ten Filmkamera heimlich Aufnahmen machen könne. Aus dem 1912 von Paul Klebinder herausgegebenem Gedenkbuch *Der deutsche Kaiser im Film* wird deutlich, dass der Kaiser bis dahin für den Film wegen der technischen Unzulänglichkeiten noch nicht wirklich begeistert werden konnte. *Zuerst in großen Abständen wagte es Jürgensen an Deck der Hohenzollern vom Kaiser einige Filmaufnahmen zu machen. – Durch Zufall ertappte der Monarch eines Tages seinen Photographen bei solcher Arbeit. Nun wollte er aber auch die Projektion dieser Bilder sehen. Die erste denkwürdige Vorstellung an Bord der Kaiser-Yacht fand statt. – Der Erfolg war groß. Von nun an bezeichnete an Bord und Land der Kaiser selbst Jürgensen die Gegenden und Episoden, die er im Film festgehalten wissen wolte,* so Greenbaum, ein Vorstandsmitglied von Vitascope, in dem Gedenkbuch.[98]

Wie Wilhelms Fotoalben seiner Nordlandreisen jahrein jahraus mehr oder weniger dieselben Fotos zeigen, so schlich sich auch bei den Passagieren während der Reise ein gewisser Alltagstrott ein. Selbst die überwältigende Schönheit der norwegischen Fjorde, immer wieder stimmungsvoll fotografiert, konnte auf die Dauer die Langeweile nicht vertreiben: Jedes Jahr dieselbe Route, dieselben Leute, diesel-ben Aktivitäten, dieselben Späße und Ärgernisse, dieselben Gymnas-tikübungen an Bord. Selbst der Kaiser kam nervöser von der Reise zurück als er bei der Abreise gewesen war.[99] [S 136, 138, 139]

Corfoe: archeologie en kleurenfotografie Ook Wilhelms reizen naar het Middellandse-Zeegebied hadden een semi-officieel karakter. In 1907 had hij op Corfoe het zomerverblijf van de in 1898 vermoorde Oostenrijkse keizerin Elisabeth ('Sisi') gekocht.[102] Wilhelm had dit *Achilleion* voor ruim 600.000 mark in de stijl van de Romeinse keizertijd laten inrichten. De jaarlijks terugkerende kosten voor onderhoud bedroegen 50.000 mark waar nog bij kwamen de reiskosten voor honderd bedienden, gasten en vijf auto's.[103] Hoewel Viktoria Luise beweert dat al deze kosten door haar vader zelf werden betaald, moest Hausminister Wedel-Piesdorf zijn ontslag nemen omdat hij deze kosten niet meer kon verantwoorden. Een jaar na de aankoop reisde de familie voor de eerste keer met de *Hohenzollern* via Venetië, Syracuse, Palermo en Messina naar Corfoe. Tijdens dit eerste verblijf liet de familie zich op tweede paasdag met haar gasten fotograferen op een trap bij het *Achilleion*, een portret dat op 30 april 1908 in de *Leipziger Illustrirte Zeitung* verscheen. Een vergelijkbare foto, een jaar later gemaakt, bevindt zich nog altijd in de collectie. Onderweg naar Corfoe werden steden bezocht, de vloot van een bevriende mogendheid geïnspecteerd, of gasten ontvangen aan boord van de *Hohenzollern*. Dat betekende dat, net als in Noorwegen, er fotografen in het gevolg meereisden om deze gebeurtenissen vast te leggen. [p 140, 141] Op Corfoe zelf liet de keizer het paleis, de tuinen en het park fotograferen, wandelingen over het eiland, de bevolking en opgravingen in de buurt van het *Achilleion*. De keizer was een enthousiast amateur-archeoloog, een hobby die er toe leidde dat in 1910 het zogenaamde Pergamonaltaar van Pergamon naar Berlijn werd verhuisd. Foto's uit de periode 1926-1929 in de collectie getuigen nog van de reconstructie van het altaar in het Pergamon Museum. Verder beschouwde Wilhelm als een van de belangrijkste gebeurtenissen op dit gebied de opgraving in 1911 op Corfoe van de Gorgo, één van de tympaanbeelden van de Artemistempel uit ca. 600-580 v.C. In een fotoalbum, gewijd aan de *Mittelmeerreise* van dat jaar, is de opgraving uitgebreid door fotograaf Jürgensen vastgelegd. Prof. Wilhelm Dörpveld, de vroegere assistent van Heinrich Schliemann, was daarbij aanwezig.[104]

Behalve de opgraving fotografeerde Jürgensen in 1911 ook het paleis, het park met de Achillesbeelden en het tempeltje met het beeld van keizerin Elisabeth. Deze foto's werden ook in briefkaartvorm uitgegeven – de keizer liet acht van deze briefkaarten

Korfu: Archäologie und Farbfotografie Auch Wilhelms Reisen in das Mittelmeergebiet hatten semioffiziellen Charakter. 1907 hatte er auf Korfu die Sommerresidenz der 1898 ermordeten österreichischen Kaiserin Elisabeth ('Sisi') gekauft.[100] Wilhelm hatte dieses *Achilleion* für rund 600.000 Mark im Stil der römischen Kaiserzeit einrichten lassen. Die jährlichen Unterhaltskosten betrugen 50.000 Mark, hinzu kamen noch die Reisekosten für hundert Bedienstete, Gäste und fünf Autos.[101] Obwohl Viktoria Luise versichert, dass all diese Kosten von ihrem Vater selbst getragen wurden, musste Hausminister Wedel-Piesdorf seinen Hut nehmen, weil er meinte, diese Kosten nicht mehr verantworten zu können. Ein Jahr nach dem Kauf reiste die Familie erstmals mit der *Hohenzollern* über Venedig, Syracus, Palermo und Messina nach Korfu. Während dieses ersten Aufenthaltes ließ die Familie sich am zweiten Ostertag mit ihren Gästen auf einer Treppe beim *Achilleion* fotografieren, ein Porträt, das am 30. April 1908 in der *Leipziger Illustrirten Zeitung* erschien. Ein vergleichbares Foto, das ein Jahr später entstand, befindet sich noch immer in der Sammlung. Auf dem Wege nach Korfu wurden Städte besucht, die Flotte einer befreundeten Macht inspiziert oder Gäste an Bord der *Hohenzollern* empfangen. Das bedeutete, dass genau wie in Norwegen im Gefolge auch Fotografen mitreisten, um die Ereignisse festzuhalten [S 140, 141]. Auf Korfu selbst ließ der Kaiser das Schloss, die Gärten und den Park fotografieren, Wanderungen über die Insel, die Bevölkerung und Ausgrabungen in der Nähe des *Achilleion*. Der Kaiser war ein begeisterter Amateurarchäologe, ein Hobby, das dazu führte, dass im Jahre 1910 der so genannte Pergamonaltar von Pergamon nach Berlin umzog. Fotografien aus den Jahren 1926-1929 in der Sammlung zeugen noch von der Rekonstruktion des Altars im Pergamon Museum. Weiter betrachtete Wilhelm als eines der wichtigsten Ereignisse auf dem Gebiet die Ausgrabung der Gorgo, im Jahre 1911 auf Korfu, einer von mehreren Figuren des Giebeltympanons des Artemis-Tempels aus der Zeit 600-580 v.Chr. In einem Fotoalbum, das der *Mittelmeerreise* dieses Jahres gewidmet ist, wurde die Ausgrabung vom Fotografen Jürgensen ausführlich festgehalten. Prof. Wilhelm Dörpveld, früherer Assistent Heinrich Schliemanns, war dabei anwesend.[102]

Außer den Ausgrabungen fotografierte Jürgensen 1911 auch das Schloss, den Park mit den Achillesstatuen und den kleinen Tempel mit der Statue der Kaiserin Elisabeth. Diese Fotografien wurden auch als Postkarten herausgegeben – acht dieser Postkarten ließ der Kaiser einrahmen. Sowohl Jürgensen als auch die Firma Anschütz – Ottomar

inlijsten. Zowel Jürgensen als de firma Anschütz – Ottomar Anschütz was zelf in 1907 overleden – waren tijdens het laatste verblijf van de keizer in 1914 aanwezig.[105] Van Jürgensen zijn foto's uit dat jaar gepubliceerd in de *Leipziger Illustrirte Zeitung*, Anschützs aanwezigheid is af te leiden uit een aantal autochroomplaten in de collectie.[106] Deze zijn voorzien van etiketten met naam en adres van de firma en het jaartal 1914. De firma Anschütz fotografeerde vooral de omgeving rond het *Achilleion*: de perystile, bloemen, planten en palmen, vergezichten, beelden in het park, maar ook de paasprocessie van de in klederdracht getooide bevolking. Kortom kleurrijke onderwerpen, geëigend om op de eerste vorm van kleurenfotografie, de autochroomplaten, vast te leggen. Uit een opmerking van Paul Seidel, beheerder van de keizerlijke kunst-collecties, blijkt de keizers interesse voor de kleurenfotografie: *op het gebied van de fotografie valt de grote belangstelling van de keizer op voor het oplossen van het probleem hoe kleurenopnames te maken direct naar de natuur. Door middel van voordrachten door experts, vooral van professor Miethes van de Technische Hogeschool in Charlottenburg, en demonstraties is de keizer goed op de hoogte van verschillende, meer of minder geslaagde, po-gingen op dit gebied. Van alle vorderingen op dit gebied wordt de keizer op de hoogte gehouden.*[107] In 1903 waren de Franse gebroeders Lumière met de uitvinding van de autochroomplaat gekomen, een inge-wikkeld kleurenprocédé op glas.[108] Wilhelms enthousiasme voor de autochroom blijkt ook uit het met autochrooms versierde kamerscherm dat hij nog tijdens de Eerste Wereldoorlog aan koningin Wilhelmina schonk, als dank voor gestuurde tulpen-bollen.[109] Wilhelms enthousiasme voor de kleurenfotografie komt ook tot uitdrukking in de unieke kleurenfilm die hij van het huwelijk van zijn dochter Viktoria Luise en de hertog van Braunschweig in 1913 liet maken.[110]

Het werk van (de firma) Anschütz en Jürgensen is moeilijk uit elkaar te houden. De fotoverzameling van de keizer telt zes grote, ongesigneerde foto's van de bevolking van Corfoe in klederdracht [p 142, 143]. Vermoedelijk zijn deze foto's gemaakt tijdens de tra-ditionele dansen die de inwoners van Gasturi jaarlijks op eerste paasdag onder de olijfbomen uitvoerden en die de keizer uitge-breid in zijn herinneringen aan Corfoe beschrijft.[111] De foto's zouden door beide fotografen gemaakt kunnen zijn: ze bedienden zich van vrijwel dezelfde stijl – met aandacht voor compositie en schilderachtige effecten, maar ze kunnen ook dezelfde onderwer-

1 Th. Jürgensen, *Mittelmeerreise 1911: 6. April / Schloss Achilleion*: Achilleion, Corfoe, 6 april 1911 [cat. 158]
Th. Jürgensen, *Mitlermeerreise 1911: 6. April / Schloss Achilleion* [Kat. 158]

1 Anoniem, Groepsportret met keizer Wilhelm II en Auguste-Victoria bij het *Achilleion*, Corfoe, 1909 [cat. 162]
Anonym, Gruppenporträt mit Kaiser Wilhelm II. und Auguste Viktoria beim *Achilleion*, Korfu, 1909 [Kat. 162]

1

2

59

1

2

3

Anschütz selbst war 1907 verstorben – waren während des letzten Aufenthalts des Kaisers im Jahre 1914 anwesend.[103] Von Jürgensen erschienen Fotografien aus dem Jahr in der *Leipziger Illustrirten Zeitung*, Anschütz' Anwesenheit lässt sich aus einer Reihe von Autochromplatten in der Sammlung erschließen.[104] Sie tragen Etiketten mit Namen und Anschrift der Firma und die Jahreszahl 1914. Die Firma Anschütz fotografierte vor allem die Umgebung rund um das *Achilleion*: die Perystile, Blumen, Pflanzen und Palmen, Aussichten, Skulpturen im Park, aber auch die Osterprozession der in Tracht gekleideten Bevölkerung. Kurz, farbenfrohe Motive, geeignet, um in der ersten Form der Farbfotografie, auf Autochromplatten, festgehalten zu werden. Aus einer Bemerkung von Paul Seidel, Verwalter der kaiserlichen Kunstsammlungen, geht des Kaisers Interesse an der Farbfotografie hervor: *Auf dem Gebiete der Photographie ist das Interesse des Kaisers für die Lösung des Problems, farbige Aufnahmen nach der Natur direkt zu machen, ganz besonders in den Vordergrund getreten. Durch Vorträge der Fachleute, vor allem Professor Miethes von der technischen Hochschule in Charlottenburg, und durch Vorführungen der betreffenden Versuche ist der Kaiser über die verschiedenen mehr oder weniger erfolgreichen Arbeiten auf diesem Gebiete völlig orientiert, und kein Fortschritt werd bekannt ohne daß der Kaiser Bericht darüber einfordert.*[105] Im Jahre 1903 hatte das französische Brüderpaar Lumière seine Erfindung der Autochromplatte vorgestellt, ein kompliziertes Farbverfahren auf Glas.[106] Wilhelms Begeisterung für das Autochrom beweist auch der mit Autochromen verzierte Wandschirm, den er noch während des Ersten Weltkrieges Königin Wilhelmina als Dank für die erhaltenen Tulpenzwiebeln schenkte.[107] Wilhelms Faszination für die Farbfotografie kommt auch in dem einzigartigen Farbfilm zum Ausdruck, den er bei der Vermählung seiner Tochter Viktoria Luise mit dem Herzog von Braunschweig im Jahre 1913 machen ließ.[108]

Die Arbeiten (der Firmen) Anschütz und Jürgensen sind schwer von einander zu unterscheiden. Die Fotosammlung des Kaisers zählt sechs große, unsignierte Fotografien von der in Trachten gekleideten Bevölkerung auf Korfu [S 142, 143]. Diese Fotografien sind vermutlich während der traditionellen Tänze aufgenommen, die die Einwohner von Gasturi alljährlich am ersten Ostertag unter den Olivenbäumen aufführten und die der Kaiser in seinen Erinnerungen an Korfu ausführlich beschreibt.[109] Die Fotografien könnten von jedem der beiden Fotografen stammen: Sie bedienten sich fast desselben Stils – mit Aufmerksamkeit für die Komposition und malerische Effekte, mög-

pen gekozen hebben of de keizer gaf ze daartoe opdracht. Zoals we al zagen bemoeide de keizer zich tijdens zijn reizen nadrukkelijk ook met de fotografie. De bovengenoemde foto's vertonen zowel gelijkenis met Jürgensens foto's in een van de albums, als met de autochrooms die Anschütz op Corfoe maakte. Er is een portret van de keizer schrijvend aan tafel bij, die en passant even lijkt meegenomen want de fotograaf heeft niet de moeite genomen zorgvuldig scherp te stellen.

Cadinen Zelfs in Cadinen, een ander vakantieverblijf van de keizer, werden fotografen uitgenodigd. In 1902 maakte Ottomar Anschütz foto's van het leven in Cadinen die duidelijk laten zien hoe Wilhelm ook zijn private aangelegenheden voor publicitaire doeleinden benutte: de foto's geven een voor velen herkenbaar beeld van een gezin op vakantie zo gewoon mogelijk levend tussen de boerenbevolking [p 145]. Op deze manier wist de keizer zich ook geliefd te maken onder een veel bredere laag van de bevolking. Cadinen was voor de keizerlijke familie een van de plaatsen waar de hofregels en het strenge protocol even vergeten konden worden. Het was gelegen aan de *Frische Haff*, de kuststreek ten zuidoosten van Königsberg in het tegenwoordige Polen. Keizer Wilhelm kreeg dit landgoed in 1898 ten geschenke van een zekere Arthur Birkner die zo wilde voorkomen dat het na zijn dood aan versnippering ten prooi zou vallen.[112] Het landgoed bevatte een *Gutshaus*, net groot genoeg om de familie te huisvesten, fabrieksgebouwen, arbeiderswoningen en een flink stuk grond. In de fabrieksgebouwen was een steenfabriek gevestigd waarin de ondernemende keizer direct mogelijkheden tot exploitatie zag: *Komt U toch naar Cadinen en bekijk daar de klei eens. Daar moet toch meer van te maken zijn dan alleen maar bakstenen*, schreef hij aan de directeur van de Königliche Porzellan Manufaktur (KPM).[113] In navolging van deze beroemde door Frederik de Grote opgerichte porseleinfabriek ging in 1903 de Königliche Majolikawerkstätte Cadinen van start. De keizer bemoeide zich persoonlijk met de bedrijfsvoering en bleef dat zelfs in Doorn nog doen. In Cadinen vermaakte de familie zich met tochtjes te paard of met wandelingen in de omgeving waarbij zij contacten met de bevolking niet schuwden.

Anschütz bracht zijn foto's niet alleen uit in een speciaal voor de keizer luxueus uitgevoerd portfolio maar ook in een boek voor het publiek, warm aanbevolen door de keizerin.[114] In het voor-

licherweise wählten sie die gleichen Themen oder der Kaiser erteilte einen entsprechenden Auftrag. Wie wir bereits sahen, beschäftigte sich der Kaiser auf seinen Reisen nachdrücklich auch mit der Fotografie. Die oben genannten Fotografien zeigen sowohl Übereinstimmungen mit Jürgensens Fotos in einem der Alben, als auch mit den Autochromen, die Anschütz auf Korfu machte. Es ist ein Portrait des schreibend am Tisch sitzenden Kaisers dabei, das noch schnell und passant aufgenommen zu sein scheint, denn der Fotograf hat sich nicht einmal die Mühe gemacht die Schärfe sorgfältig einzustellen.

Cadinen Sogar nach Cadinen, einem weiteren Urlaubsort des Kaisers, wurden Fotografen eingeladen. 1902 machte Ottomar Anschütz Aufnahmen vom Leben in Cadinen, die deutlich zeigen, wie Wilhelm auch seine privaten Angelegenheiten zu Werbezwecken nutzte: Die Fotografien liefern das für viele wieder erkennbare Bild einer Familie im Urlaub, die möglichst normal zwischen der bäuerlichen Bevölkerung lebt [S 145]. Auf diese Art wusste sich der Kaiser in breiten Bevölkerungsschichten beliebt zu machen. Cadinen war für die kaiserliche Familie einer der Orte, an denen sich die höfischen Vorschriften und das strenge Protokoll für kurze Zeit vergessen ließen. Der Ort war am *Frischen Haff* gelegen, der Küste südöstlich von Königsberg im heutigen Polen. Kaiser Wilhelm erhielt dieses Landgut 1898 als Geschenk von einem gewissen Arthur Birkner, der auf diese Weise verhindern wollte, dass das Gut nach seinem Tode aufgeteilt würde.[110] Zu dem Landgut gehörte ein Gutshaus, gerade groß genug, um die Familie unterzubringen, Fabrikgebäude, Arbeiterwohnungen und ein großes Grundstück. In den Fabrikgebäuden befand sich eine Steinfabrik, für die der unternehmungslustige Kaiser gleich Möglichkeiten der Nutzung sah: *Fahren Sie doch mal nach Cadinen und sehen Sie den dortigen Ton an. Da muß man doch mehr draus machen können als nur Ziegel*, schrieb er dem Direktor der Königlichen Porzellan Manufaktur (KPM).[111] In der Nachfolge dieser berühmten, von Friedrich dem Großen gegründeten Porzellanfabrik nahm im Jahre 1903 die Königliche Majolikawerkstätte Cadinen die Arbeit auf. Der Kaiser mischte sich persönlich in die Betriebsführung ein und setzte das selbst in Doorn noch fort. In Cadinen unterhielt sich die Familie mit Ausritten oder mit Spaziergängen in die Umgebung, wo sie Kontakte mit der Bevölkerung nicht scheute.

Anschütz gab seine Fotografien nicht nur in einer speziell für den Kaiser luxuriös ausgeführten Portfolio-Ausgabe heraus, sondern

woord uitte de fotograaf zich in superlatieven over de idyllische omgeving van het dorpje en over de persoonlijke bemoeienissen van de keizerlijke familie met de bevolking, zoals tijdens het jaarlijks terugkerend pinksterkinderfeest, waar de prinsenkinderen hoogstpersoonlijk koffie inschonken en met koek rondgingen. Dit 'gewone' leven laat hij zien in zijn foto's: de prinsenkinderen spelevarend op de vijver, te paard en in de wagen, samen met de teckels en bij het kinderfeest. Daarnaast fotografeerde Anschütz de natuur in de omgeving: de beroemde 1000-jarige eik, de kloosterruïne, de velden met werkende boeren, vee in de weiden, vissersboten in de haven en arbeiders in de fabriek. De foto's van Anschütz worden afgewisseld met amateuropnamen van de keizerin en van de prinsen Adalbert en Oskar. Het album geeft de indruk van een vakantiealbum door de informele ordening: de foto's hebben verschillende formaten en zijn scheef, over elkaar heen geplakt.

Eerste Wereldoorlog In Huis Doorn hangt nog altijd vrij prominent in zicht een foto die aan de vooravond van de Eerste Wereldoorlog is gemaakt en achteraf een symbolische betekenis heeft gekregen [p 147]. Het is een foto die Oscar Tellgmann tijdens de *Kaisermanöver* van september 1913 in Silezië had gemaakt. In 1924 stuurde Tellgmann deze foto naar de verbannen keizer in Doorn. Links op de foto staan de trompetspelers van de *Leibgendarmerie*, in het midden de keizer en helemaal rechts zijn zwager koning Constantijn van Griekenland. Op 18 september 1913 had de *Leipziger Illustrirte Zeitung* de foto gepubliceerd in een reportage over deze manoeuvres, een van de laatste voor het uitbreken van de Eerste Wereldoorlog. De trompetters blazen *Das Ganze Halt*, het signaal dat de manoeuvres waren beëindigd (en het drinken kon beginnen). *Das letzte Ganze Halt* staat op het koperen bordje onder de foto, die Tellgmann met de grootste zorg had vergroot en geretoucheerd. Het spel was uit, het echte werk was begonnen.

Nog hetzelfde jaar had Wilhelm zijn vijfentwintigjarig regeringsjubileum op grootse wijze gevierd met optochten, parades en staatsbanketten. Er waren rijk met foto's geïllustreerde herinneringsalbums verschenen met titels als *Kaiser Wilhelm II. Ein treuer Fürst, Unser Kaiser, Fünfundzwanzig Jahre der Regierung Kaiser Wilhelms II.* en *Kaiser Wilhelm II. und seine Zeit in Wort und Bild*, die verhaalden over de goede daden van de *Friedenskaiser*. Fotografen én

auch in einem Buch für die Öffentlichkeit, wärmstens empfohlen von der Kaiserin.[112] Im Vorwort äußerte sich der Fotograf in den höchsten Tönen zur idyllischen Umgebung des Dorfes und über die persönlichen Bemühungen der kaiserlichen Familie um die Bevölkerung, wie während des alljährlichen Pfingstkinderfestes, wo die Prinzenkinder höchstpersönlich den Kaffee einschenkten und Gebäck herumreichten. Dieses 'normale' Leben zeigt er auf seinen Fotografien: Die Prinzenkinder gondelfahrend auf dem Teich, zu Pferde und im Wagen, mit den Dackeln und auf dem Kinderfest. Außerdem fotografierte Anschütz die Natur in der Umgebung: Die berühmte 1000-jährige Eiche, die Klosterruine, die Felder mit arbeitenden Bauern, das Vieh auf der Weide, Fischerboote im Hafen und Arbeiter in der Fabrik. Die Fotos von Anschütz wechseln sich mit Amateuraufnahmen der Kaiserin und der Prinzen Adalbert und Oskar ab. Das Album macht durch seine lockere Art der Einordnung den Eindruck eines Urlaubsalbums: Die Fotos haben unterschiedliche Formate und sind schräg über einander eingeklebt.

Erster Weltkrieg Im Haus Doorn hängt noch immer an gut sichtbarer Stelle eine Fotografie, die am Vorabend des Ersten Weltkrieges entstanden ist und der im Nachhinein symbolische Bedeutung zukommt [S 138]. Es ist ein Foto, das Oscar Tellgmann während der Kaisermanöver im September 1913 in Schlesien aufgenommen hatte. Im Jahre 1924 schickte Tellgmann dieses Foto dem Kaiser ins Exil nach Doorn. Links auf dem Bild stehen die Trompeter der Leibgendarmerie, in der Mitte der Kaiser und ganz rechts sein Schwager, König Konstantin von Griechenland. Am 18. September 1913 hatte die *Leipziger Illustrirte Zeitung* das Foto in einer Reportage über dieses Manöver veröffentlicht, eines der letzten vor dem Ausbruch des Ersten Weltkrieges. Die Trompeter blasen *Das Ganze Halt*, das Signal, das die Manöver für beendet erklärte (und das Trinken konnte beginnen). *Das letzte Ganze Halt* steht auf einem kupfernen Schild unter dem Foto, das Tellgmann mit größter Sorgfalt vergrößert und retuschiert hatte. Das Spiel war aus, die wirkliche Arbeit hatte begonnen.

Noch im selben Jahr hatte Wilhelm sein fünfundzwanzigjähriges Regierungsjubiläum groß mit Umzügen, Paraden und Staatsbanketten gefeiert. Reich mit Fotografien illustrierte Erinnerungsalben kamen heraus, die Titel trugen wie *Kaiser Wilhelm II. Ein treuer Fürst, Unser Kaiser, Fünfundzwanzig Jahre der Regierung Kaiser Wilhelms II.* und *Kaiser Wilhelm II. und seine Zeit in Wort und Bild*, die die guten Taten des

Boekomslag: Hans Schöningen, *Kaiser Wilhelm II.
und seine Zeit in Wort und Bild*, Hamburg 1913.
Schutzumschlag: Hans Schöningen, *Kaiser Wilhelm II.
und seine Zeit in Wort und Bild*, Hamburg 1913.

filmers – de filmmaatschappijen hadden zelf ook een gedenkboek over Wilhelm, hun beste opdrachtgever en populairste filmster, gemaakt – documenteerden de feestelijke optocht en huldiging door de verschillende gilden voor het *Stadtschloß* in Berlijn.[115] Vijfentwintig jaar vrede was het thema van de festiviteiten, maar in de schaduw groeide het pessimisme en dreigde een oorlog. Bismarcks diplomatie was er in de negentiende eeuw op gericht geweest een tweefrontenoorlog te voorkomen, maar na zijn ontslag was er, na veel geschuif in verdragen, een situatie ontstaan waarbij Duitsland in geval van oorlog *juist* op twee fronten zou moeten vechten: in 1907 hadden Engeland, Frankrijk en Rusland de *Triple Entente* gesloten; Duitsland, Oostenrijk en Italië hadden beloofd elkaar dekking te bieden bij de al in 1882 gesloten *Triple Alliantie*. De moord op de Oostenrijkse aartshertog Ferdinand op 28 juni 1914 in Sarajevo door een Bosnisch-Servische nationalist was de spreekwoordelijke lont in het kruitvat, met als gevolg algehele mobilisaties in vrijwel alle genoemde landen en oorlogsverklaringen die elkaar in rap tempo opvolgden. Er is veel over het ontstaan en verloop van de Eerste Wereldoorlog geschreven, maar het zou te ver voeren om daar op deze plaats uitgebreid op in te gaan.[116] Hoewel de Duitsers er met hun sterke leger nog van overtuigd waren dat het in een paar maanden bekeken zou zijn, heeft geen van de partijen kunnen vermoeden, laat staan gewenst, dat het een langdurige en bloedige loopgravenoorlog zou worden die miljoenen slachtoffers aan beide zijden zou maken.

Een van de bekendste foto's van de keizer in oorlogstijd is het portret van hem geflankeerd door de generaals Paul von Hindenburg en Erich Ludendorff terwijl ze een stafkaart in het hoofdkwartier te Pleß bestuderen. De keizer wijst op de kaart en de generaals kijken goedkeurend toe. Het is een bedrieglijke foto die zowel voor buiten- als binnenlandse propaganda was gemaakt en veel werd verspreid. De boodschap was: de keizer en zijn staf hebben alles onder controle. Maar hoewel de keizer nog altijd opperbevelhebber van het leger was (*Oberste Kriegsherr*), maakten Hindenburg en Ludendorff feitelijk de dienst uit. De keizer bleek in het geheel niet opgewassen tegen de werkelijkheid van het oorlogvoeren en verkeerde vrijwel de gehele oorlog in een zenuwcrisis.[117] Iets van deze ontreddering spreekt uit het portret dat de fotograaf Jagusch in de winter van 1916 van de keizer met zijn hondje in de sneeuw maakte [p148].

Anoniem, Keizer Wilhelm II met de generaals
Hindenburg en Ludendorff in het hoofdkwartier te
Pless, 1916-1917 [cat. 174]   Anonym, Kaiser Wilhelm II.
mit den Generälen Hindenburg und Ludendorff im
Großen Hauptquartier in Pleß, 1916-1917 [Kat. 174]

Friedenskaisers priesen. Fotografen und Filmer – de Filmfirmen hatten selbst ebenfalls ein Gedenkbuch über Wilhelm gemacht, ihren besten Auftraggeber und populärsten Filmstar, – dokumentierten den festlichen Umzug und die Huldigung durch verschiedene Gilden vor dem *Stadtschloß* in Berlin.[113] Fünfundzwanzig Jahre Frieden war das Thema der Festlichkeiten, aber im Schatten wuchs der Pessimismus und ein Krieg drohte. Bismarcks Diplomatie war im neunzehnten Jahrhundert darauf gerichtet gewesen, einen Zweifrontenkrieg zu vermeiden, aber nach seiner Entlassung war nach viel Zerren und Schieben eine Situation entstanden, in der Deutschland im Falle eines Krieges doch an zwei Fronten würde kämpfen müssen: im Jahre 1907 hatten England, Frankreich und Russland die *Tripelentente* geschlossen; Deutschland, Österreich und Italien hatten in dem bereits 1882 geschlossenen *Dreibund* versprochen einander Deckung zu bieten. Die Ermordung des österreichischen Erzherzogs Franz Ferdinand am 28. Juni 1914 in Sarajevo durch einen bosnisch-serbischen Nationalisten war die sprichwörtliche Lunte am Pulverfass, die die allgemeine Mobilmachung in fast allen genannten Ländern zur Folge hatte und Kriegserklärungen, die einander in raschem Tempo folgten. Über die Entstehung und den Verlauf des Ersten Weltkrieges ist viel geschrieben worden, aber es würde zu weit führen darauf an dieser Stelle ausführlich einzugehen.[114] Obwohl die Deutschen mit ihrer starken Armee noch davon überzeugt waren, dass der Spuk in wenigen Monaten vorbei sei, konnte doch keine der Parteien sich vorstellen, geschweige denn wünschen, dass es ein langer, blutiger Laufgrabenkrieg werden würde, der auf beiden Seiten Millionen Tote fordern würde.

Eines der bekanntesten Fotos vom Kaiser in der Kriegszeit ist das Porträt von ihm, flankiert von den Generälen Paul von Hindenburg und Erich Ludendorff während sie im Hauptquartier zu Pleß eine Generalstabskarte studieren. Der Kaiser weist auf die Karte und die Generäle sehen zustimmend zu. Es ist ein trügerisches Foto, das für die in- und ausländische Propaganda entstand und in großer Zahl unters Volk gebracht wurde. Die Botschaft lautete: der Kaiser und sein Stab haben alles unter Kontrolle. Aber obwohl der Kaiser immer noch der Oberbefehlshaber der Armee war, fällten doch Hindenburg und Ludendorff praktisch die Entscheidungen. Der Kaiser war insgesamt der Wirklichkeit des Kriegführens nicht gewachsen und befand sich fast während des ganzen Krieges in einer Nervenkrise.[115] Etwas von dieser Erschütterung spricht aus dem Porträt, das der Fotograf

Hoe de keizer de oorlogsjaren doorbracht wordt duidelijk uit een uniek beeldverhaal dat hij zelf samenstelde in drieëntwintig ordners die nog altijd in Huis Doorn bewaard worden. Hoewel hun aanwezigheid wel bekend was zijn ze pas in 1990, tijdens de restauratie van het huis, uit een kast in de eetkamer tevoorschijn gehaald. In chronologische volgorde plakte Wilhelm – of een adjudant – op kartonnen bladen 2400 foto's die de periode van 31 juli 1914 tot 25 september 1918 bestrijken. Het verhaal begint met de foto van de keizer die op 31 juli 1914 het volk toespreekt vanaf het balkon van het *Stadtschloß* te Berlijn met de beroemde woorden: *Ich kenne keine Parteien mehr, ich kenne nur noch Deutsche.*[118] Op 9 augustus was de keizer in Potsdam om daar op zeer pontificale wijze afscheid te nemen van het 1. *Garde Regiment zu Fuß* [p 149]. In niets verschillen deze, door de Potsdammer fotograaf Eichgrün prachtig gecomponeerde foto's, van manoeuvrefoto's uit de vredesjaren. Met dit verschil dat het nu bittere ernst was. Vanaf september reisde hij de aanvankelijk zegevierende troepen achterna en liet alles op foto's vastleggen: hij bezocht regimenten in Frankrijk, onderhield zich met generaals en soldaten, bekeek de stafkaarten, bediende zich van verrekijkers, maar hield zich ver van de werkelijke strijd aan het front. De hoofdkwartieren in Charleville, Pleß en Spa verschijnen als oases van vredige rust: in de tuin van Charleville maakt keizerin Auguste-Victoria haar dagelijkse wandelingetje en zet haar dierbaren op de foto. Vanuit deze hoofdkwartieren bezocht de keizer de plaatsen waar klinkende overwinningen waren behaald zoals in de Argonnen en op de Tartarenpas. Maar in feite was de keizer door zijn verblijf in de hoofdkwartieren geïsoleerd van het werkelijke strijdtoneel. Net zoals Moltke in 1909 niet meer had gewild dat de keizer zich actief met de manoeuvres bemoeide, zo plaatsten de opperbevelhebbers van het Duitse leger in de oorlog de keizer buiten spel. Hoewel via foto's, zoals de bovengenoemde uit Pleß, het tegendeel werd gepropageerd wist iedereen aan het front, de keizer inclus, hoe de situatie werkelijk lag. Maar voor het moreel aan het thuisfront was het geruststellend te denken dat de keizer alles onder controle had en het Duitse leger naar de overwinning zou leiden. Foto's van bezoeken aan de lazaretten, die ook als prentbriefkaarten werden verspreid, moesten het medeleven van de vorst met zijn gewonde soldaten illustreren.

Veel van de foto's in de ordners zijn door fotografen gemaakt

Jagusch im Winter des Jahres 1916 vom Kaiser mit seinem Hund im Schnee machte [S 148].

Wie der Kaiser die Kriegsjahre verbrachte zeigt eine einzigartige Bildergeschichte, die er selbst in dreiundzwanzig Ordnern zusammengestellt hat und die noch stets im Haus Doorn aufbewahrt werden. Obwohl deren Vorhandensein bekannt war wurden sie erst 1990, während der Restaurierung des Hauses aus einem Schrank im Speisezimmer zum Vorschein geholt. In chronologischer Folge klebte Wilhelm – oder ein Adjutant – auf Kartonseiten 2400 Fotografien, die den Zeitraum vom 31. Juli 1914 bis 25. September 1918 umfassen. Die Geschichte beginnt mit dem Foto des Kaisers, der am 31. Juli 1914 vom Balkon des Stadtschlosses zu Berlin dem Volk mit den berühmten Worten zuspricht: *Ich kenne keine Parteien mehr, ich kenne nur noch Deutsche.*[116] Am 9. August war der Kaiser in Potsdam, um dort das 1. *Garde Regiment zu Fuß* [S 149] feierlich zu verabschieden. Diese, von dem Potsdamer Fotografen Eichgrün prachtvoll Komponierte Fotos unterscheiden sich in nichts von den Manöverfotos aus Friendensjahren. Allerdings mit dem Unterschied, dass es nun bitterer Ernst war. Ab September reiste er den anfangs siegreichen Truppen nach und ließ alles auf Fotos festhalten: er besuchte Regimenter in Frankreich, unterhielt sich mit Generälen und Soldaten, betrachtete die Generalstabskarten, bediente sich der Feldstecher, aber vom wirklichen Gefecht an der Front hielt er sich fern. Die Hauptquartiere in Charleville, Pleß und Spa erscheinen als Oasen friedlicher Ruhe: im Garten von Charleville macht Kaiserin Auguste Viktoria ihren Spaziergang und fotografiert ihre Liebsten. Von diesen Hauptquartieren aus besuchte der Kaiser Orte an denen ruhmreiche Siege errungen worden waren, wie in den Argonnen und am Tartarenpass. Tatsächlich aber war der Kaiser durch seinen Aufenthalt in den Hauptquartieren vom eigentlichen Kampfgeschehen isoliert. Genau wie von Moltke 1909 nicht mehr wünschte, dass der Kaiser sich aktiv in das Manövergeschehen einmischte, so ließen die Oberbefehlshaber der deutschen Armee den Kaiser im Kriege außen vor. Obwohl durch Fotografien, wie die oben genannte aus Pleß, das Gegenteil propagiert wurde, wusste an der Front jeder, der Kaiser inbegriffen, wie die Dinge wirklich lagen. Aber für die Moral der Heimatfront war es beruhigend glauben zu können, dass der Kaiser alles unter Kontrolle habe und die deutsche Armee nach dem Siege anführen würde. Lazarettbesuche, die auch als Postkarten verbreitet wurden, sollten das Mitgefühl des

die ook al de militaire manoeuvres van voor de oorlog vastlegden: Tellgmann, Eichgrün, gebroeders Haeckel etc. De foto's zijn inhoudelijk ook met elkaar te vergelijken: omdat de keerzijde van de oorlog – honger, dood en verderf – vrijwel volledig ontbreekt, zouden de meeste gefotografeerde gebeurtenissen bij wijze van spreken ook een willekeurige militaire oefening op buitenlands grondgebied kunnen voorstellen. Alleen aan de steeds goedkopere kwaliteit van de afdrukken valt af te lezen dat er schaarste was en dat de nederlaag naderde. Achterop komen we regelmatig de namen van de *Berliner Illustrations-Gesellschaft* en de BUFA (*Bild- und Film-Amt*) tegen en uiteraard de stempels van de censuur. De keizer heeft zijn foto's gekozen uit het aanbod dat ook bestemd was voor de pers en andere propagandadoeleinden. Deze zijn deels ook in andere publicaties en verzamelingen terug te vinden.[119] Zo bevinden zich in het Spaarnestadarchief in Haarlem vergelijkbare foto's, door dezelfde fotografen gemaakt, die tussen 1914 en 1918 in het geïllustreerde tijdschrift *Het Leeven* waren verschenen. En ook in de *Großer Bilderatlas des Weltkrieges*, samengesteld tussen 1915-1919, komen we de namen van bovengenoemde fotografen tegen, maar wel met opnames van het front en de gevolgen van de oorlogshandelingen voor de omgeving en de bevolking.[120]

De Eerste Wereldoorlog was de eerste Europese oorlog waarin het niet alleen technisch mogelijk was om alle aspecten van de oorlog fotografisch vast te leggen maar waarin de fotografie ook door beide kampen ten volle werd benut voor propagandadoeleinden, zowel in binnen- als buitenland. Fotografen die tussen 1854 en 1856 de Krimoorlog documenteerden, konden door de stand van de techniek nog niet meer fotograferen dan de kampementen en de militairen in rust. Roger Fentons sfeervolle portretten van de Britse en Franse militairen bereikten pas op het eind van de oorlog het vaderland en konden daardoor maar met moeite door uitgever Thomas Agnew aan de man worden gebracht. Men werd liever niet meer aan de oorlog herinnerd. Een andere Britse fotograaf, James Robertson, fotografeerde de veroverde Russische forten maar wel nadat alle lijken van gesneuvelden waren weggehaald.[121] Tegen 1914 waren de meeste technische onvolkomenheden en morele belemmeringen verdwenen en stond niets een zeer divers en complex gebruik van de fotografie in oorlogstijd in de weg.[122] Maar de ordners van de

Fürsten mit seinen verwundeten Soldaten illustrieren.

Viele der Fotografien in den Ordnern wurden von Fotografen aufgenommen, die auch schon die Manöver vor dem Krieg festgehalten hatten: Tellgmann, Eichgrün, die Gebrüder Haeckel etc. Auch inhaltlich sind die Fotos vergleichbar: weil die Kehrseite des Krieges – Hunger, Tod und Verderben – fast vollständig fehlt, könnten die meisten fotografierten Ereignisse beispielsweise auch irgendeine willkürliche militärische Übung auf ausländischem Grund und Boden darstellen. Nur an der immer billiger werdenden Qualität der Abzüge lässt sich die Papierknappheit ablesen und die nahende Niederlage. Auf der Rückseite der Abzüge finden wir regelmäßig die Namen der *Berliner Illustrations-Gesellschaft* und der BUFA (*Bild- und Film-Amt*) und natürlich die Stempel der Zensur. Der Kaiser wählte seine Fotos aus dem Angebot, das auch für die Presse und andere Propagandazwecke bestimmt war. Zum Teil finden sich diese auch in anderen Publikationen und Sammlungen.[117] So befinden sich im Spaarnestadarchief in Haarlem vergleichbare Fotos, von denselben Fotografen aufgenommen, die zwischen 1914 und 1918 in der illustrierten Zeitschrift *Het Leeven* erschienen waren. Und auch im *Großen Bilderatlas des Weltkrieges*, zusammengestellt zwischen 1915-1919, begegnen uns die Namen der oben genannten Fotografen, aber dann mit Aufnahmen von der Front und den Folgen der Kriegshandlungen für die Umgebung und die Bevölkerung.[118]

Der Erste Weltkrieg war der erste europäische Krieg in dem es nicht nur technisch möglich war alle Aspekte des Krieges fotografisch festzuhalten, sondern in dem die Fotografie auch durch beide Parteien für Propagandazwecke voll genutzt wurde und das sowohl im Inland als auch im Ausland. Fotografen, die zwischen 1854 und 1856 den Krimkrieg dokumentierten, konnten wegen des damaligen Stands der Technik noch nicht mehr fotografieren als die Truppenunterkünfte und die posierenden Militärs. Roger Fentons stimmungsvolle Porträts der britischen und französischen Militärs erreichten das Vaterland erst gegen Ende des Krieges und der Verleger Thomas Agnew konnte sie deshalb nur noch mit Mühe und Not an den Mann bringen. Man wollte lieber nicht mehr an den Krieg erinnert werden. Ein anderer britischer Fotograf, James Robertson, fotografierte die eroberten russischen Forts, aber erst nachdem die Leichname der Gefallenen geborgen worden waren.[119] Um 1914 waren die meisten technischen Unzulänglichkeiten und auch die moralischen Bedenken verschwunden. Somit stand einem vielfältigen und sehr komplexen Einsatz der

keizer geven slechts één beeld van de Eerste Wereldoorlog, namelijk zoals die door hem zelf beschouwd werd én zoals de legerleiding het liefst had dat deze aan het thuisfront gezien werd. En dat betrof zeker geen schokkende oorlogsbeelden van kale, geblakerde velden, loopgraven met lijken, kapotgeschoten steden en dorpen, of de gevolgen van granaatinslagen en gasaanvallen.

In ballingschap Engeland en Frankrijk schoven de schuld voor deze oorlog in de schoenen van de keizer die ze als oorlogsmisdadiger wilden berechten.[123] Maar Nederland, waar de keizer in 1918 naar toe vluchtte en asiel aanvroeg, heeft hem, ondanks druk van geallieerde zijde, nooit willen uitleveren. Het is dan ook niet vreemd dat een van de twee zaken die de keizer het meest bezig hielden tijdens zijn ballingschap in Doorn de Eerste Wereldoorlog was en zijn rol daarin: iedere publicatie die verscheen werd uitvoerig door hem besproken en bekritiseerd.[124] Zijn obsessie met het onderwerp blijkt ook uit de vele publicaties over de oorlog in zijn bibliotheek. Een ander punt van regelmatige discussie in Doorn was de vraag of en wanneer de keizer weer in Duitsland op de troon zou kunnen terugkeren. Deze wens was niet erg realistisch en Wilhelms vleugeladjudant Sigurd von Ilsemann vervloekt regelmatig in zijn dagboek de bewonderaars die de keizer komen opzoeken en valse hoop bij hem wekken. In de jaren twintig vestigden sommige leden van de familie Hohenzollern en zeker Hermine, Wilhelms tweede echtgenote, hun hoop op de nationaal-socialisten. Via onder andere Hermann Göring, die enkele malen in Doorn te gast was, hoopten zij het herstel van de monarchie onder Hitler te kunnen bewerkstelligen. In die periode moet het fotoalbum zijn ontstaan met familieportretten, gemaakt door Franz Langhammer uit Kassel, van de kinderen en kleinkinderen. Wellicht zijn de foto's in opdracht van Viktoria Luise gemaakt want de meeste betreffen haar gezin. Het is duidelijk waar de politieke voorkeur van verschillende familieleden op dat moment lag: August Wilhelm is geportretteerd in SA-uniform, zijn zoon Alexander Ferdinand, zijn broer Oscar, diens zoon Wilhelm Karl en de oudste zoon van Viktoria Luise zelf, Ernst August, dragen allen een hakenkruisband om de arm. Viktoria Luise schrijft in haar memoires ook over de betrekkingen die zij, haar man en haar broers onderhielden met Nazi's als Goebbels, Von Ribbentrop en Himmler.[125] Ze haast zich er aan

1 Anoniem, Keizer Wilhelm II en *Generaloberst* Hans von Seeckt in een loopgraaf op de Tartarenpas, 18 september 1917 [cat. 175] Anonym, Kaiser Wilhelm II. und Generaloberst Hans von Seeckt in einem Laufgraben am Tartarenpass, 18. September 1917 [Kat. 175]

2 Roger Fenton, Luitenant Archey R.A., Krimoorlog, 1855, zoutdruk (Collectie Rijksmuseum, Amsterdam) Roger Fenton, Luitenant Archey R.A., Krimkrieg, 1855, Salzabzug (Sammlung Rijksmuseum, Amsterdam)

3 Anoniem, Briefkaart van keizer Wilhelm II die een lazaret bezoekt, 1914-1918 Anonym, Postkarte von Kaiser Wilhelm II., der ein Lazarett besucht, 1914-1918

1

2

3

1

2

3

Fotografie in Kriegszeiten nichts mehr im Wege.[120] Aber die Ordner
des Kaisers vermitteln nur ein einseitiges Bild vom Ersten Weltkrieg,
nämlich so, wie er selbst es sah und wie die Heeresführung gern wollte,
dass man sie an der Heimatfront sähe. Und dabei handelte es sich
gewiss nicht um schockierende Kriegsbilder von kahlen, verbrannten
Schlachtfeldern, Laufgräben mit Leichen, zerschossenen Städten und
Dörfern, oder den Folgen von Granateinschlägen und Gasangriffen.

Im Exil England und Frankreich schoben dem Kaiser für diesen Krieg
die Schuld in die Schuhe und wollten ihn als Kriegsverbrecher vor
Gericht stellen.[121] Aber die Niederlande, in die der Kaiser 1918 flüchtete und wo er um Asyl bat, wollten ihn trotz des Drucks von Seiten
der Alliierten nicht ausliefern. Daher ist es auch nicht verwunderlich,
das eines der beiden Dinge, die den Kaiser in seinem Exil in Doorn
am meisten beschäftigten, der Erste Weltkrieg und seine Rolle darin
war: Jede Veröffentlichung, die erschien, wurde ausführlich von ihm
besprochen und kritisiert.[122] Dass dieses Thema seine Obsession war,
beweisen auch die vielen Publikationen über den Krieg in seiner
Bibliothek. Ein anderer Punkt, der regelmäßig in Doorn diskutiert
wurde, war die Frage, ob und wann der Kaiser in Deutschland wieder
den Thron besteigen könne. Dieser Wunsch war nicht sehr realistisch
und Wilhelms Flügeladjutant Sigurd von Ilsemann verflucht in seinem
Tagebuch regelmäßig die Bewunderer des Kaisers, die ihn aufsuchten
und in ihm falsche Hoffnungen weckten. In den Zwanzigerjahren
setzten manche Mitglieder des Hauses Hohenzollern und vor allem
Hermine, Wilhelms zweite Ehefrau, ihre Hoffnungen auf die Natio-
nalsozialisten. Unter anderem hofften sie durch Hermann Göring,
der einige Male in Doorn zu Gast war, die Monarchie unter Hitler
wieder aufleben lassen zu können. In dieser Periode muss das Fotoalbum mit Familienporträts entstanden sein, die Franz Langhammer
aus Kassel von den Kindern und Enkelkindern gemacht hat. Vielleicht
wurden die Fotografien im Auftrag von Viktoria Luise gemacht, da
auf den meisten Fotos Mitglieder ihrer Familie zu sehen sind. Deutlich
zeigt sich die politische Neigung der verschiedenen Familienmitglieder zu diesem Zeitpunkt: August Wilhelm wurde in einer SA-Uniform
porträtiert, sein Sohn Alexander Ferdinand, sein Bruder Oskar, dessen Sohn Wilhelm Karl und der älteste Sohn von Viktoria Luise selbst,
Ernst August, tragen eine Armbinde mit Hakenkreuz. Viktoria Luise
schreibt in ihren Memoiren auch über die Beziehungen, die sie, ihr
Mann und ihr Bruder zu Nazis wie Goebbels, Von Ribbentrop und

toe te voegen dat zij en haar man al snel inzagen dat deze weg een heilloze was.[126] De zeer zorgvuldig gecomponeerde en gere-toucheerde esthetiek van Langhammers foto's is er niet alleen een van de jaren dertig maar ook een die in het schoonheidsideaal van de Nazi's zou passen zoals dit bijvoorbeeld zichtbaar is op de foto's van de destijds bij Hitler populaire fotografe Leni Riefenstahl: de Hohenzollerns zijn zo voordelig mogelijk geportretteerd als gezonde en vooral rein-arische mensen [p 150, 151].

Met betrekking tot deze kwestie is er nog een curieus boek uit 1928 in de bibliotheek van de keizer te vinden: *So war der Krieg* met 230 door frontsoldaten gemaakte foto's van de Eerste Wereldoorlog. Het boek bevat alle ellende die op zijn eigen ver-zamelde foto's ontbreekt. Bij nader inzien blijken de foto's in *So war der Krieg* gebruikt – misbruikt – voor nationaal-socialistisch propaganda: uit de drek en modder van het slagveld zou het nationalisme geboren zijn dat Duitsland (onder leiding van Hitler) naar nieuwe tijden ging leiden. Met een sneer naar de vroegere keizer schrijft samensteller Franz Schauwecker: *Geen meeslepende, kleurige, fonkelende aanval van gedrongen colonnes, geen storm-troepen met wapperende vlaggen ... of schilderachtige groeperingen tegen een koene achtergrond, geen trompetgeschal, geen veldslagmuziek ... heeft [het nationalisme] naar voren gebracht, maar het woelde in slijk en drek, begroef zich in krijt en grind, kroop door modder en moeras.*[127] De keizer zal deze visie ongetwijfeld niet hebben onderschreven maar zijn houding ten aanzien van het opkomend nationaal-socialisme in Duits-land was, zoals we zagen, op zijn minst ambivalent.

Zoals al aan het begin is beschreven lieten ook de keizer en de nieuwe 'keizerin' Hermine zich in Doorn nog steeds uitgebreid portretteren en lieten zij deze foto's op grote schaal verspreiden onder aanhangers [p 152]. Uit de portretten komt ook duidelijk de tweeslachtige situatie naar voren waarin de voormalige keizer in Doorn verkeerde: aan de ene kant trachtte hij zijn aanspraken op de Duitse troon kracht bij te zetten door zich als regerend monarch in vol ornaat te laten fotograferen, aan de andere kant legde hij zich neer bij het onvermijdelijke en liet zich als gewoon burger bij alledaagse bezigheden als het lezen van de krant, het voeren van eendjes en het zagen van bomen in het park op de foto zetten [p 155, 159]. De fotograaf Hoekstra uit Driebergen (bij Doorn) viel de eer te beurt om foto's van het huwelijk tussen Wilhelm en Hermine von Reuß op 5 november 1922 in Doorn te

Himmler unterhielten.[123] Sie fügt aber rasch hinzu, dass sie und ihr Mann schnell einsahen, dass dieser Weg ein verhängnisvoller war.[124] Die sehr sorgfältig zusammengestellte und retuschierte Ästhetik von Langhammers Fotografien resultiert nicht nur aus den Dreißiger-jahren, sondern auch aus dem Schönheitsideal der Nazis, wie es z.B. aus den Bildern der seinerzeit bei Hitler so populären Fotografin Leni Riefenstahl hervorgeht: die Hohenzollern wurden möglichst vorteil-haft als gesunde und vor allem rein arische Menschen porträtiert [S 150, 151].

Zu dem Thema befindet sich in der Bibliothek des Kaisers noch ein kuriases Buch aus dem Jahre 1928: *So war der Krieg* mit 230 von Frontsoldaten gemachten Fotos vom Ersten Weltkrieg. Das Buch zeigt all das Elend, das auf den Fotos seiner eigenen Sammlung fehlt. Bei genauerem Hinsehen zeigt sich, dass die Fotos aus *So war der Krieg* gebraucht – missbraucht – worden waren für nationalsozialistische Propaganda: Aus dem Schmutz und Schlamm der Schlachtfelder soll der Nationalsozialismus geboren sein, der Deutschland (unter Lei-tung von Hitler) in eine neue Zeit führen sollte. Mit einer höhnischen Bemerkung über den früheren Kaiser schreibt Herausgeber Franz Schauwecker: *Kein hinreißender, farbiger, funkelnder Angriff gedrängter Kolonnen, keine fahnenüberflatterte Sturmreihe ... und malerischer Gruppierung vor kühnen Hintergründen, kein Trompetengeschmetter, keine Schlachtenmusik ... hat ihn [den Nationalismus] vorwärtsgetragen, sondern er wühlte in Schlamm und Kot, vergrub sich in Kreide und Kies, kroch durch Dreck und Morast.*[125] Der Kaiser würde diese Ansicht sicherlich nicht geteilt haben, aber seine Haltung gegenüber dem aufkommenden Nationalsozialismus in Deutschland war, wie wir gesehen haben, zumindest ambivalent.

Wie anfangs bereits beschrieben, ließen sich der Kaiser und die neue 'Kaiserin' Hermine in Doorn immer noch ausgiebig porträtie-ren. Diese Fotos ließen sie großzügig unter Anhängern verteilen [S 152]. Die Porträts spiegeln deutlich die zwiespältige Lage wieder, in der sich der frühere Kaiser in Doorn befand: Einerseits versuchte er seinen Anspruch auf den deutschen Thron zu bekräftigen, in dem er sich als regierender Monarch in vollem Ornat fotografieren ließ, andererseits fand er sich mit dem Unvermeidlichen ab und ließ sich als normaler Bürger bei alltäglichen Beschäftigungen wie Zeitung lesen, Enten füttern und im Park beim Holz sägen fotografieren [S 155, 159]. Dem Fotografen Hoekstra aus Driebergen (bei Doorn) wurde die Ehre zuteil, Fotografien von der Hochzeit von Wilhelm und Hermine von Reuß am 5. November 1922 in Doorn aufnehmen zu

1

2

3

dürfen. Nur ein Foto aus dieser Sammlung ist bewahrt geblieben: Ein schlichtes Porträt vom Kaiser in Uniform mit Säbel und Hermine im langen Kleid mit Schleppe und einem großen Hut. Der Fotograf durfte zwei seiner Fotos, nach schriftlichem Einverständnis und unter der Bedingung, dass alle Negative dem Kaiser überlassen werden, veröffentlichen.[126] Die meisten Fotografien von der Hochzeit waren also für private Zwecke bestimmt. Sehr bald stellte sich jedoch heraus, dass Hoekstra einige Fotos heimlich an eine amerikanische Zeitung, *Jefferson County Union*, verkauft hatte. Gerüchten zufolge soll er dafür $ 100.000,– erhalten haben, es scheint sich aber nur um £ 100 gehandelt zu haben. Die betreffende Zeitung hatte inzwischen schon gemeldet, dass der Kaiser seine Hochzeitsfotos selbst verkauft habe und der Hofmarschall hatte in aller Eile eine Richtigstellung zu veranlassen.[127] Im Haus Doorn hatte man sich auch viel Zeit gelassen: erst am 18. Dezember wurden die Fotos zur Veröffentlichung freigegeben. Auf den Brief der dies bestätigt, hat eine emsige Hand mit Bleistift geschrieben: *ca.14 Tage nach Veröffentlichung der Fotografien vom kaiserlichen Paar in Telegraaf und anderen Blättern! Also fast wertlos!* Anscheinend war auch *De Telegraaf* illegal in den Besitz der Fotos gekommen.

Das Leben des Kaisers war in Doorn nicht sehr abwechslungsreich. Er durfte nur mit Zustimmung der Regierung das Landgut verlassen und so hatte das rastlose Reisen einem fanatischen Holzhacken Platz gemacht – außer Fotos vergab der Kaiser auch gerne von ihm gesägte und signierte Baumstammscheiben [S 159]. Die Bremer Fotografin Lotte Dieckmann machte Ende der Dreißigerjahre eines der letzten Porträts vom letzten deutschen Kaiser [S 160]. Obwohl mit Würde porträtiert, ist von dem einst so tatkräftigen Kaiser nur noch ein alter, ermatteter Mann übrig geblieben, nicht in Uniform, sondern in einem dunklen Anzug. Heimweh nach Deutschland scheint er erstaunlicherweise in Doorn nicht gehabt zu haben. Nach Außen hat sich der Kaiser als preußischer Junker in optima forma präsentiert, aber innerlich schien er sich überall und nirgends zu Hause gefühlt zu haben. So schrieb Ilsemann am 1. Mai 1926 in sein Tagebuch, als Hermine wieder einmal nach Deutschland gefahren war: *S.M. begleitete die hohe Gemahlin zum Auto und ich möchte wohl wissen, ob er in solchem Augenblick darunter leidet, daß er zurückbleiben muß und nicht in die Heimat kann; ich glaube nicht. Ein richtiges Heimatsgefühl hat er, glaube ich, nicht. War er in England bei der Großmama, so war das seine Heimat; war er in Korfu, so fühlte er sich dort zu Hause, und ähnlich wird es nun wohl auch mit Holland sein. Sehnsucht nach Deutschland empfindet er wohl nicht.*[128]

maken. Nog één foto is in de collectie bewaard gebleven: een eenvoudig portret van de keizer in uniform met sabel, en Hermine in lange jurk met sleep en grote hoed. De fotograaf mocht twee van zijn foto's, na schriftelijke toestemming, openbaar maken op voorwaarde dat alle negatieven zouden worden afgestaan aan de keizer.[128] De meeste foto's van het huwelijk waren dus voor privégebruik bestemd. Maar naar al snel bleek had Hoekstra stiekem enkele foto's aan een Amerikaanse krant, de *Jefferson County Union*, verkocht, waar hij, zo gingen de geruchten, $ 100.000,- voor zou hebben ontvangen – dit bleek overigens £ 100 te zijn geweest. De betreffende krant had inmiddels al vermeld dat de keizer zijn huwelijksfoto's zelf verkocht en de hofmaarschalk moest in allerijl een rectificatie plaatsen.[129] Ze waren dan ook niet erg snel in Huis Doorn geweest: pas op 18 december waren de foto's voor publicatie vrij gegeven, op de brief die dit bevestigt heeft een nijvere hand met potlood geschreven: *ca. 14 dagen na publicatie van photos van het keizerlijk paar in Telegraaf en andere bladen! Alzoo bijna waardeloos!*. Blijkbaar was ook *De Telegraaf* op illegale wijze in bezit van de foto's gekomen.

Het leven van de keizer in Doorn was niet bepaald opwindend, hij mocht het landgoed alleen met toestemming van de regering verlaten en dus had het onrustige reizen plaatsgemaakt voor fanatiek houthakken – behalve foto's deelde de keizer ook graag door hem gehakte en gesigneerde schijfjes boomstam uit [p 159]. De Bremense fotografe Lotte Dieckmann maakte eind jaren dertig een van de laatste portretten van de laatste Duitse keizer [p 160]. Hoewel met waardigheid geportretteerd is er van de eens zo energieke keizer alleen nog een oude, vermoeide man overgebleven, niet in uniform maar in een donker pak. Heimwee naar Duitsland schijnt hij in Doorn opmerkelijk genoeg niet te hebben gehad. Naar buiten toe had de keizer zich als Pruisische *Junker* in optima forma gepresenteerd, maar innerlijk lijkt hij zich overal en nergens thuis te hebben gevoeld. Zo schreef Ilsemann op 1 mei 1926 in zijn dagboek toen Hermine weer eens naar Duitsland was vertrokken: *Z.M. bracht zijn gemalin naar de auto en ik zou wel eens willen weten of hij het op zo'n ogenblik betreurt dat hij moet achterblijven en niet naar het vaderland kan gaan; ik geloof van niet. Een echt gevoel van vaderlandsliefde heeft hij geloof ik niet. Als hij in Engeland was bij zijn grootmoeder, dan was dàt zijn vaderland; was hij in Corfoe, dan voelde hij zich daar thuis en evenzo zal het nu ook wel in Nederland zijn. Verlangen naar Duitsland heeft hij klaarblijkelijk niet.*[130]

Sammlung Königin Beatrix sprach in einem Interview einmal über ihre *duplex persona*, mit der sie die klare Trennung von ihrem Leben als Privatperson und ihrem öffentlichen Leben als Königin der Niederlande beschrieb.[129] Obwohl es eine Trennung ist, derer sich Fürsten seit Menschengedenken bewusst sind, scheint es, als ob bei dem letzten deutschen Kaiser der Mensch Wilhelm und der Monarch Wilhelm vollkommen miteinander verschmelzen. Scheinbare Privatangelegenheiten wie die Nordlandreise wurden mit genauso viel Brimborium in der Presse veröffentlicht wie Paraden und Einweihungen. Sogar Fotos von Jagden mit Freunden, sicherlich einer der wenigen Momente in denen sich der Kaiser wohlgefühlt haben wird, wurden ausführlich auf Fotos verbreitet und besprochen. Das gilt auch für die Familienferien in Cadinen, die Anschütz fotografierte und veröffentlichte. Wilhelms prächtige Alben wurden zwar für den eigenen Gebrauch zusammengestellt, aber die darin enthaltenen Fotos konnten von jedermann gekauft und in den Zeitungen betrachtet werden. Kurzum, es entsteht der Eindruck, dass der Kaiser kaum zwischen Hobby und Staatsangelegenheiten unterschied, wenn es auf sein öffentliches Ansehen ankam. Dies ist aber nur eine Annahme, denn bisher konnte nicht rekonstruiert werden, wie die Fotosammlung von Wilhelm vor seinem Tode im Jahre 1941 ausgesehen hat und wie sie vor dem Exil zusammengestellt war. Obwohl seine Familienmitglieder leidenschaftliche Amateurfotografen waren, wurden relativ wenige dieser Privatfotos in der Sammlung gefunden. Wenn es solche Fotos gab, hat die Familie sie sicherlich nach 1941 mit zurück nach Deutschland genommen. Wichtig ist hierbei anzumerken, dass Wilhelm, im Gegensatz zu seinen heutigen königlichen Kollegen, in gewisser Weise seine 'Abbildungen' mehr oder weniger selbst bestimmen konnte. Wie wir gesehen haben, machte sich Bismarck allerdings bereits Sorgen darüber, dass jeder Idiot mit einer Kamera ihn fotografieren konnte und Wilhelm hatte es manchmal mit begeisterten Amateurfotografen zu tun. Dennoch wurden die Berühmtheiten jener Zeit nicht wirklich von Paparazzi belästigt. Das kam erst nach dem Ersten Weltkrieg, wie Wilhelm in Doorn am eigenen Leib erfahren musste.

Der Kaiser hatte großen Einfluss auf die Form und den Inhalt der Fotos, aber auch auf seine Sammlung. Ungetrübt von (Selbst-)Kritik oder Unsicherheit gab es kein Thema zu dem der Kaiser nicht eine ausgesprochene Meinung hatte oder sich nicht aktiv mit beschäftigte: Naturwissenschaften, Architektur, Schiffsbau, Gartenbau, Archäologie, Musik, Theater, Bildhauerkunst und Malerei. Er entwarf

Verzamelen Koningin Beatrix sprak ooit in een interview over haar *duplex persona*, waarmee ze het scherpe onderscheid bedoelde dat zij moest maken tussen haar leven als privé-persoon en haar publieke leven als koningin van Nederland.[131] Hoewel het een onderscheid is waar vorsten zich al sinds mensenheugenis van bewust zijn, lijkt het wel alsof bij de laatste Duitse keizer de mens Wilhelm en de vorst Wilhelm volledig in elkaar opgaan. Schijnbare privé-aangelegenheden zoals de *Nordlandreise* worden met net zoveel bombarie in de pers gebracht als parades en onthullingen. Zelfs foto's van jachtpartijen met vrienden, een van de weinige momenten dat de keizer zich volledig op zijn gemak zou hebben gevoeld, werden nog uitgebreid op foto's verspreid en besproken. Hetzelfde geldt voor de familievakanties in Cadinen die Anschütz fotografeerde en publiceerde. Wilhelms schitterende albums zijn weliswaar voor eigen gebruik samengesteld, maar de foto's erin konden door iedereen worden gekocht en in de kranten worden bekeken. Kortom, de indruk bestaat dat de keizer nauwelijks onderscheid maakte tussen hobby's en staatszaken als het op zijn publieke imago aankwam. Dit is echter alleen een veronderstelling omdat nog niet gereconstrueerd kon worden hoe de fotoverzameling van Wilhelm er voor zijn dood in 1941 uit heeft gezien noch hoe deze voor zijn ballingschap was samengesteld. Hoewel zijn familieleden enthousiaste amateur-fotografen waren zijn er relatief weinig van deze particuliere foto's in de collectie terug te vinden. Als deze foto's er zijn geweest dan zijn deze vrijwel zeker door de familie na 1941 mee terug naar Duitsland genomen. Overigens is het wel van belang hierbij op te merken dat Wilhelm, in tegenstelling tot zijn koninklijke collega's van tegenwoordig, in zekere zin zijn beeldvorming nog min of meer in eigen hand kon houden. Zoals we zagen was Bismarck weliswaar bang dat hij door iedere idioot met een camera kon worden gefotografeerd en stond Wilhelm wel eens in de vuurlinie van enthousiaste amateur-fotografen, maar echt last van paparazzi hadden beroemdheden in die tijd nog niet. Dat kwam pas na de Eerste Wereldoorlog, zoals Wilhelm in Doorn aan den lijve ondervond.

De keizer had een groot aandeel in de vorm en inhoud van zowel de foto's als van zijn verzameling. Niet gehinderd door enige (zelf)kritiek of onzekerheid was er geen terrein waar de keizer niet een uitgesproken mening over had en waar hij zich niet actief mee bemoeide: natuurwetenschap, architectuur, scheepsbouw, tuin-

Monumente und Uniformen, zeichnete und malte, komponierte Lieder, *oder seien es auch nur einfache Photographierahmen für Seinen persönlichen Gebrauch zur Aufbewahrung von Andenken an Personen und Reisen, – auch der kleinsten derartigen Aufgabe widmet der Kaiser eingehendes Interesse, instruiert am liebsten persönlich den ausführenden Künstler über Seine Wünsche, wenn Er nicht gar, wie es sehr häufig geschieht, einen selbstgefertigten Entwurf der Arbeit zugrunde legt*, so Paul Seidel, damals Direktor der Hohenzollern-Kunstsammlung.[130] Für seine Fotos verpflichtete er Fotografen mit großen Verdiensten wie Ottomar Anschütz. Ob diese allerdings viel Freiheit hatten ist zu bezweifeln. So ist es beinahe unmöglich, stilistische Unterschiede zwischen den Porträtfotos zu finden, die von T.H. Voigt und W. Niederastroth (Selle & Kuntze) gemacht wurden. Der Kaiser bestimmte die Position und das Arrangement selbst. Für seinen Privatgebrauch entschied er sich für teure Abdrucktechniken wie den Platindruck. Die Fotografien ließ er in kostbaren Alben aufbewahren oder vergrößern und einrahmen. Zum Zwecke einer weiten Verbreitung erlaubte er die Veröffentlichung seiner Fotos auf viele verschiedene Arten: in Zeitungen und Zeitschriften, auf Postkarten und Kalendern. Obwohl der Kaiser sehr an den neuesten technischen Entwicklungen in der Fotografie interessiert war, wie seine umfangreiche Autochrom-Sammlung und seine Auftritte in Filmen zeigen, fehlen die letzten künstlerischen Trends vollständig. Nur in sehr geringem Maße finden sich Spuren vom rund 1900 aufgekommenen *Pikturalismus*, in Deutschland *Kunstphotographie* genannt, die die malerische, fantasievolle Bearbeitung der Fotografien propagierte und die gut zu den Künstlern der *Secession* und des *Jugendstils* passte. Kein Fotograf wie Heinrich Kühn, Theodor und Oskar Hofmeister oder Hugo Erfurth und sicher nicht Alfred Stieglitz oder Edward Steichen, um nur einige der wichtigsten Vertreter dieser Richtung zu nennen, befindet sich in der kaiserlichen Sammlung. Wie er in der Malerei jede Avantgarde ablehnte und ihr aktiv entgegenwirkte, scheint der Kaiser auch in der Fotografie ausschließlich traditionelle Bearbeitungen der Fotos zugelassen zu haben. Völlig übereinstimmend mit seiner altmodischen und sogar neoabsolutistischen Einschätzung des Kaisertums.

In diesem Licht betrachtet scheint es nicht verwunderlich, dass der fotografische Nachlass von Wilhelm II. kaum Fotos enthält, die einfach nur aus Liebe zur Fotografie gesammelt oder verschenkt wurden. In der Sammlung des Kaisers geht es um den Kaiser selbst und nicht um die Fotografie. Ganz im Gegensatz beispielsweise zu

1 Ernst Sandau, Huwelijk van prins Louis Ferdinand van Pruisen en grootvorstin Kira Kiryllovna in Doorn, met Wilhelm II en Hermine, 4 mei 1938 [cat. 184-a]   Ernst Sandau, Hochzeit von Prinz Louis Ferdinand von Preußen und Großfürstin Kira Kiryllovna in Doorn, mit Wilhelm II. und Hermine, 4. Mai 1938 [Kat. 184-a]

2 Ernst Sandau, Huwelijk van prins Louis Ferdinand van Pruisen en grootvorstin Kira Kiryllovna in Doorn, handen van het bruidspaar, 4 mei 1938 [cat. 184-c]   Ernst Sandau, Hochzeit von Prinz Louis Ferdinand von Preußen und Großfürstin Kira Kiryllovna in Doorn, Hände des Brautpaares, 4. Mai 1938 [Kat. 184-c]

3 Anoniem, *Hermine-Hilfswerk*, bazaar met foto's van Wilhelm II, ca. 1930   Anonym, *Hermine-Hilfswerk*, Bazar mit Fotografien von Wilhelm II., ca. 1930

1

2

3

aanleg, archeologie, muziek, theater, beeldhouwkunst en schilderkunst. Hij ontwierp monumenten en uniformen, tekende en
schilderde, componeerde liederen, *of het nu de meest eenvoudige foto-
lijstjes waren voor eigen gebruik als aandenken aan mensen en reizen – ook
voor de kleinste van zulke taken heeft de keizer diepgaande interesse, hij licht
het liefst zelf zijn wensen toe aan de uitvoerende kunstenaars, als hij niet, zoals
heel vaak gebeurt, een eigen ontwerp aan het werk ten grondslag legt,* aldus
Paul Seidel, destijds directeur van de Hohenzollern-kunstverza-
meling.[132] Voor zijn foto's huurde hij fotografen van grote verdiensten in, zoals Ottomar Anschütz. Of deze veel vrijheid kregen
valt te betwijfelen. Zo is het vrijwel onmogelijk stilistische verschillen te ontdekken tussen de fotoportretten gemaakt door
bijvoorbeeld T.H. Voigt of door W. Niederastroth (Selle & Kuntze).
De keizer bepaalde de pose en de compositie. Voor zijn eigen
gebruik koos hij voor kostbare afdruktechnieken zoals de platinadruk en liet hij de foto's in dure albums bewaren en of als
vergrotingen inlijsten. Voor een wijd verspreid gebruik gaf hij
toestemming zijn foto's op allerlei mogelijke manieren te publiceren: in kranten en tijdschriften, op briefkaarten en kalenders.
Hoewel de keizer zeer geïnteresseerd was in de nieuwste technische ontwikkelingen in de fotografie, zoals zijn omvangrijke
autochroomcollectie en zijn optreden in films aantonen, ontbreken de laatste artistieke trends volledig. Alleen in zeer afgezwakte
vorm zijn sporen te vinden van het rond 1900 in zwang geraakte
Picturalisme, in Duitsland *Kunstphotographie* genoemd, dat een schilderachtige, fantasierijke uitwerking van de fotografie propageerde
en goed aansloot bij de kunstenaars van de *Secession* en *Jugendstil.*
Geen fotografen als Heinrich Kühn, Theodor en Oskar Hofmeister
of Hugo Erfurth, zeker geen fotografen als Alfred Stieglitz of
Edward Steichen om maar eens een paar van de belangrijkste ver-
tegenwoordigers van de stroming te noemen, zijn terug te vinden
in de keizerlijke collectie. Net zoals hij in de schilderkunst elke
avant-garde afwees en actief bestreed, lijkt hij in de fotografie
uitsluitend ruimte voor een traditionele uitwerking van de
fotografie te hebben toegelaten, volledig in overeenstemming
met zijn ouderwetse en zelfs neo-absolutistische visie op het
keizerschap.

In dit licht bezien lijkt het niet zo vreemd dat de fotografische
nalatenschap van Wilhelm II nauwelijks foto's bevat die puur om
de liefde voor de fotografie verzameld of geschonken zijn. In de

den Fotosammlungen der britischen Königin Victoria, des bayrischen
Königs Ludwig II. oder des deutschen Fürsten zu Wied, von dem
bekannt ist, dass er aus wirklichem Interesse engagiert Fotografien
verschiedener Themenbereiche und von unterschiedlichen Fotografen
sammelte.[131] Natürlich bekam der deutsche Kaiser auch viele Fotos
geschenkt, die nicht direkt im Bezug zu seiner Person standen. So
gibt es ein wundervolles Portfolio mit Fotografien aus dem Jahre
1854 von der rumänischen Kirche in Curtea de Arges, fotografiert
vom Fotopionier Carl Szathmari. Möglicherweise wurde es dem
Kaiser geschenkt, als er die Kirche während des Ersten Weltkrieges
besuchte.[132] Des weiteren ist bekannt, dass er bezüglich seiner großen
Bauvorhaben Fotos von alten Kirchen im Rheinland machen ließ
und dass er auch von seinen Reisen nach Italien und Norwegen
Fotos von örtlicher Architektur mit nach Hause nahm.[133] Natürlich
sammelte der Kaiser ebenso wie Königin Victoria und die österreichische Kaiserin Elisabeth auch selbst Porträts von Freunden, der
Familie und Bekannten. Das bemerkenswerteste Objekt, das das
bestätigt, ist der Wandschirm mit 106 Porträts von ausschließlich
adligen Damen und Herren.[134]

Der fotografische Nachlass des letzten deutschen Kaisers in
Doorn zeigt, wie Deutschland um 1900 für eine selekte Gesellschaft –
die Reichen der Welt – aussah. Der Wohlstand und das Wirtschaftswachstum, die unter Wilhelm II. einen Aufschwung erlebten,
kommen z.B. in einer Verschönerung der Stadt Berlin zum Ausdruck,
die auch im Fotoalbum des Kaisers zu finden ist: ein neuer Dom, die
Kaiser-Wilhelm-Gedächtniskirche, die Siegesallee und zahllose
andere Denkmäler [S 132, 133] entstanden durch Wilhelms Initiative.
Aber auf diesen Fotos ist nicht zu sehen, wie in dieser industrialisierten
Millionenstadt eine stets größere Kluft zwischen Bürgern, Arbeitern,
Künstlern und Gelehrten entstand. Sie stellten den größten Teil der
Gesellschaft und es gab nur eine relativ kleine Gruppe von Adligen,
feudalen hohen Offizieren und Beamten, die ganz nach Wunsch des
Kaisers das Sagen hatten. Diese oft verarmten, konservativen, preußischen Junker hatten furchtbare Angst, dass sie ihre Macht verlieren
könnten. Im Jahre 1912 hatten die Sozialdemokraten die meisten
Sitze im Reichstag. Obwohl die innenpolitischen Probleme durch
eine immer aggressivere Außenpolitik, die in den Ersten Weltkrieg
kulminierte, verdrängt wurden, waren die Tage des Ancien Régime
gezählt. Das deutsche Kaiserreich war im Feudalismus und im Abso-
lutismus steckengeblieben und der Kaiser mit all seinem Gefühl für

Anoniem, De Dom in Berlijn bij de inwijding op
27 februari 1905 [cat. 121]   Anonym, Der Dom zu Berlin
bei der Einweihung am 27. Februar 1905 [Kat. 121]

verzameling van de keizer draait het om de keizer zelf en niet
om de fotografie. Dit in tegenstelling tot de fotoverzamelingen
van bijvoorbeeld de Britse koningin Victoria, de Beierse koning
Ludwig II of de Duitse vorsten zu Wied, van wie bekend is dat ze
uit een werkelijke interesse actief foto's van diverse onderwerpen
en fotografen verzamelden.[133] Natuurlijk kreeg de Duitse keizer
ook veel foto's ten geschenke die niet direct op zijn eigen persoon
betrekking hadden. Zo is er een schitterend portfolio met foto's
uit 1854 van het Roemeense kerkje in Curtea de Arges, gemaakt
door de Roemeense fotopionier Carl Szathmari, dat mogelijk aan
de keizer is geschonken toen hij de kerk in de Eerste Wereldoorlog bezocht.[134] Daarnaast is het bekend dat hij ten behoeve
van zijn grote bouwprojecten foto's liet maken van oude kerken
in het *Rheinland* en dat hij tijdens zijn reizen naar Italië en Noorwegen ook foto's van plaatselijke architectuur mee terug nam.[135]
Natuurlijk verzamelde de keizer net als koningin Victoria en de
Oostenrijkse keizerin Elisabeth ook zelf portretten van vrienden,
familie en bekenden. Het meest opmerkelijke object dat daarvan
getuigt is het kamerscherm met 106 portretten van vrijwel uitsluitend adellijke dames en heren.[136]

De fotografische nalatenschap van de laatste Duitse keizer in
Doorn laat zie hoe Duitsland er rond 1900 voor bepaalde personen – de happy few, de rijken der aarde – uitzag. De voorspoed
en economische groei, die onder Wilhelm II een grote vlucht
namen, komen bijvoorbeeld tot uitdrukking in de verfraaiing
van de stad Berlijn die ook in de fotoalbums van de keizer is terug
te vinden: een nieuwe Dom, de Kaiser Wilhelm Gedächtniskirche,
de Siegesallee en talloze andere monumenten [p 132, 133] kwamen
op Wilhelms initiatief tot stand. Maar op deze foto's is niet te zien
hoe er in deze geïndustrialiseerde miljoenenstad een steeds groter
wordende kloof ontstond tussen de burgers, arbeiders, kunstenaars en geleerden, die het grootste deel van de samenleving
uitmaakten, en de relatief kleine groep van adellijke, feodale hoge
officieren en ambtenaren, die geheel naar wens van de keizer de
dienst uitmaakten. En deze, veelal verarmde, conservatieve Pruisische *Junker* waren doodsbenauwd dat zij hun macht uit handen
zouden moeten geven. In 1912 hadden de sociaal-democraten de
meeste zetels in de Rijksdag en hoewel de binnenlandse proble-
men werden verdrongen door een steeds agressiever buitenlands
beleid dat culmineerde in de Eerste Wereldoorlog, waren de dagen

van het *ancien régime* geteld. Het Duitse keizerrijk was blijven steken in feodalisme en absolutisme en de keizer met al zijn gevoel voor technologische vernieuwingen én public relations wilde het niet zien.[137] De beroemde Duitse historicus Sebastian Haffner heeft eens gesteld dat het wellicht beter met Wilhelm was afgelopen als hij de ruimte had gehad een louter representatieve keizer te zijn en niet alle verantwoordelijkheid van het regeren had hoeven te dragen. Pas dan waren zijn talent voor theater en spektakel en zijn goede neus voor public relations en *image building* tot zijn recht gekomen zonder dat volk en regering werden meegezogen in een onrealistische voorstelling van de werkelijkheid en zonder dat hij zelf de schuld voor de Eerste Wereldoorlog had hoeven dragen.[138] Op 20 februari 1925 beschreef Ilsemann in zijn dagboek hoe er foto's van de keizer op de vergaderingen van oud-strijders waren uitgedeeld. De keizer was verheugd en zei: *Kijk, dat helpt de monarchie veel meer dan al het andere.*[139]

technologische Reformen und Öffentlichkeitsarbeit wollte das nicht sehen.[135] Der berühmte deutsche Historiker Sebastian Haffner hat einmal gesagt, dass es mit Wilhelm vielleicht besser abgelaufen hätte, wenn er den Freiraum gehabt hätte, nur ein repräsentativer Kaiser zu sein und nicht alle Verantwortung des Regierens hätte tragen müssen. Erst dann wäre sein Talent für Theater und Spektakel und sein gutes Gefühl für Öffentlichkeitsarbeit und *image building* zur Geltung gekommen, ohne dass sein Volk und die Regierung in eine unrealistische Vorstellung der Wirklichkeit hineingezogen worden wären und ohne dass er die Schuld am Ersten Weltkrieg hätte tragen müssen.[136] Am 20. Februar 1925 beschrieb Ilsemann in seinem Tagebuch, wie Fotos vom Kaiser auf einer Versammlung von Kriegsveteranen verteilt wurden. Der Kaiser war erfreut und sagte: *Wissen Sie das hilft der Monarchie viel mehr als alles andere.*[137]

1 Anoniem, Inwijding van de
Kaiser-Wilhelm-Gedächtnis-
Kirche, 1 september 1895 [cat.
105] Anonym, Einweihung der
Kaiser-Wilhelm-Gedächtnis-
Kirche, 1. September 1895 [Kat. 105]

2 Carol Popp Szathmari, Curtea
de Arges, 1854 [cat. 148] Carol
Popp Szathmari, Curtea de Arges,
1854 [Kat. 148]

1

2

Kijken en vergelijken
Foto's van Wilhelm II en Wilhelmina

Anschauen und Vergleichen
Foto's von Wilhelm II. und Wilhelmina

Schijn of werkelijkheid, *Leben oder Theater* – wie kasteel Huis Doorn bezoekt, stuit op zo'n overrompelende manifestatie van keizer Wilhelm II dat de waardering van het tentoongestelde ernstig in het gedrang kan komen. Dat geldt niet in het minst voor de daar opgestelde fotografie. Nu dankzij deskundige ontsluiting en groeiende belangstelling voor fotografie een expositie buiten Doorn mogelijk is, ligt hier een kans de foto's met verse blik te benaderen. Het is dan ook interessant in dit stadium de keizerlijke fotocollectie te vergelijken met die van het Koninklijk Huis in Nederland, in het bijzonder over de regeringsperiode van Wilhelm II.

Maar wat valt er te vergelijken? Wilhelm II, geboren in 1859 en generatiegenoot van koningin Emma, werd in 1888 keizer van het Duitse Rijk. De tienjarige Wilhelmina der Nederlanden volgde in 1890 haar vader op die ruim veertig jaar had geregeerd. Zowel in de grootte van koninkrijk en keizerrijk, in koninklijke, politieke en militaire traditie van beide naties, als in de persoonlijkheid van beide vorsten komt weinig overeen. Dat weerspiegelt zich uiteraard in de fotocollectie. Daarbij speelt het sekseverschil een rol: een plaatje van de charmant geklede *Queen Pretty Face* of de standvastige *Moeder des Vaderlands* in mantelpak heeft onmiskenbaar een andere uitwerking dan dat van de *Imperator Rex* die schittert en imponeert in uniform. Een opvallend verschil tussen beide fotocollecties betreft de informele fotografie. Wilhelmina had er kennelijk geen bezwaar tegen dat men haar in informele situaties fotografeerde, noch tegen publicatie van die foto's. Zo zien we haar wandelend in de Haagse binnenstad met Hendrik en Juliana in 1915, of veel later, in 1945, met eenvoudige muts en sjaal, wat de Engelse koningin-moeder Mary een geamuseerde reactie ontlokte: *There is a priceless picture of Wilhelmina ... looking like nothing on earth.*[1] Van Wilhelm zijn er weliswaar spontaan ogende foto's bekend, maar bij nader onderzoek blijken die veelal toch geposeerd of

Schein oder Wirklichkeit, *Leben oder Theater* – wer das Schloss Haus Doorn besucht, begegnet einer derart überrumpelnden Manifestation Kaiser Wilhelms II., dass die Wertschätzung für die Ausstellungsgegenstände ernsthaft in Gefahr gerät. Das gilt nicht im Geringsten für die dort ausgestellte Fotografie. Nunmehr ist dank einer fachkundigen Erschließung und auch durch gestiegenes Interesse an der Fotografie eine Ausstellung außerhalb Doorns möglich. Darin liegt die Chance, die Fotografien mit ganz anderen Augen zu sehen. Es ist denn auch interessant, in diesem Stadium die kaiserliche Fotosammlung mit der des Königshauses in den Niederlanden zu vergleichen, insbesondere hinsichtlich der Regierungszeit von Wilhelm II.

Aber was könnte man da vergleichen? Wilhelm II., geboren 1859 und der gleichen Generation angehörend wie Königin Emma, wurde im Jahre 1888 Kaiser des Deutschen Reiches. Die zehnjährige Wilhelmina der Niederlande folgte 1890 ihrem Vater, der über vierzig Jahre regiert hatte. Sowohl was die Größe von Königreich und Kaiserreich betrifft, und in der königlichen, politischen und militärischen Tradition beider Nationen, als auch hinsichtlich der Persönlichkeit der beiden Fürsten zeigen sich wenig Übereinstimmungen. Das spiegelt natürlich auch die Fotosammlung wider. Dabei spielt der Geschlechtsunterschied eine Rolle: Ein Bild der charmant gekleideten *Queen Pretty Face* oder der standhaften *Mutter des Vaterlandes* im Kostüm hat ganz zweifellos eine andere Wirkung als die des *Imperator Rex*, der in Uniform glänzt und imponiert. Ein auffallender Unterschied zwischen den beiden Fotosammlungen betrifft die zwanglose Fotografie. Wilhelmina hatte offensichtlich nichts dagegen, dass man sie auch in nicht formellen Situationen fotografierte, und sie war auch nicht gegen eine Veröffentlichung der Bilder. So sehen wir, wie sie im Jahre 1915 mit Hendrik und Juliana durch die Innenstadt von Den Haag geht, oder viel später, im Jahre 1945, schlicht mit Mütze und Schal, was der englischen Königinmutter Mary eine amüsierte Reaktion entlockte: *There is a priceless picture of*

geregisseerd. Ook het ontbreken van fotografische huldeblijken in de keizerlijke collectie springt in het oog. Dergelijke geschenken zijn er vast wel geweest, want huwelijk, geboorte, kroonjaren en regeringsjubilea gaven vaak aanleiding tot het aanbieden van tastbare – en dikwijls kostbare – blijken van hulde en aanhankelijkheid. Mogelijk zijn ze achtergebleven in Duitsland, of na het overlijden van de keizer door familie uit Doorn teruggehaald. Daartegenover staat Wilhelm ruim voor in fotoreportages van reizen, militaire manoeuvres en parades. In materiële zin zijn er zeker overeenkomsten tussen beide fotocollecties. Gaf de keizer of koningin zelf een foto-opdracht, dan werd uiteraard een gerenommeerde fotograaf ingeschakeld en gebruikte deze de beste technieken en materialen. De vergelijking van aspecten als veelzijdigheid van de collectie, techniek, kwaliteit en stijl van fotografie zal aan waarde winnen als ook de andere vorstelijke collecties daarbij betrokken worden. De Engelse Royal Photograph Collection en de fotocollectie van de laatste Russische tsaar bieden daarvoor, gezien de publicaties, veel aanknopingspunten, maar blijven in dit kort bestek buiten beschouwing.[2]

Fotocollectie Koninklijk Huisarchief Bij foto's van het Koninklijk Huis stelt men zich in Nederland meestal beelden voor van Koninginnedag en Prinsjesdag, feestelijke eerstesteenleggingen, tewaterlatingen en openingen door het knippen van linten – de *core business*, zoals prins Claus dat eens ironisch noemde. Natuurlijk vormen dergelijke evenementen een niet te negeren bestanddeel in de fotocollectie van het Koninklijk Huisarchief. De foto's tonen steeds weer vlaggen en vaandels, paarden en koetsen, erepoorten en baldakijnen, met onvermijdelijke staatshoofden, notabelen, militairen en mensenmassa's. Maar er is meer.[3] Er zijn foto's van bezittingen en paleizen, we zien een interieur of de tuin van paleis Soestdijk zoals Anna Paulowna die heeft gekend, of de Oranjezaal in Huis ten Bosch.[4] Er zijn foto's van verre oorden en uit verre jaren: Perzië (1862), het Suezkanaal (ca. 1869), Californië (1874), Nova Zembla (1879), de Antillen (1904), Zuid-Afrika (1923) en Nieuw-Guinea (1933). Het zijn vooral geschenken, maar ook souvenirs, meegebracht door leden van het Koninklijk Huis van hun buitenlandse reizen. Culturele gebeurtenissen, waterstaatkundige werken, rampgebieden, instellingen en bedrijven werden bezocht, begunstigd of onder de aandacht

1
2

3

gebracht en kregen zo hun weerslag in de collectie. We zien Enschede na de brand van 1862, de aanleg van havenwerken in Harlingen in 1874, de uitbarsting van de vulkaan Bromo op Java in 1893, de keuken van het Maastrichtse gesticht Calvariënberg in 1895, een archeologische opgraving in 1907, een Groningse rijwielfabriek in 1909, Marken na de watersnood in 1916 en een wajangvoorstelling in Jokyakarta in 1926. De huldeblijken met foto's van Nederlands-Indië, Suriname en de Antillen gaven Wilhelmina een beeld van de koloniën die zij nooit bezocht heeft. De oudste foto's in het Koninklijk Huisarchief dateren van rond 1850.[5] Ze vormen de basis van de nog steeds groeiende collectie, waarin bovendien de technische ontwikkeling van de fotografie weerspiegeld wordt, van daguerreotypie tot digitaal beeld. Vooral in de portretten is die ontwikkeling goed te volgen.

Fotoportretten en fotografen Eeuwenlang waren het vooral schilders en beeldhouwers die zich richtten op het vorstelijk portret. In Nederland kregen rond 1860 echter ook fotografen vaste voet aan het hof. Ze droegen bij aan de beeldvorming van de monarchie op een schaal en met een directheid die ongekend waren. Dankzij verbeterde reproductiemogelijkheden lag hier een mogelijkheid tot visuele communicatie onder bredere lagen van de bevolking. De rage van het verzamelen van fotoportretjes op visitekaartformaat werd dan ook royaal gevoed met vorstelijke portretten. Dat gebeurde evengoed op initiatief van commerciële fotografen – het was duidelijk handel, een gat in de markt. Dat maakt een verzoek van Robert Severin uit 1865 nog eens duidelijk: hij vroeg de koning opnieuw voor hem te poseren, omdat de platen van de vorige sessie volkomen verbruikt waren door het grote aantal afgedrukte portretten, terwijl de vraag voortduurde. Inwilliging van het verzoek zou *...outre l'honneur et l'elan qu'elle donnera à mon établissement, me mettera en état de suffir aux demandes d'apres le Portrait si desiré de Votre Majesté.*[6] Er werd ook wel in dagbladen geadverteerd voor koninklijke portretfoto's, bijvoorbeeld door Maurits Verveer kort na het overlijden van Anna Paulowna in 1865.[7]

Zoals veel tijdgenoten verzamelde ook koningin Emma visitekaartportretjes in speciaal daarvoor vervaardigde inschuifalbums. Voorzien van min of meer luxeuze banden zijn ze in het Koninklijk Huisarchief bewaard gebleven.[8] De nog steeds bestaande

Wilhelmina ... looking like nothing on earth.[1] Von Wilhelm sind wohl spontan aussehende Fotografien bekannt, aber bei näherem Hinsehen erweisen sie sich häufig doch als posiert oder inszeniert. Auch das Fehlen von fotografischen Ehrengaben in der kaiserlichen Sammlung ist augenfällig. Solche Geschenke hat es sicherlich gegeben, denn Hochzeit, Geburt, Kronjubiläen und Regierungsjubiläen waren häufig Anlass für das Überreichen von materiellen – und oft kostbaren – Beweisen der Gunst und der Verbundenheit. Sie sind möglicherweise in Deutschland zurückgeblieben oder nach dem Tode des Kaisers von der Familie aus Doorn zurückgeholt. Demgegenüber ist Wilhelm oft zu sehen in Fotoreportagen von Reisen, militärischen Manövern und Paraden. In materieller Hinsicht gibt es sicher Übereinstimmungen zwischen den beiden Fotosammlungen. Gaben der Kaiser oder die Königin selbst eine Fotografie in Auftrag, dann wurde natürlich ein renommierter Fotograf eingeschaltet und der setzte die besten Techniken und Materialien ein. Ein Vergleich von Aspekten wie Vielseitigkeit der Sammlung, Technik, Qualität und Stil der Fotografie gewinnt an Wert, wenn auch andere fürstliche Sammlungen einbezogen wurden. Die englische Royal Photograph Collection und die Fotosammlung des letzten russischen Zaren bieten dazu angesichts der Publikationen viele Anknüpfungspunkte. Sie müssen aber hier aus Platzgründen unberücksichtigt bleiben.[2]

Fotosammlung Koninklijk Huisarchief [Königliches Hausarchiv] Bei Fotografien des Königshauses denkt man in den Niederlanden meistens an Bilder vom Königinnentag und Prinsjesdag [festliche Eröffnung des niederländischen Parlaments], feierliche Grundsteinlegungen, Stapelläufe und Einweihungen mittels Durchschneiden von Bändern – das *core business*, wie Prinz Claus es einmal ironisch nannte. Natürlich bilden solche Ereignisse einen nicht zu widerlegenden Bestandteil der Fotosammlung des Koninklijk Huisarchief. Die Fotos zeigen immer wieder Flaggen und Banner, Pferde und Kutschen, Ehrenpforten und Baldachine mit den unvermeidlichen Staatsoberhäuptern, Würdenträgern, Militärs und Menschenmengen. Aber da ist noch mehr.[3] Es gibt Fotografien von Besitz und Palästen, wir sehen ein Interieur oder den Garten von Paleis Soestdijk [Palast Soestdijk], wie Anna Paulowna ihn kannte, oder den Oranjesaal im Huis ten Bosch [Haus ten Bosch].[4] Da sind Fotografien von fernen Orten und aus fernen Jahren: Persien (1862), der Suezkanal (ca. 1869), Kalifornien (1874), Nowa Sembla (1879), die Antillen (1904), Süd-

gewoonte van staatshoofden om portretten te schenken bij officiële bezoeken heeft hier eveneens haar sporen nagelaten. Fotoportretten van het Duitse keizerspaar, eigenhandig gesigneerd
en gedateerd, zijn te herleiden tot hun eerste bezoek aan
Wilhelmina en Emma in 1891.[9] Aan foto's van keizers en keize-
rinnen is in het Koninklijk Huisarchief overigens geen gebrek:
Napoleon III van Frankrijk – aan wie koningin Sophie verwant
was – en zijn vrouw Eugénie, maar ook Franz Josef I van Oostenrijk, en zijn broer Ferdinand Max, de latere keizer van Mexico.[10]
De keizerin van China, keizers van Japan en Russische tsaren zijn
eveneens vertegenwoordigd. Van tsaar Nicolaas I, overleden in
1855, is er een zeldzaam post-mortemportret in daguerreotypie.[11]

Dat koningin Emma zich bewust was van de invloed van de
media fotografie en film is onmiskenbaar. Na het overlijden van
de weinig populaire Willem III in 1890 zal zij zich als moeder en
regentes verantwoordelijk gevoeld hebben voor een positieve
houding ten opzichte van de nieuwe koningin. Het bestaan van
gerichte visuele propaganda voor Wilhelmina op initiatief van
het hof is echter zonder verder onderzoek moeilijk vast te stellen.
Er is zeker medewerking verleend door te poseren op verzoek
van fotografen en uitgevers, er is toestemming gegeven voor het
in de handel brengen van fotoportretten, maar concrete bewijzen
voor een beleid op dit gebied zijn niet gevonden. Hoe dan ook,
tijdens de uitgebreide kennismakingsbezoeken in de jaren 1892-
1898 konden velen de koninginnen met eigen ogen zien. Het was
even ongekend als noodzakelijk om zo onder de mensen te komen,
zoals Wilhelmina in haar memoires schreef: *om te tonen, dat wij er
nog waren!*[12] Voornamelijk per koninklijke trein werd in elke pro-
vincie een meerdaags programma afgewerkt, leerzaam voor de
koningin in opleiding maar ook nuttig voor de wederzijdse
beeldvorming. De vele foto's die daarbij gemaakt werden en de
opkomst van het fenomeen prentbriefkaart en geïllustreerde
tijdschriften als *De Prins* en *Het Leven* droegen in ruime mate aan
die beeldvorming bij. Van de inhuldiging in 1898 en het huwelijk van Wilhelmina en Hendrik in 1901 werden bovendien film-
opnamen gemaakt. En het werkte: de jonge koningin – een
meisje nog, charmant en kordaat – en de regentes, aanvankelijk
in rouwkleding, wisten het vertrouwen te winnen en het aanzien
van de monarchie te verhogen.

Fotosessies kwamen in de eerste tien levensjaren van

afrika (1923) und Neuguinea (1933). Es handelt sich vor allem um
Geschenke, aber auch um Andenken, die Mitglieder des Königshauses
von ihren Auslandsreisen mitgebracht haben. Kulturelle Ereignisse,
wasserwirtschaftliche Bauten, Katastrophengebiete, Einrichtungen
und Betriebe wurden besucht, begünstigt oder in den Blick gerückt
und erhielten so ihren Niederschlag in der Sammlung. Wir sehen
Enschede nach dem Brand von 1862, den Bau der Hafenanlagen in
Harlingen im Jahre 1874, den Ausbruch des Vulkans Bromo auf Java
im Jahre 1893, die Küche des Maastrichter Stifts Calvariënberg im
Jahre 1895, eine archäologische Ausgrabung 1907, eine Groninger
Fahrradfabrik im Jahre 1909, Marken nach der Überschwemmung
1916 und eine Wajang-Vorstellung in Jokyakarta 1926. Die Ehrengaben mit Fotografien von Niederländisch-Indien, Surinam und den
Niederländischen Antillen verhalfen Wilhelmina zu einem Bild von
den Kolonien, die sie nie besucht hat. Die ältesten Fotografien im
Koninklijk Huisarchief stammen aus der Zeit um 1850.[5] Sie bilden
die Grundlage der noch immer wachsenden Sammlung, in der sich
zudem die technische Entwicklung der Fotografie widerspiegelt, von
der Daguerreotypie bis zum digitalen Bild. Vor allem in den Porträts
ist diese Entwicklung gut zu verfolgen.

Fotoporträts und Fotografen Jahrhundertelang waren es vor allem
Maler und Bildhauer, die sich dem fürstlichen Porträt widmeten. In
den Niederlanden wurden um 1860 jedoch auch Fotografen feste
Besucher bei Hofe. Sie trugen in einem Ausmaß und einer Direktheit
zur Bildformung der Monarchie bei, die man bisher nicht kannte.
Dank verbesserter Reproduktionsmethoden bot sich hier eine Möglichkeit zur visuellen Kommunikation unter breiteren Gesellschafts-
schichten. Die Nachfrage nach Fotoporträts im Visitenkartenformat
war groß, und Sammlerleidenschaft wurde dementsprechend reich-
lich mit fürstlichen Porträts entsprochen. Das geschah natürlich
auch auf Initiative kommerzieller Fotografen – hier bot sich deutlich
ein Geschäft, eine Marktlücke. Das verdeutlicht auch die Bitte von
Robert Severin aus dem Jahr 1865 noch einmal: Er bat den König
erneut vor ihm zu posieren, weil die Platten von der vorigen Sitzung
durch die große Anzahl von Abzügen vollkommen abgenutzt waren,
während die Nachfrage anhielt. Der Bitte zu entsprechen würde
*...outre l'honneur et l'elan qu'elle donnera à mon établissement, me mettera en
état de suffir aux demandes d'apres le Portrait si desiré de Votre Majesté.*[6]
Auch wurde in Tageszeitungen Anzeigen für königliche Porträtfotos

1

2

3

4

Wilhelmina regelmatig voor. In 1884 liep Wilhelmina daardoor nog een verkoudheid op: *de Koningin schrijft het daaraan toe dat het in 't atelier bij Kameke zoo koud was toen het kind daar gedecolleteerd gephotographeerd was.*[13] Emma had ook graag foto's van Wilhelmina in haar omgeving: we zien ze bijvoorbeeld in een kamerscherm in haar salon in Paleis Noordeinde in 1900. Na 1890 werd de portretreeks volop voortgezet. Vooruitlopend op de inhuldiging van 1898 werden door de hoffotografen Richard Kameke, Heinrich W. Wollrabe en Adolphe Zimmermans officiële portretten gemaakt. Ze zijn verspreid onder overheids- en andere instellingen, maar ook commercieel in gebruiks- en reclameproducten opgenomen.[14] Het meest statig zijn de foto's van Zimmermans, waarvoor Wilhelmina poseerde met de koningsmantel, kroon, scepter en rijksappel, symbolen van de koninklijke waardigheid. Met een achtergrond van draperie en zuil sluit dit portret aan bij de traditie van geschilderde staatsieportretten. Een koninklijke uitstraling wist Wilhelmina ondanks haar lengte van ongeveer 1.63 m ook op foto's te bereiken door houding en postuur, soms ook door kleding met royale sleep en hoofddeksel, diadeem of andere juwelen, waaier en onderscheidingen. De verhevenheid van de koningin werd vaak gesymboliseerd door haar op een verhoging of vanaf een laag standpunt weer te geven. Gebeurde dat op verzoek van de koningin, of op voorstel van de fotograaf? We weten het niet, maar dat die beeldtaal na veertig en vijftig jaar nog steeds gangbaar is, bewijzen de staatsieportretten van Godfried de Groot uit 1937 en van Atelier Merkelbach uit 1948. Foto's van de koningin te paard bij militaire inspecties droegen bij aan een krijgshaftig imago.[15] Dat was zij zich tijdens de Eerste Wereldoorlog kennelijk uitstekend bewust. Het karakteristieke silhouet met hoge bontkraag uit de jaren dertig staat velen op het netvlies gebrand als oerbeeld van de onverzettelijke Wilhelmina. Zo is ze ook in standbeelden weergegeven door Charlotte van Pallandt en Mari Andriessen.

Door fotografen werd een koninklijke opdracht vaak als statusverhogend gezien. Dat gold voor het beroep in het algemeen, maar ook voor de persoon, zowel door de klandizie als door de verlening van predikaat hoffotograaf. In Nederland was Robert Severin uit Den Haag de eerste die dit voorrecht genoot. In mei 1861 werd hem toestemming verleend tot het voeren van het koninklijk wapen.[16] Enkele maanden daarvoor had hij Koning

aufgegeben, beispielsweise von Maurits Verveer kurz nach dem Tode von Anna Paulowna im Jahre 1865.[7]

Genau wie viele ihrer Zeitgenossen sammelte auch Königin Emma Visitenkartenporträts in eigens dazu angefertigten Einsteckalben. Mehr oder weniger luxuriös eingebunden sind diese Alben im Koninklijk Huisarchief bewahrt geblieben.[8] Die bei Staatsoberhäuptern noch immer bestehende Gewohnheit, bei offiziellen Besuchen Porträts zu verschenken, hat hier ebenfalls ihre Spuren hinterlassen. Fotoporträts des deutschen Kaiserpaares, eigenhändig signiert und datiert, lassen sich zurückverfolgen bis an ihren ersten Besuch bei Wilhelmina und Emma im Jahre 1891.[9] An Fotografien von Kaisern und Kaiserinnen herrscht im Koninklijk Huisarchief übrigens kein Mangel: Napoleon III. von Frankreich – mit dem Königin Sophie verwandt war – und seine Frau Eugénie, aber auch Franz Josef I. von Österreich und sein Bruder Ferdinand Max, späterer Kaiser von Mexiko.[10] Die Kaiserin von China, Kaiser von Japan und Russische Zaren sind ebenfalls vertreten. Von Zar Nikolaus I., gestorben 1855, existiert ein seltenes Postmortemporträt in Daguerreotypie.[11]

Dass Königin Emma sich des Einflusses der Medien Fotografie und Film bewusst war, ist unübersehbar. Nach dem Tode des wenig beliebten Willem III. im Jahre 1890 wird sie sich als Mutter und Regentin für eine positive Haltung der neuen Königin gegenüber verantwortlich gefühlt haben. Das Vorhandensein zielgerichteter visueller Propaganda für Wilhelmina auf Initiative des Hofes ist jedoch ohne weitere Forschung schwer festzustellen. Gewiss wurde den Bitten der Fotografen und Verleger nach Posieren entsprochen, und man stimmte dem in den Handel Bringen von Fotoporträts zu, konkrete Beweise für eine Politik auf diesem Gebiet wurden jedoch nicht gefunden. Wie auch immer, während der zahlreichen Vorstellungsbesuche in den Jahren 1892-1898 konnten viele die Königinnen mit eigenen Augen sehen. Es war ebenso ungebräuchlich wie notwendig, sich so unter die Leute zu begeben, wie Wilhelmina in ihren Memoiren schrieb, *um zu zeigen, dass es uns noch gab!*[12] Vor allem mit der königlichen Eisenbahn wurde in jeder der Provinzen ein mehrtägiges Programm absolviert, lehrreich für die Königin in spe aber auch nützlich für den gegenseitigen Eindruck, weil man sich so voneinander ein Bild machen konnte. Die vielen Fotos, die dabei gemacht wurden, und das Aufkommen des Phänomens Ansichtskarte und illustrierte Zeitschriften wie *De Prins* und *Het Leven* trugen in hohem Maße zur Bildung einer Vorstellung bei. Von der feierlichen Amtsein-

Willem III geportretteerd. Eerder al, op 30 maart 1860, mochten Disdéri & Co in Parijs zich, eveneens na een fotosessie, namens de Prins van Oranje *Photographe de Son Altesse Royale* noemen.[17] Sindsdien zijn vele predikaten en koninklijke onderscheidingen aan fotografen verleend. Paul Huf, in 1977 benoemd tot Ridder in de Orde van Oranje-Nassau, is zeker niet de laatste geweest.

Wilhelmina en de fotografie Keizer Wilhelm II had weliswaar een innige band met de camera, maar voor zover bekend heeft hij zich nooit aan de kunst van het fotograferen gewaagd. Zijn handicap kan daarbij een belemmering geweest zijn, maar het lag waarschijnlijk ook meer in zijn aard zich te laten vereeuwigen en als regisseur te laten gelden dan zelf de camera ter hand te nemen. Koningin Wilhelmina daarentegen was bij tijd en wijle een enthousiast amateur-fotografe. De populariteit van de fotografie in haar omgeving blijkt uit de keuze van kerstgeschenken voor hofdames aan het eind van de negentiende eeuw: schermpjes voor foto's, fotodozen en lijstjes vielen zeer in de smaak.[18] Fotograferen was trouwens ook in de Engelse koninklijke familie en in het gezin van tsaar Nicolaas II een geliefde bezigheid.[19] Wanneer Wilhelmina's belangstelling voor de fotografie ontstond is niet bekend. In ieder geval was het een hofdame die haar op weg hielp in het gebruik van de camera: *Freule Rengers onderrigt H.M. in het photographeren*, zo noteerde de directeur van het Koninklijk Huisarchief op 26 april 1901.[20] Het is niet onwaarschijnlijk dat prins Hendrik de koningin warm gemaakt heeft voor deze hobby, want ook hij fotografeerde. Van hem is een album bewaard gebleven met fotootjes die hij op twaalfjarige leeftijd maakte.[21] Een fotoalbum met de opdracht *Voor mijn lieve Moeder – eigenwerk van de jaren 1902 en 1903* bewijst dat Wilhelmina in die jaren de eerste beginselen onder de knie had.[22]

Het fotografisch oeuvre van Wilhelmina is niet openbaar maar uit de afdrukken die zij zelf naar buiten bracht kan worden afgeleid dat haar onderwerpen in dezelfde sfeer liggen als die van haar teken- en schilderwerk: voornamelijk landschappen en pastorale situaties.[23] Mogelijk hebben de foto's ook als studiemateriaal voor haar schilderijen gediend. Daarnaast zijn er natuurlijk vakantiekiekjes en opnamen in de huiselijke sfeer, waarin man, moeder, dochter en leden van de hofhouding figureren. De allereerste foto van Juliana in mei 1909 was een opname van

führung im Jahre 1898 und der Hochzeit von Wilhelmina und Hendrik im Jahre 1901 wurden zudem Filmaufnahmen gemacht. Und es wirkte: Die junge Königin – ein Mädchen noch, charmant und beherzt – und die Regentin, anfänglich in Trauerkleidung, konnten das Vertrauen gewinnen und das Ansehen der Monarchie steigern.

Fotositzungen fanden in Wilhelminas ersten zehn Lebensjahren regelmäßig statt. 1884 handelte sich Wilhelmina dadurch eine Erkältung ein: *Die Königin führt das darauf zurück, dass es in Kamekes Atelier so kalt war, als das Kind dort im Decolletee fotografiert wurde.*[13] Emma liebte auch Fotos von Wilhelmina in ihrer Umgebung: Wir sehen sie beispielsweise auf einem Wandschirm in ihrem Salon im Paleis Noordeinde [Palast Noordeinde] im Jahre 1900. Nach 1890 wurde die Porträtreihe in vollem Umfang fortgesetzt. Im Vorgriff auf die feierliche Amtseinführung 1898 wurden von den Hoffotografen Richard Kameke, Heinrich W. Wollrabe und Adolphe Zimmermans offizielle Porträts angefertigt. Sie gingen Regierungsstellen, Ämtern und anderen Einrichtungen zu, wurden aber auch kommerziell in Gebrauchs- und Reklameprodukten verwendet.[14] Die würdevollsten Fotos sind die von Zimmermans, für die Wilhelmina im Königsmantel posierte und mit Krone, Zepter und Reichsapfel, den Symbolen der Königswürde. Mit der Draperie und der Säule im Hintergrund schließt dieses Porträt nahtlos an die Tradition gemalter offizieller Porträts an. Trotz ihrer Körpergröße von etwa 1,63 m erreichte Wilhelmina auch auf den Fotos durch Haltung und Statur eine königliche Ausstrahlung, gelegentlich auch unterstrichen durch Kleidung mit langer Schleppe und Kopfbedeckung, Diadem oder andere Juwelen, Fächer und Orden. Die Erhabenheit der Königin wurde oft symbolisiert, indem man sie auf einer Erhöhung ablichtete oder von einem tiefer gelegenen Standort aus. Geschah das auf Anregung der Königin, oder auf Vorschlag des Fotografen? Wir wissen es nicht, aber dass diese Bildsprache nach vierzig und fünfzig Jahren immer noch gangbar ist, das beweisen die offiziellen Porträts von Godfried de Groot aus dem Jahre 1937 und die des Ateliers Merkelbach aus dem Jahr 1948. Fotografien, die die Königin bei der Inspektion ihrer Truppen hoch zu Ross zeigen, trugen zu einem heldenhaftem Image bei.[15] Dessen war sie sich offensichtlich während des Ersten Weltkrieges sehr bewusst. Die charakteristische Silhouette mit dem hohen Pelzkragen aus den Dreißiger Jahren haben viele noch vor Augen als Urbild der unerschütterlichen Wilhelmina. So ist sie auch in Standbildern von Charlotte van Pallandt und Mari Andriessen dargestellt.

Wilhelmina zelf. Een dame du palais schreef daarover in haar herinneringen: *22 Mei reed H.M. voor 't eerst weer uit en bezocht Hare Moeder en weldra verscheen nu het eerste Portret der kleine Prinses door H.M. zelf genomen en aan haar volk door middel van Guy de Coral aangeboden.*[24] In 1912 werden op Paleis Het Loo in Apeldoorn een fotografisch atelier en een donkere kamer ingericht.[25] Het atelier was bedoeld als opnameatelier voor officiële portretten door professionele fotografen. In hoeverre de koningin er voor eigen hobby gebruik van heeft gemaakt, is niet duidelijk. Wilhelmina bleef de camera zeker tot 1940 trouw, zij het incidenteel.

Contacten tussen Wilhelm II en Wilhelmina Na het overlijden van koning Willem III was de Duitse keizer Wilhelm II het eerste buitenlandse staatshoofd dat door de tienjarige koningin en de regentes werd ontvangen. Dat gebeurde in Amsterdam, begin juli 1891, in grootse stijl, compleet met versierde gebouwen en vuurwerk. Ook Den Haag en Rotterdam werden aangedaan. Een tegenbezoek volgde een jaar later. Ruim een jaar na haar inhuldiging, in oktober 1899, bracht Wilhelmina opnieuw een bezoek aan Potsdam, en ook hier werd zij op foto's vereeuwigd. Een indrukwekkend portfolio met zesendertig interieurfoto's van de keizerlijke paleizen in Berlijn en Potsdam was mogelijk een geschenk van de keizer Wilhelm I aan koning Willem III. Het zijn prachtig uitgelichte albuminedrukken, omstreeks 1885 gemaakt door F. Jamrath & Sohn op groot formaat. Het album komt niet voor in de collectie van Wilhelm II. *Onkel Wilhelm* liet zich graag voorstaan op de familierelatie met zijn *liebe Cousine*. Hij schonk Wilhelmina onder meer een geschilderd portret van hun gemeenschappelijke stamvader Willem de Zwijger en bood haar in 1906 een afgietsel van een standbeeld van Frederik Hendrik aan. De feestelijke plaatsing van het beeld bij Huis ten Bosch werd uiteraard op de foto vastgelegd. Een zekere opdringerigheid van de keizer wekte soms argwaan. Toonde hij aandacht voor Wilhelmina vanuit politieke motieven, wilde hij profiteren van haar populariteit, of zou hij zich teveel op de voorgrond dringen? Op diplomatieke wijze werd zijn aanwezigheid bij de inhuldiging en het huwelijk van Wilhelmina vermeden.[26] Maar na de intocht van het bruidspaar in Schwerin in mei 1901 kon de keizer niet gepasseerd worden. Hij bood een luisterrijk onthaal op 30 en 31 mei en 1 juni in Berlijn en Potsdam met natuurlijk

Ein königlicher Auftrag wurde von den Fotografen oft als Statussymbol betrachtet. Das galt für den Beruf im Allgemeinen, aber auch für die Person, sowohl durch die Kundschaft, als auch durch die Verleihung des Prädikats Hoffotograf. In den Niederlanden war Robert Severin aus Den Haag der Erste, der in den Genuss dieses Vorrechts kam. Im Mai 1861 wurde ihm die Erlaubnis erteilt das königliche Wappen zu führen.[16] Einige Monate zuvor hatte er König Willem III. porträtiert. Schon früher, am 30. März 1860, durften Disdéri & Co in Paris sich ebenfalls nach einer Fotositzung, namens des Prinzen von Oranien *Photographe de Son Altesse Royale* nennen.[17] Seither erhielten Fotografen viele Prädikate und königliche Auszeichnungen. Paul Huf, 1977 zum Ritter des Ordens von Oranien-Nassau ernannt, war sicherlich nicht der Letzte.

Wilhelmina und die Fotografie Zwar hatte Kaiser Wilhelm II. ein inniges Verhältnis zur Kamera, aber so weit man weiß, hat er sich nie selbst an die Kunst des Fotografierens gewagt. Seine Körperbehinderung kann dabei ein Hindernis gewesen sein, aber vermutlich lag es auch mehr in seiner Art, sich verewigen zu lassen und den Regisseur zu spielen als selbst die Kamera in die Hand zu nehmen. Königin Wilhelmina hingegen war zuweilen begeisterte Amateurfotografin. Die Beliebtheit der Fotografie in ihrer Umgebung zeigt sich in der Wahl der Weihnachtsgeschenke für die Hofdamen gegen Ende des 19. Jahrhunderts: Schirmchen für Fotos, Fotoschachteln und Rahmen waren sehr willkommen.[18] Fotografieren war übrigens auch in der englischen Königsfamilie und in der Familie des Zaren Nikolaus II. eine beliebte Beschäftigung.[19] Wann Wilhelminas Interesse an der Fotografie entstand, ist nicht bekannt. Auf jeden Fall ist es eine Hofdame gewesen, die sie im Gebrauch der Kamera unterrichtete: *Freule Rengers unterrichtet H.M. im Photographieren*, notierte der Direktor des Königlichen Hausarchivs am 26. April 1901.[20] Es ist nicht unwahrscheinlich, dass Prinz Hendrik der Königin dieses Hobby schmackhaft gemacht hat, denn auch er fotografierte. Von ihm ist ein Album bewahrt geblieben mit Fotos, die er im Alter von zwölf Jahren machte.[21] Ein Fotoalbum mit der Widmung *Für meine liebe Mutter – eigene Arbeiten aus den Jahren 1902 und 1903* beweist, dass Wilhelmina in jenen Jahren die Anfänge bereits beherrschte.[22]

Das fotografische Werk von Wilhelmina ist nicht öffentlich, aber aus den Abzügen, die sie selbst herausgab, lässt sich folgern, dass ihre Themen im gleichen Interessengebiet liegen wie die ihrer

1 Koningin Wilhelmina (opname) / Guy de Coral & Co. (Uitgave), Het eerste portret van prinses Juliana, 14 mei 1909, ontwikkelgelatinezilverdruk (Koninklijke Verzamelingen, Den Haag) Königin Wilhelmina (Aufnahme) / Guy de Coral & Co. (Herausgeber), Das erste Porträt von Prinzessin Juliana, 14. Mai 1909, Gelatine-Silberdruck (Koninklijke Verzamelingen, Den Haag)

2 Nicolaas W. Schuitvlot, Herinnering aan het bezoek te Amsterdam van H.H.M.M. den Keizer en Keizerin van Duitschland van 1 tot 3 Juli 189: De versierde Dam, met toeschouwers op straat, achter ramen en op daken, albuminedruk (Koninklijke Verzamelingen, Den Haag) Nicolaas W. Schuitvlot, Erinnerung an den Besuch in Amsterdam von H.H.M.M. der Kaiser und der Kaiserin von Deutschland vom 1. bis 3. Juli 1891: Der geschmückte Dam, mit Zuschauern auf der Straße, an den Fenstern und auf den Dächern, Albumindruck (Koninklijke Verzamelingen, Den Haag)

3 Louis J. van de Winkel, Vertrek van de Duitse keizer met de raderboot Hohenzollern van de Willemskade in Rotterdam, koningin Wilhelmina en koningin-regentes Emma doen hem uitgeleide; op de voorgrond een erewacht, 3 juli 1891, daglichtcollodiumzilverdruk (Koninklijke Verzamelingen, Den Haag)

Louis J. van de Winkel, Abreise des deutschen Kaisers mit dem Räderboot Hohenzollern von der Willemskade in Rotterdam, Königin Wilhelmina und Regentin Emma geben ihm Geleit; im Vordergrund eine Ehrenwache, 3. Juli 1891, Zelloidinpapierabzug (Koninklijke Verzamelingen, Den Haag)

4 Selle & Kuntze, Koningin Wilhelmina tijdens haar bezoek aan keizer Wilhelm II bij het Neues Palais in Potsdam, 7 oktober 1899, daglichtgelatinezilverdruk (Koninklijke Verzamelingen, Den Haag) Selle & Kuntze, Königin Wilhelmina während ihres Besuches bei Kaiser Wilhelm II., Neues Palais in Potsdam, 7. Oktober 1899, Gelatin Auskopierpapier (Koninklijke Verzamelingen, Den Haag)

5 F. Jamrath & Sohn (Verlag von Theobald Grieben, Berlijn), Weisser Saal. Kaiserliches Schloss in Berlin: De Witte Zaal in het Stadtschloß in Berlijn, ca. 1885, albuminedruk (Koninklijke Verzamelingen, Den Haag) F. Jamrath & Sohn (Verlag von Theobald Grieben, Berlin), Weißer Saal. Kaiserliches Schloss in Berlin: Der Weiße Saal im Stadtschloss in Berlin, ca. 1885, Albumindruck (Koninklijke Verzamelingen, Den Haag)

1

2

3

4

5

veel militair vertoon. Aan dit bezoek herinnert een fraaie foto door Wilhelms hoffotograaf Ottomar Anschütz van de *Spazierfahrt* van Wilhelmina en Auguste-Victoria in een calèche in Berlijn. Een kostbaar souvenir vormen ook twee albums met een foto-reportage van de *Frühlingsparade*. De luxe banden zijn identiek aan die van enkele albums in Doorn, maar deze twee van de voorjaarsparade 1901 komen niet voor in de keizerlijke collectie. De inhoud biedt aardig vergelijkingsmateriaal met een fotoserie van de grote legerrevue op de Renkumse heide in aanwezigheid van koningin Wilhelmina op 21 september 1898.[27]

Op 13 december 1907 gaf Wilhelm met een bliksembezoek opnieuw blijk van zijn belangstelling voor Nederland en de koningin. Op terugreis uit Engeland legde de *Hohenzollern*, begeleid door twee Duitse oorlogsschepen, aan in Amsterdam waar Wilhelmina de keizer in de stromende regen aan de Handelskade opwachtte. Rijtoer en balkonscène op het Paleis op de Dam werden fotografisch vastgelegd, waarna een galadiner volgde. In 1913 was Wilhelmina voor langere tijd in Hohemark, waar ze Prins Hendrik, die daar een medische behandeling onderging, bezocht en gezelschap hield. In die periode schafte zij zich een Kodak Klapcamera aan bij Schlesicky-Ströhler in Frankfurt am Main.[28] Door Wilhelmina of Hendrik gemaakte foto's uit die tijd zijn helaas niet te achterhalen. Tijdens het verblijf in Hohemark ontmoetten Wilhelmina en Hendrik de Duitse keizer nogmaals. Al kon geen mens dat toen voorzien, voor Wilhelm en Wilhelmina zou dit ook de laatste keer zijn. Het jaar daarop begon de Eerste Wereldoorlog en in 1918 werd Duitsland uitgeroepen tot republiek. Nadat Wilhelm op 10 november 1918 in Nederland politiek asiel verleend werd, heeft het enige jaren geduurd voor het contact hervat kon worden. Koningin Wilhelmina heeft zich echter om diplomatieke en persoonlijke redenen afzijdig gehouden. De Nederlandse gastvrijheid aan de keizer werd niet overal gewaardeerd, vooral in Engeland werd het Wilhelmina kwalijk genomen. Daarbij was zij ernstig geschokt door Wilhelms vlucht. Zijn houding botste met haar opvattingen over plicht, moed en vaderlandsliefde.[29] Prins Hendrik, koningin Emma en prinses Juliana hebben de betrekkingen door briefwisseling en bezoeken aan Doorn onderhouden. Juliana was met Bernhard op 4 mei 1938 in Doorn eregast bij het huwelijk van Louis Ferdinand, kleinzoon van de keizer, en de Russische groothertogin Kyra.

Zeichen- und Malarbeiten: Hauptsächlich Landschaften und pastorale Szenen.[23] Möglicherweise haben die Fotos auch als Studienmaterial für ihre Gemälde gedient. Außerdem gibt es natürlich Urlaubsfotos und zu Hause gemachte Aufnahmen, in denen Ehemann, Mutter, Tochter und Angehörige des Hofstaates figurieren. Das erste Foto von Juliana im Mai 1909 war eine Aufnahme von Wilhelmina selbst. Eine Dame du palais schrieb darüber in ihren Erinnerungen: *22. Mai ritt H.M erstmals wieder aus und besuchte ihre Mutter und bald erschien nun das erste Porträt der kleinen Prinzessin aufgenommen von H.M. selbst und ihrem Volk mittels Guy de Coral geschenkt.*[24] Im Jahre 1912 wurden im Paleis Het Loo [Palast Het Loo] in Apeldoorn ein Fotoatelier und eine Dunkelkammer eingerichtet.[25] Das Atelier sollte professionellen Fotografen als Aufnahmestudio für offizielle Porträts dienen. Inwieweit die Königin davon auch für ihr eigenes Hobby Gebrauch gemacht hat, ist nicht bekannt. Wilhelmina blieb der Kamera sicher bis 1940 treu, und sei die Nutzung auch nur gelegentlich gewesen.

Kontakte zwischen Wilhelm II. und Wilhelmina Nach dem Tode von König Willem III. war der deutsche Kaiser Wilhelm II. das erste ausländische Staatsoberhaupt, das von der zehnjährigen Königin und der Regentin empfangen wurde. Das geschah in Amsterdam Anfang Juli 1891 in großem Stil, komplett mit geschmückten Häusern und mit Feuerwerk. Den Haag und Rotterdam wurden ebenfalls besucht. Der Gegenbesuch erfolgte ein Jahr später. Gut ein Jahr nach ihrer feierlichen Amtseinführung, im Oktober 1899, besuchte Wilhelmina Potsdam erneut, und auch hier wurde sie auf Fotos verewigt. Ein eindrucksvolles Portfolio mit sechsunddreißig Innenaufnahmen von den kaiserlichen Palästen in Berlin und Potsdam war möglicherweise ein Geschenk des Kaisers Wilhelm I. an König Willem III. Es sind wunderschön belichtete Albumindrucke, die um 1885 von F. Jamrath & Sohn im Großformat gemacht wurden. Das Album befindet sich nicht in der Sammlung von Wilhelm II. *Onkel Wilhelm* tat sich gern groß mit der Familienbeziehung zu seiner *lieben Cousine*. Er schenkte Wilhelmina unter anderem ein gemaltes Porträt ihres gemeinsamen Stammvaters Wilhelm von Oranien, genannt der Schweiger, und schenkte ihr 1906 den Abguss einer Statue von Frederik Hendrik. Die festliche Aufstellung der Statue bei Huis ten Bosch wurde natürlich auf einem Foto festgehalten. Eine gewisse Aufdringlichkeit des Kaisers weckte manchmal Argwohn. Interessierte er sich aus politischen Motiven für Wilhelmina, wollte

1

2

3

er von ihrer Popularität profitieren, oder würde er sich zu sehr in
den Vordergrund drängen? Sehr diplomatisch vermied man seine
Anwesenheit bei der feierlichen Amtseinführung und der Hochzeit
von Wilhelmina.[26] Aber nach dem Einzug des Brautpaares in Schwerin im Mai 1901 kam man am Kaiser nicht vorbei. Er gab einen glanzvollen Empfang am 30. und 31. Mai und 1. Juni in Berlin und Potsdam,
natürlich mit viel militärischem Getöse. An diesen Besuch erinnert
eine schöne Aufnahme von Wilhelms Hoffotograf Ottomar Anschütz
von der Spazierfahrt von Wilhelmina und Auguste Viktoria in einer
Kalesche in Berlin. Ein teures Souvenir sind auch die beiden Alben
mit einer Fotoreportage von der Frühlingsparade. Die luxuriösen Bände
sind mit einigen Alben in Doorn identisch, aber diese beiden von der
Frühjahrsparade 1901 befinden sich nicht in der kaiserlichen Sammlung. Der Inhalt bietet gutes Vergleichsmaterial mit einer Fotoserie
von der großen Truppenparade auf der Renkumer Heide in Anwesenheit von Königin Wilhelmina am 21. September 1898.[27]

Am 13. Dezember 1907 zeigte Wilhelm durch einen Blitzbesuch
erneut sein Interesse für die Niederlande und die Königin. Auf der
Rückreise von England legte die Hohenzollern im Geleit zweier deutscher Kriegsschiffe in Amsterdam an, wo Wilhelmina den Kaiser bei
strömendem Regen an der Handelskade [Handelskai] erwartete.
Spazierfahrt zum Palast am Dam und die Balkonszene werden fotografisch festgehalten, worauf ein Galadiner folgte. Im Jahr 1913 hielt
sich Wilhelmina längere Zeit in Hohemark auf, wo sie Prinz Hendrik
besuchte, der sich dort einer ärztlichen Behandlung unterzog, und
ihm Gesellschaft leistete. In der Zeit schaffte sie sich eine Kodak
Klappkamera an, die sie bei Schlesicky-Ströhler in Frankfurt am Main
erstand.[28] Von Wilhelmina oder Hendrik gemachte Fotografien aus
der Zeit sind leider nicht aufzufinden. Während des Aufenthaltes in
Hohemark trafen Wilhelmina und Hendrik den deutschen Kaiser
noch einmal. Wenn das auch noch niemand vorhersehen konnte,
für Wilhelm und Wilhelmina sollte es auch zum letzten Mal sein.
Im Jahr darauf begann der Erste Weltkrieg und 1918 wurde in Deutschland die Republik ausgerufen. Nachdem Wilhelm am 10. November
1918 in den Niederlanden politisches Asyl gewährt wurde, hat es
einige Jahre gedauert, bevor der Kontakt wieder aufgenommen werden konnte. Königin Wilhelmina hat jedoch aus diplomatischen und
persönlichen Gründen Abstand gehalten. Die dem Kaiser angebotene
Gastfreundschaft der Niederlande wurde nicht überall gleichermaßen
geschätzt, vor allem in England hat man es Wilhelmina übel

Twee jaar later brak de Tweede Wereldoorlog uit. Voor koningin Wilhelmina begon een vijf jaren durende ballingschap. In tegenstelling tot de keizer moest zij het doen zonder persoonlijke bezittingen en foto's van vroeger. Een schrijnend gemis, zo blijkt uit een brief aan Juliana, waaraan een enkel tijdschriftplaatje van haar moeders laatste verjaardag een geliefd tegenwicht bood.[30] De keizer bleef in Doorn, waar hij op 4 juni 1941 overleed.

Overeenkomsten en gebruik In de fotocollectie van het Koninklijk Huisarchief wordt tussen portretten van Hohenzollern en andere vorsten het verlovingsportret van de latere keizer Wilhelm II en keizerin Auguste-Victoria bewaard. Het dateert uit 1880 en vertoont opvallende gelijkenis met het verlovingsportret van de Nederlandse Prins Hendrik, bekend als de Zeevaarder, en prinses Maria van Pruisen uit 1878. De pose is vrijwel identiek: beide mannen staan informeel leunend tegen een tafeltje, beide vrouwen zitten er wat bedeesd bij, het gezicht afgewend. Wilhelm draagt een militair uniform en onderscheidingen, Hendrik is in burger. Beide foto's zijn gemaakt door Theodor Prümm in Berlijn. De jongste foto van Wilhelm II in het Huisarchief, door Steiger-Moers, toont hem met zijn enkele maanden oude achterkleinzoon. Op de achterzijde lezen we *Umstehend mit vielen Gruessen das Bild des aeltesten und juengsten Hohenzollern! Gesigneerd en gedateerd Wilhelm Doorn 11.9.39.*[31] Ook dit portret heeft een parallel in een portret van koningin Wilhelmina als trotse grootmoeder in 1938. Dergelijke foto's zijn exemplarisch voor een familiecollectie, maar uitzonderlijk is de context waarin ze zich bevinden en de wijze waarop de fotocollecties van het Huis Doorn en het Koninklijk Huisarchief nu functioneren. Wat beide collecties gemeen hebben, afgezien van een forse omvang, is dat ze organisch gegroeid zijn en als fotocollectie niet op zichzelf staan. Ze werden voorafgegaan en omgeven door geschilderde portretten en historiestukken, van miniatuur tot wandvullend, door prenten en tekeningen, archiefstukken en boeken.[32] Ze hebben een plaats gehad in paleizen, tussen voorwerpen met geschiedenis, ze vormen de neerslag van individueel en nationaal wel en wee in momentopnamen. Bovendien vertegenwoordigen ze persoonlijke, maatschappelijke en politieke betrekkingen. Inmiddels zijn beide collecties de status van familieverzameling ontstegen. Huis Doorn functioneert als museum, terwijl de foto's in het

genommen. Dabei war sie tief schockiert über Wilhelms Flucht. Seine Haltung kam nicht überein mit ihren Auffassungen von Pflicht, Mut und Vaterlandsliebe.[29] Prinz Hendrik, Königin Emma und Prinzessin Juliana pflegten die Beziehungen durch Briefwechsel und Besuche in Doorn. Juliana war mit Bernhard am 4. Mai 1938 Ehrengast in Doorn bei der Hochzeit von Louis Ferdinand, Enkel des Kaisers, und der russischen Großherzogin Kyra. Zwei Jahre später brach der Zweite Weltkrieg aus. Für Königin Wilhelmina begann ein fünf Jahre andauerndes Exil. Anders als der Kaiser musste sie ohne persönlichen Besitz und Fotografien von früher auskommen. Ein schmerzliches Vermissen, wie ein Brief an Juliana beweist, dem ein einzelnes Zeitungsfoto vom letzten Geburtstag ihrer Mutter ein geliebtes Gegengewicht bot.[30] Der Kaiser blieb in Doorn, wo er am 4. Juni 1941 starb.

Übereinstimmungen und Nutzung In der Fotosammlung des Koninklijk Huisarchief wird zwischen Porträts der Hohenzollern und anderer Fürsten das Verlobungsporträt des späteren Kaisers Wilhelm II. und Kaiserin Auguste Viktoria aufbewahrt. Es stammt aus dem Jahre 1880 und weist eine auffallende Ähnlichkeit mit dem Verlobungsporträt des niederländischen Prinzen Hendrik auf, bekannt unter dem Namen der Seefahrer, und Prinzessin Maria von Preußen von 1878. Die Pose ist nahezu identisch: Beide Männer stehen locker an ein Tischchen gelehnt, beide Frauen sitzen etwas schüchtern dabei, das Gesicht abgewandt. Wilhelm trägt Uniform und Orden, Hendrik ist in Zivil. Beide Fotografien wurden von Theodor Prümm in Berlin aufgenommen. Das jüngste Foto von Wilhelm II. im Koninklijk Huisarchief, von Steiger-Moers, zeigt ihn mir seinem wenige Monate alten Urenkel. Auf der Rückseite lesen wir *Umstehend mit vielen Gruessen das Bild des aeltesten und juengsten Hohenzollern! Signiert und datiert Wilhelm Doorn 11.9.39.*[31] Auch dieses Porträt hat seine Parallele in einem Porträt von Königin Wilhelmina als stolze Großmutter im Jahre 1938. Solche Fotos sind beispielhaft für eine Familiensammlung, aber außergewöhnlich ist der Kontext, in dem sie sich befinden, und sicher die Art und Weise, in der die Fotosammlungen von Haus Doorn und dem Koninklijk Huisarchief heute dienen. Was die beide Sammlungen, abgesehen vom beachtlichen Umfang, gemein haben, ist, dass sie organisch gewachsen sind und als Fotosammlung nicht ohne Zusammenhang sind. Ihre Vorläufer waren gemalte Porträts und Historienstücke, von Miniatur bis wandfüllend, Stiche und Zeichnungen, Archivalien und Bücher, von denen sie auch umgeben

1 Anoniem (Ernst Sandau?), Prinses Juliana, tussen ex-keizer Wilhelm II en ex-kroonprins Wilhelm, als eregast in Huis Doorn bij het huwelijk van kleinzoon Louis Ferdinand en groothertogin Kyra, 4 mei 1938, ontwikkelgelatinezilverdruk (Koninklijke Verzamelingen, Den Haag) Anonym (Ernst Sandau?), Prinzessin Juliana, zwischen Ex-Kaiser Wilhelm II. und Ex-Kronprinz Wilhelm, als Ehrengast in Haus Doorn bei der Heirat von Enkel Louis Ferdinand und Großherzogin Kyra, 4. Mai 1938, Gelatine-Silberdruck (Koninklijke Verzamelingen, Den Haag)

2 Theodor Prümm, Verlovingsportret van de toekomstige keizer Wilhelm II en keizerin Auguste Victoria, 1880, albuminedruk (Koninklijke Verzamelingen, Den Haag) Theodor Prümm, Verlobungsporträt des zukünftigen Kaisers Wilhelm II. und Kaiserin Auguste Viktoria, 1880, Albumindruck (Koninklijke Verzamelingen, Den Haag)

3 Theodor Prümm, Verlovingsportret van Prins Hendrik en prinses Marie van Pruisen, 1878, albuminedruk (Koninklijke Verzamelingen, Den Haag) Theodor Prümm, Verlobungsporträt von Prinz Hendrik und Prinzessin Marie von Preußen, 1878, Albumindruck (Koninklijke Verzamelingen, Den Haag)

4 Steiger-Moers, ...das Bild des aeltesten und juengsten Hohenzollern!: Wilhelm II met zijn achterkleinzoon, 1939, ontwikkelgelatinezilverdruk (Koninklijke Verzamelingen, Den Haag) Steiger-Moers, ...das Bild des aeltesten und juengsten Hohenzollern!: Wilhelm II. mit seinem Urenkel, 1939, Gelatine-Silberdruck (Koninklijke Verzamelingen, Den Haag)

5 Prins Bernhard (uitgave Nijgh & Van Ditmar NV, Rotterdam), Koningin Wilhelmina met haar kleindochter Beatrix; prinses Juliana en prinses Armgard (de moeder van prins Bernhard) kijken toe, 1938, ontwikkelgelatinezilverdruk (Koninklijke Verzamelingen, Den Haag) Prinz Bernhard (Herausgeber Nijgh & Van Ditmar NV, Rotterdam), Königin Wilhelmina mit ihrer Enkelin Beatrix; Prinzessin Juliana und Prinzessin Armgard (Mutter von Prinz Bernhard) schauen zu, 1938, Gelatine-Silberdruck (Koninklijke Verzamelingen, Den Haag)

1

2

3

4

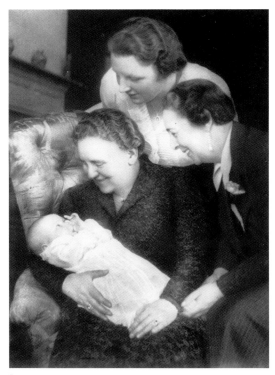

5

Koninklijk Huisarchief, hoewel eigendom van een familiestichting, merendeels beschikbaar zijn voor culturele doeleinden en wetenschappelijk gebruik. Zo dienen beide verzamelingen een maatschappelijk belang en wordt er steeds vaker uit geput voor onderzoek, publicaties en exposities op cultuurhistorisch gebied. Daarmee dient zich de vraag aan hoe met deze foto's om te gaan. Hoe representatief zijn foto's van Wilhelm tijdens *Kaisermanöver*, of van Wilhelmina als amazone in 1899 en in 1916? Wat wordt ons meegedeeld, hoe moeten we deze beelden nu lezen? De visie op en interpretatie van beeldmateriaal is zelden eenduidig, vaak tijdgebonden en wordt soms gemanipuleerd. De onbevangen blik wordt onvermijdelijk gekleurd door persoonlijke associaties en esthetische normen, door historische kennis en heersende meningen. Met dat besef kan de beleving en studie van deze foto's alleen maar fascinerender worden. Het genoegen van de beschouwer zal er niet onder lijden, integendeel.

sind.[32] Sie hatten ihren Platz in Palästen, zwischen geschichtsträchtigen Gegenständen, sie bilden den Niederschlag von individuellem und nationalem Wohl und Wehe in Momentaufnahmen. Außerdem vertreten sie persönliche, gesellschaftliche und politische Beziehungen. Inzwischen sind beide Sammlungen über den Status einer Familiensammlung hinaus gewachsen. Haus Doorn dient als Museum, während die Fotografien im Koninklijk Huisarchief, wenngleich Eigentum einer Familienstiftung, überwiegend für kulturelle Zwecke zur Verfügung stehen und für wissenschaftliche Zwecke genutzt werden können. So dienen beide Sammlungen der Gesellschaft und sie werden immer öfter für wissenschaftliche Forschung genutzt, für Veröffentlichungen und Ausstellungen auf kulturhistorischem Gebiet. Damit stellt sich die Frage, wie mit diesen Fotografien umzugehen ist. Wie repräsentativ sind Fotos von Wilhelm während des Kaisermanövers, oder von Wilhelmina als Amazone in den Jahren 1899 und 1916? Was wird uns mitgeteilt, wie müssen wir sie heute lesen? Der Blick auf und die Interpretation von Bildmaterial ist selten eindeutig, oft zeitgebunden und manchmal wird er auch manipuliert. Der unbefangene Blick wird unvermeidlich beeinflusst durch persönliche Assoziationen und ästhetische Normen, durch historisches Wissen und vorherrschende Meinungen. Mit dem Wissen darum kann das Erleben und Studieren dieser Fotografien nur noch faszinierender worden. Die Freude des Betrachters wird nicht darunter leiden, im Gegenteil.

Keizer Wilhelm II, een fotocollectie als PR-instrument

1 Portella 2000.

De fotografische nalatenschap van Wilhelm II

1 Nowak 1930, zonder paginanummer.
2 Ilsemann 1969, p.127, p. 131.
3 Zie ook: Ruitenberg 1998.
4 Het Utrechts Archief, Inv. Nr. 438.
5 Bildarchiv Preussischer Kulturbesitz Berlijn, Afga Foto-Historama / Museum Ludwig, Keulen.
6 Informatie van Frau Dr. R. Nolthenius te Potsdam.
7 Inventarislijsten: Archief Stichting tot Beheer van Huis Doorn.
8 Testament ex-keizer Wilhelm II, §4, 4., Nationaal Archief (voorheen Algemeen Rijksarchief), Archief Raad voor het Rechtsherstel, Inv. Nr. 397, R. 9769.
9 Testament ex-keizer Wilhelm II, §7, 3., Nationaal Archief (voorheen Algemeen Rijksarchief), Archief Raad voor het Rechtsherstel, Inv. Nr. 397, R. 9769.
10 Informatie van mevrouw Dr. F. den Toom-Jacobi.
11 Het Utrechts Archief, Inv. Nr. 443 (Transport Doorn nach Deutschland, 1939-1944).
12 Zie: Ven 2001.
13 Zie: Toom 2002 en Ven 2001.
14 Lijst 1950, Archief Stichting tot Beheer van Huis Doorn. De oorspronkelijke lijst van goederen die niet met het transport mee konden wordt bewaard in het Hausarchiv Hohenzollern (informatie van mevrouw Dr. F. den Toom-Jacobi).
15 Toom 2002, p. 66.
16 Uitgevoerd door de heer F.W.H. Mori, voormalig medewerker van Huis Doorn.
17 Lammers 1990.
18 Tentoonstelling Der letzte Kaiser Wilhelm II. im Exil, München 1991.
19 Pohl 1991.
20 Twee gouden daguerreotypieën uit 1845 van de fotograaf Philipp Graff zijn door het Nationaal Fotorestauratie Atelier in Rotterdam in 1999-2000 geheel kosteloos onderzocht en schoongemaakt; het Atelier restaureerde tevens, ook kosteloos, een albuminedruk van de fotograaf J.J.E. Mayall (portret van prins Albert, oudste zoon van koningin Victoria). De collectie Eerste Wereldoorlogfoto's wordt momenteel gerestaureerd met steun van de Martin Behaim-Haus Stiftung in Duitsland.
21 HUDF-A199-09 en A199-35; aankoop 1998 met steun van het Anjerfonds Utrecht en de Stichting Vrienden van Huis Doorn.
22 Inv. Nr. HUDF-A200. In 2001 in eeuwigdurend bruikleen ontvangen van Mr. S.F. Schütz. Recent kreeg de Stichting foto's in haar bezit uit de nalatenschap van de particuliere secretaris in het keizerlijke Hofmarschallamt te Doorn, P.J.Peereboom,

een schenking van de heer K. van der Sluijs te Sliedrecht.
23 Zie: Doorn 2000.

Kijken en vergelijken

1 Fasseur 2001, p. 449.
2 Zie: Dimond/Taylor 1987 en Barkovets 1998.
3 Zie: Jansen 1996.
4 Voor een recent beeld van deze paleizen zie www.koninklijkhuis.nl.
5 Een aantal ervan is opgenomen op www.earlyphotography.nl (Asser/Boom 2002).
6 KHA, Archief koning Willem III inv.nr A45-XIVc-56.
7 Zie: Dagblad van Zuid-Holland en 's Gravenhage, 7 en 22 maart 1865; zie: Rooseboom/Wachlin 1999, p. 16.
8 KHA, bijvoorbeeld FP/0006 en FP/0024.
9 Wilhelms portret is vervaardigd door Reichard & Lindner in Berlijn, dat van Auguste-Victoria is afgesneden, waardoor de naam van de fotograaf ontbreekt.
10 De portretjes van Napoleon III en Eugénie, Donné par l'Imperatrice 25 Aout 1859, komen voor in KHA, FP/0004.
11 KHA, FO/0000086.
12 Wilhelmina 1959, p. 61.
13 Cleverens 1994, p. 82.
14 Rooseboom 2002.
15 Zie: Aerts 1995 en Bank 1995.
16 KHA, Archief Hofcommissie Den Haag 1849-1919 EIb-IIb-28.
17 KHA, Archief Prins Willem, A 48-part.secr. -33.
18 Cleverens 1994, p. 100 (1891), p. 101 (1892), p. 107 (1896) en p. 109 (1897).
19 Dimond/Taylor 1987, p. 71-77 en Barkovets 1998.
20 KHA Archief Directeur KHA, E 14b, Kalender 1901; Freule Rengers is jkvr. A.J. Juckema van Burmania barones Rengers van Warmenhuizen (1868-1944).
21 KHA, FP/0020.
22 KHA, FP/0033.
23 Wilhelmina nam deel aan de Internationale Tentoonstelling voor Fotografische Kunst, Stedelijk Museum Amsterdam, 1908.
24 Cleverens 1999, p. 88; vier foto's van Juliana (alleen, met moeder, vader en grootmoeder) verschenen onder meer in een bijvoegsel van het Nieuws van den Dag van woensdag 26 mei 1909. Ze zijn ook afzonderlijk uitgegeven.
25 KHA, Archief Thesaurie, inv.nr E8-IVa-259.
26 Fasseur 1998, p. 145, p. 172, p. 246, p. 254.
27 KHA, FA/1901/02 en FA/0364, resp. van 31 mei en 1 juni 1901.
28 KHA, Archief Thesaurie inv.nr. E8-IVf-9.
29 Fasseur 1998, p. 552.
30 Fasseur 2001, p. 423-424: brief gedateerd 31 juli 1944.
31 Wilhelm bedankte kennelijk Juliana en Bernhard voor een fotootje van Beatrix en de

pasgeboren Irene: Euch Beiden unseren Herzlichsten Dank fuer das reizende Bild Euerer Kinder.
32 Het persoonlijk archief van Wilhelm II is verloren gegaan, zie: Fasseur 1998, p. 613, noot 75.

De keizer in beeld

1 Zie voor recente analyses van de imagovorming door koninklijke families: Bank 1995, p. 169-195; Osta 1998 (1) en Osta 1998 (2).
2 Geciteerd bij Bank 1995, p. 170; ook geciteerd bij Osta 1998 (1), p. 15.
3 Geciteerd bij Osta 1998 (1), p. 10.
4 Zie: Schamoni/Houwer 2001; zie over Wilhelm II en de film ook: Pohl 1991, p. 15-17; Loiperdinger 1996, p. 47-50.
5 Zie bijvoorbeeld: Leider 1991; MacDonogh 2001, p. 127, 131, 182; Röhl 1987, p. 17-34.
6 Pohl 1991 betreft een uitstekend artikel waarin voor het eerst Wilhelm II en zijn gebruik van fotografie en film is geanalyseerd.
7 Een uitvoerige studie over de fotoverzameling van koningin Victoria en prins Albert en hun activiteiten op het gebied van de fotografie biedt: Dimond/Taylor 1987.
8 Fulford 1964, p. 65.
9 Dimond/Taylor 1987, p. 19.
10 Zie over de uitvinding van het visitekaart-portretje: McCauley 1985.
11 Dimond/Taylor 1987, p. 20; Peese Binkhorst/Verroen 1997, p. 6-7.
12 Dimond/Taylor 1987, p. 20; de Oostenrijkse keizerin Elisabeth ('Sisi') was ook een groot verzamelaar van visitekaartportretjes getuige de albums in de collectie van het Agfa Foto-Historama te Keulen, zie: Dewitz 1997, p. 86-105.
13 Röhl 1998, p. 62-63.
14 Meisner 1929, p. 98.
15 Dimond/Taylor 1987, p. 25; Osta 1998 (1), p. 12-14.
16 Zie voor een overzicht van de introductie van de fotografie in Duitsland: Dewitz/Matz 1989; zie over Duitse vorsten en de fotografie verder: Kempe 1979 (1); Kempe 1979 (2); zie over de fotografieverzameling van de vorsten zu Wied: Dewitz/Horbert 1998.
17 Geiges/Matz 1989.
18 Ruitenberg 2002; Herder 1999 (1); Herder, 1999 (2).
19 Schellbach 1890, p. 10.
20 Ibidem
21 Deze kabinetfoto bevindt zich in het archief van de Hessische Hausstiftung. Net als het visitekaart-portretje is de kabinetfoto een gestandaardiseerd portretformaat die na 1865 in zwang raakte; zie Müller-Bohn 1900 waarin het portretje ook is gepubliceerd.
22 Voor een gedetailleerde beschrijving van Wilhelms geboortetrauma en de fysieke en psychi-sche gevolgen daarvan, zie: Röhl 1998, p. 1-81.
23 Röhl 1998, p. 47.
24 Miniaturen-Katalog von Genrebildern und Portraits,

zusammengestellt und herausgegeben von Erche & Comp., Berlin W. [1894-1895].
25 Fulford 1981, p. 121.
26 Seidel 1906, p. 79.
27 Poschingen 1899, p. 249.
28 Zie: Schoch 1975.
29 Ibidem p.197-201: ce portrait là, c'est une déclaration de guerre!; zie ook: Pohl 1991, p.241, 251-252.
30 Pohl 1991, p. 12.
31 Deze foto is, al dan niet gemonteerd in een portret van de keizerin, meermalen gepubliceerd in bijvoorbeeld: Schöningen 1913, p.190; Het Leeven Geïllustreerd, 45 (8 November 1907), p.1409.
32 Rogasch 1997, p. 277; Elckenbach 1913, p.258.
33 McCauley 1985, p. 64-67; zie ook: McCauley 1994, 'Bonapartism and Photography', p. 301-314.
34 Auguste-Victoria is op foto's vooral te zien met het klaverbladdiadeem dat door Wilhelm persoon-lijk was ontworpen, zie: Toom 2002, p.10.
35 Jonge 1986, p. 31.
36 Vertaling citaat: Vandaag gedenken we onze geliefde moeder. Uw trouwe zoon Adalbert.
37 Afgebeeld in: Gutsche 1991, p.23; de briefkaart was gemaakt ter gelegenheid van het 25-jarig regerings-jubileum van de keizer in 1913. De gebruikte foto's van Voigt waren ook al eerder samen gepubliceerd, maar dan los van elkaar, in: Mumm 1915, p.34-35.
38 Johannes 2:10, vertaling Groot Nieuws Bijbel, Boxtel/Haarlem 1988; zie: Krieger 1921, titelpagina; deze tekst was uitgesproken bij Auguste-Victoria's belijdenis in 1875.
39 Zie bijvoorbeeld: Röhl 1998, p. 365-366; MacDonogh 2000, p. 69, 77, 252-253.
40 Collectie Rijksprentenkabinet, Rijksmuseum Amsterdam, F 350 C 1.
41 Inventarisnummers van de albums: HUDF-A185, HUDF-A186.
42 In München publiceerden fotografen als Alois Löcherer en Franz Hanfstaengl rond 1855 al de eerste fotoseries van beroemde tijdgenoten. In Frankrijk waren dat fotografen als Disdéri, Nadar en Carjat die populaire portretseries uitbrachten met titels als Galeries des contemporains of Panthéon; zie Pohlmann 1998, Gebhardt 1984; McCauley 1985, p. 53-84.
43 Pohl 1991, p. 14.
44 Bij het schenken van foto's was er sprake van zogenaamde 'Verleihung' door de Duitse vorsten, dat verlenen of te leen geven betekent. Het ontvangen van een foto als geschenk werd als een zo grote eer gezien, dat het portret 'verleend' werd in plaats van gegeven, zie Pohl 1991, p. 14-15.
45 Röhl 1998, p. 476 en p. 431.
46 Röhl 1998, p. 246.
47 Geciteerd bij: Röhl 1998, p. 417-418.
48 Ilsemann 1969, p. 80: in de oorspronkelijke Duitse tekst gebruikt Ilsemann voor het woord rage het woord epidemie dat net iets sterker is; Pohl 1991, p. 14: in 1938 werden er 430 portretten verstuurd, en een jaar later 791.

49 Nog altijd krijgt Huis Doorn dergelijke foto's en briefkaarten als schenking terug.

50 Hermine kon net als alle andere leden van de keizerlijke familie vrij door Duitsland reizen. Alleen de keizer was min of meer gevangen in Huis Doorn. Om in Nederland te kunnen reizen had de keizer toestemming van de Nederlandse regering nodig.

51 De hele affaire wordt uitvoerig beschreven bij Röhl 1998, p. 455-463 en Röhl 2001, p. 231-237.

52 Inventarisnummer: HuDF-A151

53 De muts is gemaakt ter gelegenheid van het 25-jarig officiersjubileum van keizer Wilhelm II dat plaats vond op 9 februari 1894

54 Dimond/Taylor 1987, p. 70-77.

55 Viktoria Luise 1992, p. 8.

56 Palestina 1899.

57 Bohrdt 1902, p. 8.

58 Hoppen 1894, p. 14: de keizer zou dit monumentale, zeer luxueus uitgevoerde herinneringsboek aan deze eerste vaart van de *Augusta Viktoria* later ontvangen, met heliogravures van Giesecke & Devrient en lichtdrukken van Albert Frisch naar 'momentopnamen' van Max Junghaendel, J. Fischer, Albert von Graefe, O. Refardt, J. Wolff jr., en met enkele panorama's uitgegeven door het touristenbureau van J. Beyer in Bergen. Volgens een stempel op het voorblad zou de publicatie tot de bibliotheek van de *Hohenzollern* hebben behoord.

59 Zie: Osta 1998 (1); Diependaal 1998; Aasman 1998.

60 Vertaling citaat: *of men gefotografeerd of beschoten werd.*

61 Machtan 1998, p. 80-81.

62 Algemeen Rijksarchief 826, testament Wilhelm II, § 4.4 en § 7.3.

63 Zie over de onteigening van Huis Doorn: Ven 2001.

64 Mann 1964, p. 5.

65 Zie voor een analyse van het begrip 'theater van de staat' in samenhang met de monarchieën van Engeland en Nederland: Osta 1998 (2).

66 Zie: Asser 1996.

67 Dit geldt ook voor de foto die Viktoria Luise van de gebeurtenis publiceerde in *Im Glanz der Kaiserzeit*. Hoewel de prinses vermeldt dat deze foto van een afvaardiging van het Pruisische en Beierse leger ter herinnering aan de gebeurtenis was gemaakt, kloppen de verhoudingen volstrekt niet: de opgestelde militairen zijn ten opzichte van de ruimte veel te klein en elke licht-schaduwwerking ontbreekt, zie Viktoria Luise 1992, p. 10-11.

68 Dewitz, 1997, p. 100-102.

69 English 1983, p. 31-42.

70 Fulford 1981, p. 94, brief van 25 december 1880.

71 'Polytechnische Mittheilungen. Photographische Momentbilder', *Leipziger Illustrirte Zeitung*, 15 maart 1884, no. 2124, pp. 224-226; zie ook Weise 1990, p. 15-40, p. 21; Zie verder over Anschütz en de bewegingsfotografie in de *Leipziger Illustrirte Zeitung* o.a.: nr. 2198, 15 augustus 1885; nr. 2218, 2 januari 1886; nr. 2270, 2 januari 1887; nr. 2288,

7 mei 1887; nr. 2296, 2 juli 1887; nr. 2365, 27 oktober 1888.

72 Zie over de gebroeders Tellgmann: Hochhut/ Koch 2001.

73 Lacaille/Le Corre 1996.

74 Viktoria Luise 1992, p. 268.

75 Geciteerd bij: Wiegand 1994, p. 40.

76 Geciteerd bij: Hochhut/Koch 2001, p. 41-42.

77 Hochhut/Koch 2001, p. 268.

78 Pohl 1991, p. 12-13.

79 Viktoria Luise 1992, p. 269.

80 Zie over de selectie en verspreiding van foto's door de keizer: Pohl 1991, p. 12-13.

81 Zie over de politieke implicaties van Wilhelms Palestinareis: Röhl 2001, p. 1050-1060.

82 Zie: Palestina 1899, p. 241.

83 Weise 1989 (2), p. 29-33.

84 Weise 1989 (2), p. 22-24.

85 Weise 1989 (1), p. 27-37; Weise 1989 (2), p. 53-58.

86 Zie ook: Ferber 1989.

87 Zie hierover: Weise 1990, p. 13-21.

88 Osta 1982, p. 194; Marschall, 1991, p. 22 e.v.

89 Hull 1982, p. 33 e.v.

90 Hull 1982, p. 33-44, Marschall 1991, p. 22-26.

91 Duitsland was een land van landrotten, maar onder Wilhelm II zou Duitsland de wereldzeeën gaan bevaren: daarbij hoorde een machtige Duitse vloot waartoe hij eind 19de eeuw de aanzet gaf en die er ook zou komen. Zonder vloot kon Duitsland niet meedoen aan de imperialistische wereldpolitiek van die tijd. 'Unsere Zukunft liegt auf dem Wasser' (onze toekomst ligt op het water) is in dat verband een veel aangehaalde uitspraak van de keizer. Wilhelm nam bij zijn marinepolitiek graag een voorbeeld aan het Groot-Brittannië van zijn geliefde grootmoeder koningin Victoria dat hij toen nog met enig recht als de grootste wereldmacht kon beschouwen. Tegelijkertijd wilde hij Groot-Brittannië met een krachtige marine de loef afsteken, een streven dat uiteindelijk een agressieve maritieme wedloop als gevolg had die Duitsland steeds meer zou isoleren, zie o.a.: Boven 1998.

92 Fulford 1981, p. 56.

93 Bohrdt 1902, p. 1-2.

94 Marschall 1991, p. 39: elke *Nordlandreise* van de keizer ging gepaard met een stroom van publicaties: boeken als die van Güßfeldt, verhalen, reisverslagen en feuilletons in tijdschriften en kranten als de *Neue Preußische Zeitung*, tekeningen van Willy Stöwer in tijdschriften als *Gartenlaube*, *Scherlsche Woche* en *Die Flotte*, Hans Bohrdts tekeningen in *Westermanns Illustrierte deutsche Monats-Hefte*, foto's van Jürgensen en andere fotografen in de *Leipziger Illustrirte Zeitung*.

95 Zie Marschall 1991 voor een uitgebreide beschrijving en analyse van Wilhelms *Nordlandreisen*.

96 Marschall 1991, p. 39-40, 194-195.

97 Güßfeldt 1892, p. 132.

98 Güßfeldt 1892, p. 135.

99 Inventarisnummer: WRM/PH/SL 207, specifieke

gegevens over dit album zijn ter beschikking gesteld door het Agfa-Fotohistorama, Keulen.

100 Klebinder 1912, p. 24-26; Marschall 1991, p. 201; Pohl 1991, p. 16.

101 Hull 1982, p. 36-37.

102 Wilhelm 1924; van het eerste bezoek aan Corfoe zijn foto's gemaakt die de keizer in een album heeft bewaard dat deel uitmaakt van de collectie, HuD-F-A039.

103 Viktoria Luise 1970, p. 214; zie ook: Hull 1982, p.34.

104 Later zou Dörpveld in Doorn nog regelmatig bij Wilhelm te gast zijn. De Gorgo hield de keizer nog jaren bezig: in 1936 publiceerde hij een studie over het onderwerp; zie Toom 2002, p.50-51; Wilhelm 1936.

105 Slechts vijf keer zou de keizerlijke familie van het zomerpaleis hebben kunnen genieten voordat het uitbreken van de Eerste Wereldoorlog er definitief een einde aan maakte. In de jaren twintig werd het *Achilleion* door de Republiek Griekenland geconfisqueerd, de familie heeft het nooit teruggekregen. Nu is het paleis deels in gebruik als museum.

106 *Leipziger Illustrirte Zeitung* 9 april 1914, p.764

107 Seidel 1907, p. 213-214.

108 Zie bijvoorbeeld: Boulouch 1995; Herder 1997.

109 Jarchow 1998, p. 166-167; Rooseboom 1999; behalve foto's van Corfoe telt de collectie van 250 autochroms ook vele foto's van de bloeiende tuinen rond het Neues Palais in Potsdam en van het park van Huis Doorn.

110 Zie: Schamoni/Houwer 2001.

111 Wilhelm 1924, p. 47-52.

112 Mayer 1993, p. 18-32.

113 Schmidt 1999, p.223.

114 Anschütz 1903; ook heruitgave in *Cadiner Briefe* Band 1, Heft 2, 1994.

115 Zie bijvoorbeeld de albums in de collectie van de keizer: *Regierungsjubiläum Seiner Majestät des Kaisers Juni 1913*, twee delen, inventarisnummers: HuDF-A005 en HuDF-A006.

116 Zie over het verloop van de Eerste Wereldoorlog bijvoorbeeld: Keegan 1998.

117 Zie bijvoorbeeld: Hull 1982, p. 266 e.v.; MacDonogh 2000, p. 361 e.v.

118 Vertaling citaat: *ik ken geen partijen meer, alleen nog Duitsers*; deze foto werd in de Berlijnse kranten gepubliceerd en een jaar later in *Le Monde*, zie: Avenarius 1915, p. 31.

119 Zoals bijvoorbeeld in: Krieger 1916

120 Deze atlas is aanwezig in de bibliotheek van het Vredespaleis. Verder ligt er in het Algemeen Rijksarchief in Den Haag een nog niet geïnventariseerd archief met foto's van de Eerste Wereldoorlog. Dit zijn vooral foto's gemaakt door de geallieerde zijde, maar er is ook Duits materiaal. Het archief is afkomstig van de Rijks Voorlichtings Dienst die het heeft overgedragen aan het Nederlands Instituut voor Oorlogsdocumentatie, die het vervolgens in

bewaring heeft gegeven aan het Nationaal Archief. In Duitsland is het Ullstein Bild Archiv in Berlijn een goede bron ter vergelijking.

121 James 1981; Lacaille/Le Corre 1994.

122 Zie voor een breed overzicht van in de Eerste Wereldoorlog geproduceerd beeldmateriaal bijvoorbeeld: Hoffmann 1976; zie verder ook: Hoffmann 1982, Dewitz/Lebeck 2002, p. 92-108; over het geallieerde gebruik van de fotografie zie: Robertson, 1978.

123 De schuldvraag over het ontstaan van de oorlog ligt uiteraard veel gecompliceerder en heeft de afgelopen eeuw tot talloze theorieën en discussies geleid, ook recent nog, zie bijvoorbeeld: Andriessen 1999.

124 Dit blijkt heel duidelijk uit de dagboeken die zijn vleugeladjudant Sigurd von Ilsemann bijhield.

125 Viktoria Luise 1975, p. 246-251, p. 264 e.v., p. 305 e.v.

126 De enige die het nationaal socialisme werkelijk aanhing was August Wilhelm; zijn lidmaatschap van onder meer de Landdag en de Rijksdag en zijn deelname aan de Stahlhelmdagen leidde volgens zijn zuster tot conflicten met de familie. In de Tweede Wereldoorlog vochten zeker zestig Hohenzollern prinsen mee, onder wie ook de vier zoons van Viktoria Luise, tot Hitler bevel gaf dat al deze prinsen uit het leger ontslagen moesten worden. Ernst August jr. werd uiteindelijk nog opgepakt door de Gestapo en zat enkele maanden in de beruchte Albrecht Straße gevangen.

127 Schauwecker 1928, p. 4.

128 Overeenkomst afkomstig uit de nalatenschap van P.J. Peerenboom, voormalig particulier secretaris binnen het keizerlijk Hofmarschallamt 1920-1924. Archief Stichting Beheer Huis Doorn, geschenk van de heer K. van der Sluijs te Sliedrecht, 2002; waar de foto's en negatieven zijn gebleven is niet bekend, ze zijn niet meer in Doorn.

129 Uit dezelfde nalatenschap, zie: *Jefferson County Union* 30 maart 1923.

130 Ilsemann 1969, p. 36.

131 Bank 1995, p. 193.

132 Geciteerd bij Röhl 2001, p. 985; zie voor de keizer en de kunsten het gehele hoofdstuk bij Röhl 2001: 'Der Kaiser und die Kunst', p. 984-1026.

133 Zie bijvoorbeeld: Dimond/Taylor 1987; Zelevansky 1988; Dewitz/Horbert 1998.

134 Zie ook: Schuller-Procopovici 1989.

135 Röhl 2001, p. 996.

136 Verroen 2000.

137 Zie: Glatzer 1997.

138 Haffner/Venohr 2001, p. 243-257.

139 Ilsemann 1969, p. 22; ook geciteerd bij Pohl 1991, p. 9.

ANMERKUNGEN

Kaiser Wilhelm II., eine Fotosammlung als PR-Instrument

1 Portella 2000.

Der fotografische Nachlass von Wilhelm II.

1 Nowak 1930, ohne Seitenangabe.

2 Ilsemann 1969, S.127, S. 131.

3 Vgl.: Ruitenberg 1998.

4 Het Utrechts Archief (Utrechter Archiv), Inv. Nr. 438.

5 Bildarchiv Preußischer Kulturbesitz Berlin, Agfa Foto-Historama / Museum Ludwig, Köln.

6 Information von Frau Dr. R. Nolthenius aus Potsdam.

7 Inventarliste: Archiv Stichting tot Beheer van Huis Doorn (Stiftung zur Verwaltung von Haus Doorn)

8 Testament Exkaiser Wilhelm II., §4, 4., National Archiv (früher Allgemeines Reichsarchiv), Archiv Raad voor het Rechtsherstel (Rat zur Wiedereinsetzung in den früheren Rechtszustand), Inv. Nr. 397, R. 9769.

9 Testament Exkaiser Wilhelm II., §7, 3., Nationalarchiv (früher Allgemeines Reichsarchiv), Archiv Raad voor het Rechtsherstel (Rat zur Wiedereinsetzung in den früheren Rechtszustand), Inv. Nr. 397, R. 9769.

10 Information von Frau Dr. F. den Toom-Jacobi.

11 Das Utrechter Archiv, Inv. Nr. 443 (*Transport Doorn nach Deutschland, 1939-1944*).

12 Vgl.: Ven 2001.

13 Vgl.: Toom 2002 und Ven 2001.

14 Liste 1950, Archiv Stichting tot Beheer van Huis Doorn (Stiftung zur Verwaltung von Haus Doorn). Die ursprüngliche Liste der Gegenstände, die nicht transportiert werden konnten, wird im Hausarchiv der Hohenzollern aufbewahrt (Information von Frau Dr. F. den Toom-Jacobi).

15 Toom 2002, S. 66.

16 Ausgeführt von Herrn F.W.H. Mori, ehemaliger Mitarbeiter von Haus Doorn.

17 Lammers 1990.

18 Ausstellung *Der letzte Kaiser Wilhelm II. im Exil*, München 1991.

19 Pohl 1991.

20 Zwei goldene Daguerreotypien aus 1845 des Fotografen Philipp Graff wurden vom Nationalen Fotorestaurations Atelier in Rotterdam im Zeitraum 1999-2000 kostenlos untersucht und gesäubert; das Atelier restaurierte außerdem, ebenfalls kostenlos, einen Albumindruck des Fotografen J.J.E. Mayall (Porträt von Prinz Albert, ältester Sohn von Königin Victoria. Die Sammlung Fotos aus dem Ersten Weltkrieg wird derzeit mit Unterstützung der Martin Behaim-Haus Stiftung in Deutschland restauriert.

21 HUDF-A199-09 und A199-35; gekauft 1998 mit Unterstützung des Anjerfonds Utrecht und der Stichting Vrienden van Huis Doorn (Stiftung Freunde von Haus Doorn).

22 Inv. Nr. HUDF-A200. In 2001 als ständige Leihgabe von Mr. S.F. Schütz erhalten. Kürzlich bekam die Stiftung Fotos aus dem Nachlass von dem privaten Sekretär im kaiserlichen Hofmarschallamt in Doorn, P.J.Peereboom, eine Schenkung von Herrn K. van der Sluijs aus Sliedrecht.

23 Vgl.: Doorn 2000.

Anschauen und Vergleichen

1 Fasseur 2001, S. 449.

2 Vgl.: Dimond/Taylor 1987 und Barkovets 1998.

3 Vgl.: Jansen 1996.

4 Ein aktuelles Bild dieser Paläste sehen Sie auf vgl. www.koninklijkhuis.nl.

5 Einige davon sind zu sehen auf www.earlyphoto-graphy.nl (Asser/Boom 2002).

6 KHA Archiv König Willem III, inv.Nr A45-XIVc-56.

7 Vgl.: *Dagblad van Zuid-Holland en 's Gravenhage*, 7. und 22. März 1865; Rooseboom/Wachlin 1999, p. 16.

8 KHA, z.B. FP/0006 und FP/0024.

9 Wilhelms Porträt wurde von Reichard & Lindner in Berlin angefertigt, das von Auguste Viktoria ist abgeschnitten, weshalb der Name des Fotografen fehlt.

10 Die Porträts von Napoleon III. und Eugénie, *Donné par l'Imperatrice 25 Aout 1859*, sind zu finden in KHA, FP/0004.

11 KHA, FO/0000086.

12 Wilhelmina 1959, S. 61.

13 Cleverens 1994, S. 82.

14 Rooseboom 2002.

15 Vgl.: Aerts 1995 und Bank 1995.

16 KHA, Archiv Hofcommissie Den Haag 1849-1919 EIb-11b-28.

17 KHA, Archiv Prins Willem, A 48-part.secr.-33.

18 Cleverens 1994, S. 100 (1891), S. 101 (1892), S. 107 (1896) und S. 109 (1897).

19 Dimond/Taylor 1987, S. 71-77 und Barkovets 1998.

20 Archiv Direktor KHA, *Kalender 1901*; Freule Rengers ist Jonkvrouw A.J. Juckema van Burmania Baronin Rengers van Warmenhuizen (1868-1944).

21 KHA, FP/0020.

22 KHA, FP/0033.

23 Wilhelmina nahm teil an der *Internationale Tentoonstelling voor Fotografische Kunst*, Stedelijk Museum Amsterdam, 1908.

24 Cleverens 1999, S. 88; vier Fotos von Juliana (allein, mit Mutter, Vater und Großmutter) erschienen u.a. in einer Beilage vom *Nieuws van den Dag* von Mittwoch, 26. Mai 1909. Sie waren auch einzeln zu kaufen.

25 KHA, Archiv Thesaurie, inv.Nr E8-IVa-259.

26 Fasseur 1998, S. 145, S. 172, S. 246, S. 254.

27 KHA, FA/1901/02 und FA/0364, vom 31. Mai bzw. 1. Juni 1901.

28 KHA, Archiv Thesaurier, Inv.Nr. E8-IVf-9, auf Rechnung von Königin Wilhelmina, 1913.

29 Fasseur 1998, S. 552.

30 Fasseur 2001, S. 423-424: Brief datierend vom 31. Juli 1944.

31 Wilhelm bedankte sich offenbar bei Juliana und Bernhard für ein Foto von Beatrix und der neugeborenen Irene: Euch Beiden unseren Herzlichsten Dank fuer das reizende Bild Euerer Kinder.

32 Das persönliche Archiv von Wilhelm II. ist verschollen, vgl.: Fasseur 1998, S. 613, Fußnote 75.

Der Kaiser im Bild

1 Vgl. die neuen Analysen von der Imagebildung königlicher Familien: Bank 1995, S. 169-195; Osta 1998 (1) und Osta 1998 (2).

2 Zitiert bei Bank 1995, S. 170; auch zitiert bei Osta 1998 (1), S. 15.

3 Zitiert bei Osta 1998 (1), S. 10.

4 Vgl.: Schamoni/Houwer 2001; vgl. über Wilhelm II. und den Film auch: Pohl 1991, S. 15-17; Loiperdinger 1996, S. 47-50.

5 Vgl. z.B.: Leider 1991; MacDonogh 2001, S. 127, 131, 182; Röhl 1987, S. 17-34.

6 Pohl 1991 ist ein ausgezeichneter Artikel, in dem zum ersten Mal Wilhelm II. und sein Gebrauch von Fotografie und Film analysiert wird.

7 Eine ausführliche Studie über die Fotosammlung von Königin Victoria und Prinz Albert und ihre Aktivitäten auf dem Gebiet der Fotografie ist zu lesen in: Dimond/Taylor 1987.

8 Fulford 1964, S. 65.

9 Dimond/Taylor 1987, S. 19.

10 Vgl. zur Erfindung des Visitenkartenporträts: McCauley 1985.

11 Dimond/Taylor 1987, S. 20; Peese Binkhorst/Verroen 1997, S. 6-7.

12 Dimond/Taylor 1987, S. 20; die österreichische Kaiserin Elisabeth ('Sisi') war auch eine große Sammlerin von Visitenkartenporträts. Davon zeugen die Alben in der Sammlung des Agfa Foto-Historama in Köln, vgl.: Dewitz 1997, S. 86-105.

13 zitiert bei Röhl 1993, S. 80.

14 Meisner 1929, S. 98.

15 Dimond/Taylor 1987, S. 25; Osta 1998 (1), S. 12-14.

16 Für eine Übersicht über die Einführung der Fotografie in Deutschland vgl.: Dewitz/Matz 1989; über deutsche Fürsten und die Fotografie vgl. außerdem: Kempe 1979 (1); Kempe 1979 (2); zur Fotografiensammlung der Fürsten zu Wied vgl.: Dewitz/Horbert 1998.

17 Geiges/Matz 1989.

18 Ruitenberg 2002; Herder 1999 (1); Herder, 1999 (2).

19 Schellbach 1890, S. 10.

20 Ebenda.

21 Dieses Kabinettfoto befindet sich im Archiv der Hessischen Hausstiftung. Ebenso wie das Visitenkartenporträt war das Kabinettfoto ein standardisiertes Porträtformat, das nach 1865 beliebt wurde; vgl. Müller-Bohn 1900, wo das Porträt auch veröffentlicht ist.

22 Eine detaillierte Beschreibung von Wilhelms Geburtstrauma und dessen physischen und psychischen Folgen, vgl.: Röhl 1998, S. 1-81.

23 Röhl 1998, S. 47.

24 *Miniaturen-Katalog von Genrebildern und Portraits*, zusammengestellt und herausgegeben von Erche & Comp., Berlin W. [1894-1895].

25 Fulford 1981, S. 121.

26 Seidel 1906, S. 79.

27 Poschingen 1899, S. 249.

28 Vgl.: Schoch 1975.

29 Ebenda, S. 197-201: *ce portrait là, c'est une déclaration de guerre!*; vgl. auch: Pohl 1991, S.241, 251-252.

30 Pohl 1991, S. 12.

31 Dieses Foto wurde, manchmal in ein Porträt der Kaiserin hinein montiert, mehrmals veröffentlicht, zum Beispiel in: Schöningen 1913, S.190; *Het Leeven Geïllustreerd*, 45 (8 November 1907), S. 1409.

32 Rogasch 1997, S. 277; Elckenbach 1913, S. 258.

33 McCauley 1985, S. 64-67; vgl. auch: McCauley 1994, 'Bonapartism and Photography', S. 301-314.

34 Auguste Viktoria sieht man auf Fotos vor allem mit dem Kleeblattdiadem, das Wilhelm persönlich entworfen hatte, vgl.: Toom 2002, S. 10.

35 Jonge 1986, S. 31.

36 Abgebildet in: Gutsche 1991, S.23; die Karte wurde anlässlich des 25-jährigen Regierungsjubiläums des Kaisers 1913 gemacht. Die verwendeten Fotos von Voigt sind bereits davor zusammen veröffentlicht worden, allerdings getrennt voneinander, in: Mumm 1915, S. 34-35.

37 Offenbarung 2,10, vgl.: Krieger 1921, Titelseite; es handelt sich dabei um Auguste Viktorias Konfirmationsspruch aus 1875.

38 Vgl. z.B.: Röhl 1998, S. 365-366; MacDonogh 2000, S. 69, 77, 252-253.

39 Collectie Rijksprentenkabinet, Rijksmuseum Amsterdam, F 350 C 1.

40 Inventarnummern der Alben: HUDF-A185, HUDF-A186.

41 In München veröffentlichten Fotografen wie Alois Löcherer und Franz Hanfstaengl um 1855 bereits die ersten Fotoserien von berühmten Zeitgenossen. In Frankreich waren es Fotografen wie Disdéri, Nadar und Carjat, die beliebte Porträtserien herausbrachten mit Titeln wie *Galeries des contemporains* oder *Panthéon*; vgl. Pohlmann 1998, Gebhardt 1984; McCauley 1985, S. 53-84.

42 Pohl 1991, S. 14.

43 Beim Schenken von Fotos war von der sogenannten 'Verleihung' durch die deutschen Fürsten die Rede. Das Erhalten eines Fotos als Geschenk wurde als eine so große Ehre gesehen, dass das Porträt 'verliehen' statt geschenkt wurde, vgl. Pohl 1991, S. 14-15.

44 Röhl 1998, S. 476 und S. 431.

45 Röhl 1993, S. 261.

46 Zitiert bei: Röhl 1993, S. 427.

47 Ilsemann 1968 (2), S. 82; Pohl 1991, S. 14: 1938 wurden 430 Porträts verschickt, ein Jahr später 791.

48 Immer noch erhält Haus Doorn solche Fotos und Karten als Schenkung wieder zurück.

49 Hermine konnte genau wie alle anderen Mitglieder der kaiserlichen Familie frei durch Deutschland reisen. Nur der Kaiser war mehr oder weniger in Haus Doorn gefangen. Um innerhalb der Niederlande reisen zu

50 Die ganze Affäre wird ausführlich beschrieben bei Röhl 1998, S. 455-463 und Röhl 2001, S. 231-237.

51 Inventarnummer: HUDF-A151

52 Dieser Helm wurde anlässlich des 25-jährigen Offiziersjubiläums von Kaiser Wilhelm II. gefertigt, das am 9. Februar 1894 stattfand.

53 Dimond/Taylor 1987, S. 70-77.

54 Viktoria Luise 1992, S. 8.

55 Palästina 1899.

56 Bohrdt 1902, S. 8.

57 Hoppen 1894, S. 14: Der Kaiser sollte dieses monumentale, sehr luxuriös gestaltete Erinnerungsbuch an die Jungfernfahrt der *Auguste Victoria* später erhalten mit Heliogravüren von Giesecke & Devrient und Lichtdrucken von Albert Frisch nach 'Momentaufnahmen' von Max Junghaendel, J. Fischer, Albert von Graefe, O. Refardt, J. Wolff jr. und mit einigen Panoramen, herausgegeben vom Fremdenverkehrsamt von J. Beyer in Bergen. Laut einem Stempel auf der ersten Seite soll die Ausgabe zur Bibliothek der *Hohenzollern* gehört haben.

58 Vgl.: Osta 1998 (1); Diependaal 1998; Aasman 1998.

59 Machtan 1998, S. 80-81.

60 Reichsarchivbehörde 826, Testament Wilhelm II., §4.4 und §7.3.

61 Vgl.: Zur Enteignung von Haus Doorn: Ven 2001.

62 Mann 1964, S. 5.

63 Vgl.: Zur Analyse des Begriffs 'Theater des Staates' im Zusammenhang mit den Monarchien Englands und der Niederlande: Osta 1998 (2).

64 Vgl.: Asser 1996.

65 Das gilt auch für das Foto, das Viktoria Luise vom Geschehen publizierte in *Im Glanz der Kaiserzeit*. Obwohl die Prinzessin vermeldet, dass dieses Foto einer Abordnung der Preußischen und der Bayrischen Armee zur Erinnerung an das Ereignis aufgenommen wurde, stimmen die Verhältnisse absolut nicht: die aufgestellten Militärs sind im Verhältnis zum Raum viel zu klein und jeglicher Licht- und Schatteneffekt fehlt, vgl. Viktoria Luise 1992, S. 10-11.

66 Dewitz, 1997, S. 100-102.

67 English 1983, S. 31-42.

68 Fulford 1981, S. 94, Brief vom 25. Dezember 1880.

69 'Polytechnische Mittheilungen. Photographische Momentbilder', *Leipziger Illustrirte Zeitung*, 15. März 1884, Nr. 2124, S. 224-226; vgl. auch Weise 1990, S. 15-40, S. 21; Vgl. auch zu Anschütz und der Bewegungsfotografie in *Leipziger Illustrirte Zeitung* u.a.: Nr. 2198, 15. August 1885; Nr. 2218, 2. Januar 1886; Nr. 2270, 2. Januar 1887; Nr. 2288, 7. Mai 1887; Nr. 2296, 2. Juli 1887; Nr. 2365, 27. Oktober 1888.

70 Vlg. zu den Gebrüdern Tellgmann: Hochhut/Koch 2001.

71 Lacaille/Le Corre 1996.

72 Viktoria Luise 1992, S. 268.

73 Zitiert bei: Wiegand 1994, S. 40.

74 Zitiert bei: Hochhut/Koch 2001, S. 41-42.

75 Hochhut/Koch 2001, S. 268.

76 Pohl 1991, S. 12-13.

77 Viktoria Luise 1992, S. 269.

78 Vgl. zur Auswahl und Verbreitung von Fotografien durch den Kaiser: Pohl 1991, S. 12-13.

79 Vgl. zu den politischen Implikationen von Wilhelms Palästinareise: Röhl 2001, S. 1050-1060.

80 Vgl.: Palästina 1899, S. 241.

81 Weise 1989 (2), S. 29-33.

82 Weise 1989 (2), S. 22-24.

83 Weise 1989 (1), S. 27-37; Weise 1989 (2), S. 53-58.

84 Vgl. auch: Ferber 1989.

85 Vlg. dazu: Weise 1990, S. 13-21.

86 Osta 1982, S. 194; Marschall, 1991, S. 22 ff.

87 Hull 1982, S. 33 f.

88 Hull 1982, S. 33-44, Marschall 1991, S. 22-26.

89 Deuschland war ein Land der Landratten, aber unter Wilhelm II. würde Deutschland die Weltmeere befahren: dazu gehörte eine mächtige deutsche Flotte, wozu er Ende des 19. Jahrhunderts den Anstoß gab und die auch kommen sollte. Ohne Flotte konnte Deutschland sich nicht an der imperialistischen Weltpolitik jener Zeit beteiligen. 'Unsere Zukunft liegt auf dem Wasser' ist eine in dem Zusammenhang oft zitierte Aussage des Kaisers. Wilhelm nahm sich in der Marinepolitik gerne ein Vorbild am Großbritannien seiner geliebten Großmutter Königin Victoria, das er damals noch mit einigem Recht als die größte Weltmacht ansehen konnte. Gleichzeitig wollte er mit einer starken Marine Großbritannien den Rang ablaufen, ein Streben, das schließlich einen aggressiven maritimen Wettlauf zur Folge hatte und Deutschland immer mehr in die Isolation treiben sollte. Vgl. u.a.: Boven 1998.

90 Fulford 1981, S. 56.

91 Bohrdt 1902, S. 1-2.

92 Marschall 1991, S. 39: jede Nordlandreise des Kaisers hatte einen Strom von Veröffentlichungen zur Folge: Bücher wie das von Güßfeldt, Geschichten, Reiseberichte und Feuilletons in Zeitungen und Zeitschriften wie die *Neue Preußische Zeitung*, Zeichnungen von Willy Stöwer in Zeitschriften wie die *Gartenlaube*, *Scherlsche Woche* und *Die Flotte*, Hans Bohrdts Zeichnungen in *Westermanns Illustrierte deutsche Monats-Hefte*, Fotos von Jürgensen und anderen Fotografen in der *Leipziger Illustrirten Zeitung*

93 Vgl. Marschall 1991 zur ausführlichen Beschreibung und Analyse von Wilhelms Nordlandreisen.

94 Marschall 1991, S. 39-40, 194-195.

95 Güßfeldt 1892, S. 132.

96 Güßfeldt 1892, S. 135.

97 Inventarnummer: WRM/PH/SL 207, die spezifischen Angaben zu diesem Album wurden vom Agfa-Fotohistorama, Köln, zur Verfügung gestellt.

98 Klebinder 1912, S. 24-26; Marschall 1991, S. 201; Pohl 1991, S. 16.

99 Hull 1982, S. 36-37.

100 Wilhelm 1924; vom ersten Besuch auf Korfu wurden Fotos gemacht, die der Kaiser in einem Album bewahrt hat, das zur Sammlung gehört, HUD-F-A039.

101 Viktoria Luise 1970, S. 214; vgl. auch: Hull 1982, S. 34.

102 Später sollte Dörpveld in Doorn noch regelmäßig bei Wilhelm zu Gast sein. Die Gorgo beschäftigte den Kaiser noch jahrelang: 1936 veröffentlichte er eine Studie zu dem Thema; vgl.: Toom 2002, S. 50-51; Wilhelm 1936.

103 Nur fünfmal sollte die kaiserliche Familie das Sommerschloss genießen, bevor der Ausbruch des Ersten Weltkrieges dem definitiv ein Ende bereitete. In den zwanziger Jahren wurde das *Achilleion* auf der Republik Griechenland konfisziert, die Familie hat es nie zurückerhalten. Heute wird das Schloss teilweise als Museum genutzt.

104 *Leipziger Illustrirte Zeitung* 9. April 1914, p.764

105 Seidel 1907, S. 213-214.

106 Vgl. auch: Boulouch 1995; Herder 1997.

107 Jarchow 1998, S. 166-167; Rooseboom 1999; außer Fotografien von Korfu enthält die Sammlung von 250 Autochromen auch viele Fotos von den blühenden Gärten rund um das Neue Schloss in Potsdam und vom Park von Haus Doorn.

108 Vgl.: Schamoni/Houwer 2001.

109 Wilhelm 1924, S. 47-52.

110 Mayer 1993, S. 18-32.

111 Schmidt 1999, S. 223.

112 Anschütz 1903; auch die Neuauflage in *Cadiner Briefe Band 1, Heft 2, 1994.

113 Vgl. die Alben in der Sammlung des Kaisers: *Regierungsjubiläum Seiner Majestät des Kaisers Juni 1913*, zwei Bde., Inventarnummern: HUDF-A005 und HUDF-A006.

114 Vgl. zum Verlauf des Ersten Weltkrieges: Keegan 1998.

115 Vgl. auch: Hull 1982, S. 266 f.; MacDonogh 2000, S. 361 ff.

116 Dieses Foto stand in den Berliner Zeitungen und ein Jahr später in *Le Monde*, vgl.: Avenarius 1915, S. 31.

117 Vgl. auch: Krieger 1916

118 Dieser Atlas befindet sich in der Bibliothek des Vredespaleis. Ferner befindet sich in der Reichsarchivbehörde zu Den Haag ein noch nicht inventarisiertes Archiv mit Fotografien vom Ersten Weltkrieg. Es handelt sich dabei vor allem um Fotos, die von den Alliierten gemacht wurden, deutsches Material ist aber auch dabei. Das Archiv stammt vom Regierungspresseamt, das es dem Niederländischen Institut für Kriegsdokumentation übertrug, das es seinerseits in der Folge der Nationalarchivbehörde zur Aufbewahrung übergab. In Deutschland ist das Ullstein Bild Archiv in Berlin eine gute Quelle für Vergleiche.

119 James 1981; Lacaille/Le Corre 1994.

120 Vgl.: Eine ausführliche Übersicht über das im Ersten Weltkrieg hergestellte Bildmaterial bietet beispielsweise: Hoffmann 1976; vgl. auch: Hoffmann 1982, Dewitz/Lebeck 2002 S. 92-108; Über die Nutzung der Fotografie durch die Alliierten; vgl.: Robertson, 1978.

121 Die Schuldfrage zur Entstehung des Krieges ist natürlich viel komplizierter und hat im letzten Jahrhundert zu unzähligen Theorien und Diskussionen geführt. Sogar heute noch, vgl.: Andriessen 1999.

122 Das geht deutlich aus den Tagebüchern hervor, die sein Flügeladjutant Sigurd von Ilsemann führte.

123 Viktoria Luise 1975, S. 246-251, S. 264 f., S. 305 f.

124 Der einzige, der wirklich Anhänger des Nationalsozialismus war, war August Wilhelm; seine Mitgliedschaft im Landtag und im Reichstag, sowie die Teilnahme an den Stahlhelmtagen führten, seiner Schwester zufolge, innerhalb der Familie zu Konflikten. Im zweiten Weltkrieg kämpften mindestens sechzig Prinzen des Hauses Hohenzollern mit, darunter die vier Söhne von Viktoria Luise, bis Hitler den Befehl gab, dass all diese Prinzen aus der Armee zu entlassen seien. Ernst August jr. wurde schließlich noch von der Gestapo verhaftet und wurde einige Monate in der berüchtigten Albrecht-Straße gefangengehalten.

125 Schauwecker 1928, S. 4.

126 Das Abkommen befand sich im Nachlass von P.J. Peerenboom, ehemaliger Privatsekretär im kaiserlichen Hofmarschallamt 1920-1924. Archiv Stichting Beheer Huis Doorn, Geschenk des Herrn K. van der Sluijs in Sliedrecht, 2002; wo die Fotos und Negative geblieben sind, ist nicht bekannt. Sie befinden sich nicht mehr in Doorn.

127 Aus diesem Nachlass, vgl.: *Jefferson County Union* 30. März 1923.

128 Ilsemann 1968 (2), S. 36.

129 Bank 1995, S. 193.

130 Angeführt bei Röhl 2001, S. 985; Vgl. zu 'Der Kaiser und die Kunst' das ganze Kapitel bei Röhl 2001: 'Der Kaiser und die Kunst', S. 984-1026.

131 Siehe z. B.: Dimond/Taylor 1987; Zelevansky 1988; Dewitz/Horbert 1998.

132 Vgl. auch: Schuller-Procopovici 1989.

133 Röhl 2001, S. 996.

134 Verroen 2000.

135 Vgl.: Glatzer 1997.

136 Haffner/Venohr 2001, S. 243-257.

137 Ilsemann 1968 (2), S. 21; auch angegeben bei Pohl 1991, S. 9.

Foto's
Fotografien

William Bambridge, Prinses Victoria en prins
Friedrich Wilhelm van Pruisen op huwelijksreis
in Windsor Castle, 29 januari 1858 [cat. 61]
William Bambridge, Prinzessin Victoria und Prinz
Friedrich Wilhelm von Preußen auf Hochzeitsreise
in Windsor Castle, 29. Januar 1858 [Kat. 61]

The Pass Royal & P[ce] Frederic William of
Prussia.

Jan. 29. 1858.

Camille Silvy, Prinses Victoria, 2 juli 1861 [cat. 65]
Camille Silvy, Prinzessin Victoria, 2. Juli 1861 [Kat. 65]

William Bambridge, Koningin Victoria met haar
kinderen Victoria (kroonprinses van Pruisen),
Alice en Alfred rouwend bij een buste van de
overleden prins Albert, maart 1862 [cat. 69]
William Bambridge, Königin Victoria mit ihren
Kindern Victoria (Kronprinzessin von Preußen),
Alice und Alfred trauernd bei einer Büste des
verstorbenen Prinzen Albert, März 1862 [Kat. 69]

The Widow & Orphans
Windsor Castle — March 1862. —

Philipp Graff, Gouden daguerreotypieportret van Friedrich Wilhelm, prins van Pruisen, 28 augustus 1845 [cat. 58] Philipp Graff, Goldene Daguerreotypie, Porträt von Friedrich Wilhelm, Prinz von Preußen, 28. August 1845 [Kat. 58]

Philipp Graff, Gouden daguerreotypieportret van Luise, prinses van Pruisen, 28 augustus 1845 [cat. 59] Philipp Graff, Goldene Daguerreotypie, Porträt von Luise, Prinzessin von Preußen, 28. August 1845 [Kat. 59]

16 visitekaartportretten van Wilhelm II als kind,
1860-1873 [cat. 1 a t/m p]   16 Visitenkartenporträts
von Wilhelm II. als Kind, 1860-1873 [Kat. 1 a bis p]

T. H. Voigt, Keizer Wilhelm II in uniform van een
Generalkapitän der Kgl. Spanischen Armee, 1905 [cat. 12]
T. H. Voigt, Kaiser Wilhelm II. in der Uniform eines Gene-
ralkapitäns der Kgl. Spanischen Armee, 1905 [Kat. 12]

T.H. Voigt, Keizer Wilhelm II in admiraalsuniform
van de Duitse Keizerlijke Marine, ca. 1905 [cat. 13]
T.H. Voigt, Kaiser Wilhelm II. in Admiralsuniform der
deutschen Kaiserlichen Marine, ca. 1905 [Kat. 13]

Anoniem, Keizer Wilhelm II in galakostuum of
jagersjas met de Orde van de Kouseband, ca. 1907
[cat. 15]   Anonym, Kaiser Wilhelm II. in Galaanzug
oder Jägerrock mit dem Hosenbandorden, ca. 1907
[Kat. 15]

111

Alfred Schwarz, Keizer Wilhelm II in de toga van
Doctor of Civil Law, 1908 [cat. 16]   Alfred Schwarz,
Kaiser Wilhelm II. in der Toga eines *Doctor of Civil Law*,
1908 [Kat. 16]

T.H. Voigt, Keizerin Auguste-Victoria, 1902 [cat. 43]
T.H. Voigt, Kaiserin Auguste Viktoria, 1902 [Kat. 43]

T.H. Voigt, Keizerin Auguste-Victoria, ca. 1913
[cat. 48]   T.H. Voigt, Kaiserin Auguste Viktoria,
ca. 1913 [Kat. 48]

M. Ziesler, Keizer Wilhelm II in de Überrock van een *Dragoner Regiment* (mogelijk het *Würtemberger Dragoner Regiment van Königin Olga Nr.25, 1889* [cat. 4]
M. Ziesler, Kaiser Wilhelm II. im Überrock eines Dragonerregiments (möglicherweise das Württemberger Dragoner Regiment von Königin Olga Nr.25), 1889 [Kat. 4]

Reichard & Lindner, Keizer Wilhelm II in uniform van het *Garde du Corps*, 1898 [cat. 7]   Reichard & Lindner, Kaiser Wilhelm II. in der Uniform des *Garde du Corps*, 1898 [Kat. 7]

Alfred Schwarz, Wilhelm II *im kleinen Rock van het
1.Garde Regiment zu Fuß* of van het Regiment van het
Garde du Corps, 1928 [cat. 31]   Alfred Schwarz, Wilhelm II.
im kleinen Rock des 1.*Garde Regiments zu Fuß* oder des
Regiments *Garde du Corps*, 1928 [Kat. 31]

August Schweri, *Seine Majestät giebt den Befehl zum Anmarsch der Fahnenkompagnie: Beëdiging van rekruten in Berlijn, Keizer Wilhelm II geeft het bevel tot marcheren aan de Fahnenkompagnie, 31 oktober 1908* [cat. 124] August Schweri, *Seine Majestät giebt den Befehl zum Anmarsch der Fahnenkompagnie: Rekrutenvereidigung in Berlin, 31. Oktober 1908* [Kat. 124]

Ottomar Anschütz, Parade ter ere van het tweehonderdjarig bestaan van het Pruisische koningschap, 18 januari 1901 [cat. 118] Ottomar Anschütz, Parade anlässlich des zweihundertjährigen Bestehens des preußischen Königtums, 18. Januar 1901 [Kat. 118]

Ottomar Anschütz, Parade ter ere van het tweehonderdjarig bestaan van het Pruisische koningschap, 18 januari 1901 [cat. 118] Ottomar Anschütz, Parade anlässlich des zweihundertjährigen Bestehens des preußischen Königtums, 18. Januar 1901 [Kat. 118]

Franz Tellgmann, *Kaisermanöver 1912: Seine Majestät auf dem Liebschützer Berge:* keizer Wilhelm II op de Liebschützer Berg, 12 september 1912 [cat. 129]   Franz Tellgmann, *Kaisermanöver 1912: Seine Majestät auf dem Liebschützer Berge,* 12. September 1912 [Kat. 129]

Franz Tellgmann, *Kaisermanöver 1912: Seine Majestät beobachten den Kampf der 12. Kavallerie-Division:* Wilhelm II bekijkt de manoeuvres van de 12. Kavallerie-Division, september 1912 [cat. 129]   Franz Tellgmann, *Kaisermanöver 1912: Seine Majestät beobachten den Kampf der 12. Kavallerie-Division,* September 1912 [Kat. 129]

Franz Tellgmann, *Kaisermanöver 1912: Seine Majestät vor der Kritik:* Wilhelm II inspecteert het veld waar de Manöver gaan plaatsvinden, september 1912 [cat. 129]   Franz Tellgmann, *Kaisermanöver 1912: Seine Majestät vor der Kritik:* Wilhelm II. inspiziert das Feld, wo die Manöver stattfinden werden, September 1912 [Kat. 129]

Franz Tellgmann, *Kaisermanöver 1912: Seine Majestät vor der Kritik:* Wilhelm II inspecteert het veld waar de Manöver gaan plaatsvinden, september 1912 [cat. 129]   Franz Tellgmann, *Kaisermanöver 1912: Seine Majestät vor der Kritik:* Wilhelm II. inspiziert das Feld, wo die Manöver stattfinden werden, September 1912 [Kat. 129]

Seine Majestät vor der Kritik.

13. September.

Seine Majestät vor der Kritik.

Franz Tellgmann, *Kaisermanöver 1912: Wilhelm II*
overziet de overtocht van de Elbe van de rechter
kolonne, 9 september 1912 [cat. 127]   Franz Tellgmann, *Kaisermanöver 1912: Wilhelm II. beobachten*
die rechte Kolonne beim Übersetzen über die Elbe,
9. September 1912 [Kat. 127]

jestät beobachter den Elbübergang der rechten Kolonne

Ottomar Anschütz, Bijeenkomst in het Zeughaus
te Berlijn ter ere van het tweehonderdjarig bestaan
van het Pruisische koningschap, 17 januari 1901
(cat. 118)   Ottomar Anschütz, Versammlung im
Zeughaus zu Berlin anlässlich des zweihundertjährigen
Bestehens des preußischen Königtums, 17. Januar 1901
(Kat. 118)

M. Ziesler, keizer Wilhelm II te paard begroet voormalig rijkskanselier Otto von Bismarck die met
kroonprins Wilhelm in een calèche zit, *Friedrichsruh,
26 maart 1895* [cat. 102]   M. Ziesler, Kaiser Wilhelm II.
zu Pferde begrüßt den früheren Reichskanzler Otto von
Bismarck, der mit Kronprinz Wilhelm in einer Kalesche
sitzt, *Friedrichsruh, 26. März 1895* [Kat. 102]

M. Ziesler, De verzoening tussen keizer Wilhelm II
en voormalig rijkskanselier Otto von Bismarck,
Friedrichsruh, 26 maart 1895 [cat. 102]   M. Ziesler, Die
Versöhnung zwischen Kaiser Wilhelm II. und dem früheren Reichskanzler Otto von Bismarck, *Friedrichsruh,
26. März 1895* [Kat. 102]

Ernst Eichgrün, Parade ter ere van de tweehonderd-
ste geboortedag van Frederik de Grote op de
Lustgarten in Potsdam, met rechts fotograaf Franz
Tellgmann aan het werk en links fotograaf
W. Niederastroth, 24 januari 1912 [cat. 126]
Ernst Eichgrün, Parade anlässlich des zweihundertsten
Geburtstags von Friedrich dem Großen im Lustgarten
zu Potsdam, rechts ist der Fotograf Franz Tellgmann
bei der Arbeit zu sehen und links der Fotograf W.
Niederastroth, 24. Januar 1912 [Kat. 126]

Anoniem, Bouw van het zeiljacht *Meteor IV* in Kiel,
1909 [cat. 137]   Anonym, Bau der Segeljacht *Meteor IV*
in Kiel, 1909 [Kat. 137]

Anoniem, *Kieler Woche und Ostseereise 1905: Starten der
Yachten in Kiel, 23. Juni.*: zeilboten aan het begin van de
race tijdens de Kieler Woche, 23 juni 1905 [cat. 151]
Anonym, *Kieler Woche und Ostseereise 1905: Starten der
Yachten in Kiel, 23. Juni* [Kat. 151]

Starten der Yachten in Kiel, 23. Juni.

S. M. der Kaiser und die dänische Königsfamilie
an der Landungsstelle.

Hohenzollern, Nymphe, Sleipner u. Depeschenböte bei Digermulen   24. Juli

Th. Jürgensen, *Mittelmeerreise 1911: S.M.Y. Hohenzollern vor dem Victor Emanuel Monument*: de Hohenzollern voor het Victor Emanuel Monument in Venetië, 27 maart 1911 [cat. 157]   Th. Jürgensen, *Mittelmeerreise 1911: S.M.Y. Hohenzollern vor dem Victor Emanuel Monument* in Venedig, 27. März 1911 (Kat. 157)

Th. Jürgensen, *Mittelmeerreise 1911: S.M. der Kaiser in der 1. Gig im Canal Grande*: keizer Wilhelm II in de eerste giek in het Canal Grande, Venetië, 26 maart 1911 [cat. 157]   Th. Jürgensen, *Mittelmeerreise 1911: S.M. der Kaiser in der 1. Gig im Canal Grande*, Venedig, 26. März 1911 [Kat. 157]

Th. Jürgensen, *Mittelmeerreise 1911: Die Majestäten bei Peleka*: Keizer Wilhelm II en keizerin Auguste-Victoria bij Peleka, 6 april 1911 [cat. 158]   Th. Jürgensen, *Mittelmeerreise 1911: Die Majestäten bei Peleka*: Kaiser Wilhelm II. und Kaiserin Auguste Viktoria bei Peleka, 6. April 1911 [Kat. 158]

Venedig. 27. März.

S.M.Y. Hohenzollern vor dem Victor Emanuel Monument.

Venedig, 26. März.

S. M. der Kaiser in der J. Gig im Canal Grande.

6. April.

Die Majestäten bei Peleka.

Studio Ottomar Anschütz of Th. Jürgensen, Corfoe,
ca. 1914 [cat. 164-c] Studio Ottomar Anschütz oder
Th. Jürgensen, Korfu, ca. 1914 [Kat. 164-c]

Studio Ottomar Anschütz of Th. Jürgensen, Corfoe,
ca. 1914 [cat. 164-a] Studio Ottomar Anschütz oder
Th. Jürgensen, Korfu, ca. 1914 [Kat. 164-a]

Ottomar Anschütz, Prinses Viktoria Luise en prins
Joachim in Cadinen, 1902 [cat. 160]   Ottomar
Anschütz, Prinzessin Viktoria Luise und Prinz Joachim
in Cadinen, 1902 [Kat. 160]

b

c

e

g

h

X

1902

Jagusch, Keizer Wilhelm II in Pless, winter 1916
[cat. 173]   Jagusch, Kaiser Wilhelm II. in Pleß,
Winter 1916 [Kat. 173]

Ernst Eichgrün, Afscheid van het 1. *Garde Regiment zu*
Fuß in Potsdam, 9 augustus 1914 [cat. 168]
Ernst Eichgrün, Abschied vom 1. *Garde Regiment zu Fuß*
in Potsdam, 9. August 1914 [Kat. 168]

Franz Langhammer, Kroonprins Wilhelm, ca. 1935 [cat. 98] Franz Langhammer, Kronprinz Wilhelm, ca. 1935 [Kat. 98]

Franz Langhammer, Prins August-Wilhelm, ca. 1935 [cat. 98] Franz Langhammer, Prinz August Wilhelm, ca. 1935 [Kat. 98]

Franz Langhammer, Viktoria Luise, ca. 1935 [cat. 98] Franz Langhammer, Viktoria Luise, ca. 1935 [Kat. 98]

Franz Langhammer, Prins Oskar en zijn zoon prins Wilhelm Karl, ca. 1935 [cat. 98] Franz Langhammer, Prinz Oskar und sein Sohn Prinz Wilhelm Karl, ca. 1935 [Kat. 98]

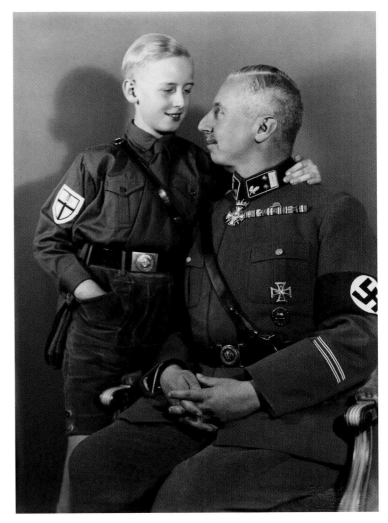

Franz Grainer, Wilhelm II in het uniform van het
Leib Garde Husaren Regiment in de gobelinkamer in
Huis Doorn, ca. 1925-1930 [cat. 29-a]
Franz Grainer, Wilhelm II. in der Uniform des *Leib Garde
Husaren Regiments* im Gobelinzimmer in Haus Doorn,
ca. 1925-1930 [Kat. 29-a]

Franz Grainer, Wilhelm II en Hermine in de gobelinkamer in Huis Doorn, ca. 1925-1930 [cat. 29-b]
Franz Grainer, Wilhelm II. und Hermine im Gobelinzimmer in Haus Doorn, ca. 1925-1930 [Kat. 29-b]

Anoniem, Hermine, 1922 [cat. 51]
Anonym, Hermine, 1922 [Kat. 51]

K. Blumenthal, Hermine, ca. 1922 [cat. 52]
K. Blumenthal, Hermine, ca. 1922 [Kat. 52]

Anoniem, Keizer Wilhelm II in admiraalsuniform
aan boord van de *Hohenzollern*, ca. 1890 [cat. 5]
Anonym, Kaiser Wilhelm II. in Admiralsuniform an
Bord der *Hohenzollern*, ca. 1890 [Kat. 5]

Oscar Tellgmann, Wilhelm II in Doorn, september
1933 [cat. 36]   Oscar Tellgmann, Wilhelm II. in
Doorn, September 1933 [Kat. 36]

Elfriede Reichelt, Wilhelm II, Sigurd von Ilsemann
en majoor van Houten kappen bomen in het park
van Huis Doorn, 1925 [cat. 181]   Elfriede Reichelt,
Wilhelm II., Sigurd von Ilsemann und Major van
Houten fällen Bäume im Park von Haus Doorn, 1925
[Kat. 181]

Lotte Dieckmann, Wilhelm II in Doorn, 1935-1940
[cat. 39]   Lotte Dieckmann, Wilhelm II. in Doorn,
1935-1940 [Kat. 39]

Friedrich Wilhelm IV.
(1795–1861, ab 1840 König von Preußen)
∞
Elisabeth von Bayern
(1801–1873)

Wilhelm I.
(1797–1888, 1861 König von Preußen,
1871 deutscher Kaiser)
∞
Augusta von Sachsen-Weimar
(1811–1890)

Victoria
(1819–1901, 1837 Königin von
Großbritannien und Irland)
∞
Albert von Sachsen-Coburg
und Gotha (1819–1861)

2. Luise
(1838–1923)
∞
Friedrich I. von Baden
(1826–1907)

1. Friedrich III.
(1831–1888, 1861 Kronprinz
Friedrich Wilhelm,
1888 deutscher Kaiser)

∞

1. Victoria
(1840–1901 *Princess Royal* von
Großbritannien und Irland)

1. Wilhelm II.
(1859–1941, 1888–1918 deutscher Kaiser)
∞
1. Auguste Viktoria von
Schleswig-Holstein-
Sonderburg-Augustenburg
(1858–1921)
∞
2. Hermine von Schönach-
Carolath, geb. Reuß ä.L.
(1887–1947)

2. Charlotte
(1860–1919)
∞
Bernhard von Sachsen-
Meiningen
(1851–1928)

3. Heinrich
(1862–1929)
∞
Irene von Hessen
(1866–1953)

4. Sigismund
(1864–1866)

1. Wilhelm
(1882–1951)
∞
Cecilie von Mecklenburg-
Schwerin
(1886–1954)

2. Eitel Friedrich
(1883–1942)
∞
Sophie Charlotte von
Oldenburg
(1879–1964)

3. Adalbert
(1884–1948)
∞
Adelheid von Sachsen-
Meiningen
(1891–1971)

4. August Wilhelm
(1887–1949)
∞
Alexandra zu Schleswig-
Holstein
(1887–1957)

Louis Ferdinand
(1907–1994) 2. von 5 Kindern
∞
Kira Kiryllowna,
Großfürstin von Russland
(1909–1967)

Louis Ferdinand
(1944–1977) 5. von 6 Kindern
∞
Donata zu Castell-
Rüdenhausen
(1950)

Georg Friedrich
(1976) 1. von 2 Kindern

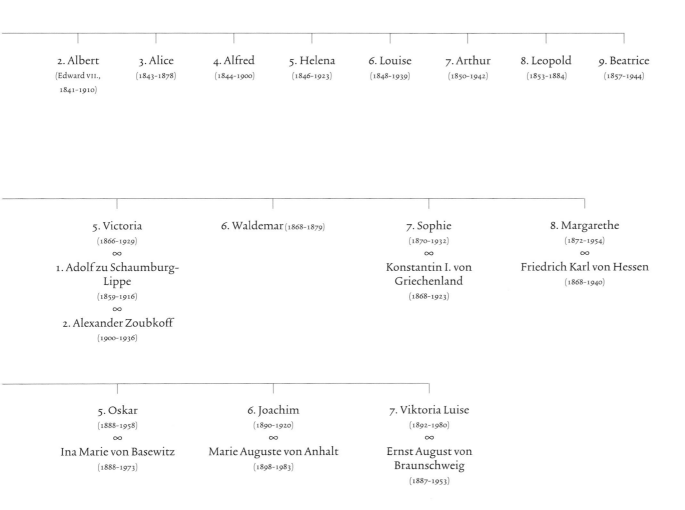

2. Albert
(Edward VII.,
1841-1910)

3. Alice
(1843-1878)

4. Alfred
(1844-1900)

5. Helena
(1846-1923)

6. Louise
(1848-1939)

7. Arthur
(1850-1942)

8. Leopold
(1853-1884)

9. Beatrice
(1857-1944)

5. Victoria
(1866-1929)
∞
1. Adolf zu Schaumburg-
Lippe
(1859-1916)
∞
2. Alexander Zoubkoff
(1900-1936)

6. Waldemar (1868-1879)

7. Sophie
(1870-1932)
∞
Konstantin I. von
Griechenland
(1868-1923)

8. Margarethe
(1872-1954)
∞
Friedrich Karl von Hessen
(1868-1940)

5. Oskar
(1888-1958)
∞
Ina Marie von Basewitz
(1888-1973)

6. Joachim
(1890-1920)
∞
Marie Auguste von Anhalt
(1898-1983)

7. Viktoria Luise
(1892-1980)
∞
Ernst August von
Braunschweig
(1887-1953)

CATALOGUS VAN
TENTOONGESTELDE
FOTO'S

KATALOG DER
AUSGESTELLTEN
FOTOGRAFIEN

Wilhelm als prins, kroonprins en keizer

[1]

16 cartes-de-visite met jeugdportretten van keizer Wilhelm II

Lit. Achenbach 1913; Müller-Bohn 1900; Ohln 1913; Rogasch 1997; Schöningen 1913; Wilderotter/Pohl 1991, p. 243-245.

A Wilhelm, ca. 1860
L. Haase & Co., albuminedruk, 8,4 × 5,3 cm,
Inv.nr. HuDF-P0057

B Wilhelm, februari 1861
L. Haase & Co., albuminedruk, 7,9 × 5,3 cm
Op karton in druk: *Februar 1861 nach der Natur photographirt / von L. Haase & Co Königl. Hofphotographen Berlin. / Friedrich Wilhelm Victor Albert / Prinz von Preussen*
Inv.nr. HuDF-P0054

C Wilhelm gekleed in de Schotse *Royal Stewart* met zijn zusje Charlotte, 1863
Heinrich Graf, albuminedruk, 8,7 × 5,4 cm,
Inv.nr. HuDF-P0066

D Wilhelm, ca. 1863
Hermann Günther, albuminedruk, 8,5 × 5,6 cm,
Inv.nr. HuDF-P0058

E Wilhelm en Charlotte, ca. 1864
Hermann Selle, albuminedruk, 8,1 × 5,2 cm
Verso in handschrift: *Friedrich Wilhelm / Victor Albert / Prinz v. Preussen / mit seiner Schwester / Charlotte / 8.*
Inv.nr. HuDF-P0060

F Wilhelm, ca. 1864
Hermann Selle, albuminedruk, 8,6 × 5,4 cm,
Inv.nr. HuDF-P0053

G Wilhelm, februari 1867
Carl Wigand, albuminedruk, 8,6 × 5,5 cm,
Inv.nr. HuDF-P0061

H Wilhelm, februari 1867
Carl Wigand, albuminedruk, 8,6 × 5,5 cm,
Inv.nr. HuDF-P0062

I Wilhelm, februari 1867
Carl Wigand, albuminedruk, 9 × 5,7 cm,
Inv.nr. HuDF-P0063

J Wilhelm, 21 december 1867
Heinrich Graf, albuminedruk, 8,9 × 5,4 cm
Recto in handschrift op karton: *21 Dezember 1867.*
Inv.nr. HuDF-P0068

K Wilhelm, 21 december 1867
Heinrich Graf, albuminedruk, 8,9 × 5,5 cm
Recto in handschrift op karton: *21 Dezember 1867*
Inv.nr. HuDF-P0069

L Wilhelm in uniform van het 1.*Garde Regiment zu Fuß*,1869
W.M. Thomson, albuminedruk, 8,3 × 5,1 cm
Recto in handschrift op karton: *Prince of Prussia* [2×]; verso in handschrift: *Prince of Prussia* [4×] / *Prince*
Inv.nr. HuD 04899; HuDF-P0078
Volgens de traditie werd iedere Hohenzollern prins op zijn tiende verjaardag in het 1.*Garde Regiment zu Fuß* opgenomen. Wilhelm lijkt op deze foto zijn handtekening te hebben geoefend.
Lit. Achenbach 1913, p. 5-7; Kohut 1991, p. 70; Ohln 1913, p. 6.

M Wilhelm in uniform van het 1.*Garde Regiment zu Fuß*, 31 januari 1869
Heinrich Graf, albuminedruk, 8,9 × 5,4 cm
Recto in handschrift op karton: *31 Januar 1869*
Inv.nr. HuDF-P0071

N Wilhelm, 10 augustus 1870
Heinrich Graf, albuminedruk, 8,9 × 5,5 cm
Recto in handschrift op karton: *10 August 1870*
Inv.nr. HuDF-P0073

O Wilhelm, 7 april 1873
Heinrich Graf, albuminedruk, 8,9 × 5,5 cm
Recto in handschrift op karton: *7 April 1873.*
Inv.nr. HuDF-P0076

P Wilhelm, 7 april 1873
Heinrich Graf, albuminedruk, 8,9 × 5,5 cm
Recto in handschrift op karton: *7 April 1873*
Inv.nr. HuDF-P0077

[2]

Albumblad met zeven cartes-de-visite met jeugdportretten van keizer Wilhelm II en zijn zusje Charlotte, 1861-1875

Lit. Achenbach 1913; Müller-Bohn 1900; Wilderotter/Pohl 1991, p. 243-245.

A Charlotte, ca. 1863
Hermann Günther, albuminedruk, 8,4 × 5,3 cm,
Inv.nr. HuDF-P0085

B Wilhelm op zijn paard *Brittannia* voor het Neues Palais te Potsdam, ca. 1866
H. Schnaebeli, albuminedruk, 8,7 × 5,7 cm
Recto in handschrift op karton: *Prinz Wilhelm auf 'Brittannia' (Geschenk / des alten Herren von Krupp) 1866.*
Inv.nr. HuDF-P0086

C Wilhelm in leunstoel, 1873
Heinrich Graf, albuminedruk, 8,7 × 5,4 cm,
Inv.nr. HuDF-P0087, Lit. Achenbach 1913, p. 4; Ohln 1913, p. 4; Schöningen 1913, p. 8.

D Wilhelm in het uniform van het 1. *Garde Regiment zu Fuß*, 1873
Anoniem, albuminedruk, 8,6 × 5,4 cm
In druk op karton: *Friedrich Wilhelm / Prinz von Preußen.*
Inv.nr. HuDF-P0084

E Wilhelm gekleed in de Schotse *Royal Stewart*, ca. 1863
Hermann Günther, albuminedruk, 8,1 × 5,2 cm,
Inv.nr. HuDF-P0082

F Wilhelm, ca. 1863
Hermann Günther, albuminedruk (ingekleurd), 8,5 × 5,6 cm, Inv.nr. HuDF-P0081

G Wilhelm met houten paard, ca. 1861
L. Haase & Co., albuminedruk, 7,9 × 5,3 cm
In druk op karton: *Februar 1861 nach der Natur photographirt / von L. Haase & Co Königl. Hofphotographen. Berlin. / Friedrich Wilhelm Victor Albert / Prinz von Preußen / 1862*
Inv.nr. HuDF-P0080

H Vicky met baby Wilhelm, naar foto uit 1859
Autotypie, 14,3 × 9,3 cm
In druk: *Kronprinzessin Victoria (spätere Kaiserin Friedrich) / mit dem neugeborenen Prinzen Wilhelm, späterem / Kaiser Wilhelm II., im Februar 1859*
HuDFF-P0083
Lit. Achenbach 1913, p. 2.

[3]

Wilhelm in uniform van het 1. *Garde Regiment zu Fuß* met twee kameraden, ca. 1880
Anoniem, ferrotypie, 9,1 × 5,9 cm,
Inv.nr. HuDF-P0079

[4]

Keizer Wilhelm II in de Überrock van een *Dragoner Regiment* (mogelijk het *Würtemberger Dragoner Regiment van Königin Olga Nr.25*), 1889
M. Ziesler, albuminedruk, 18,7 × 12 cm,
Inv.nr. HuDF-P0110
Het degengevest op de foto maakt deel uit van de museale opstelling in Huis Doorn (Inv.nr.HuD 04141).

[5]

Keizer Wilhelm II in admiraalsuniform aan boord van de *Hohenzollern*, ca. 1895
Anoniem, ontwikkelgelatinezilverdruk,
35,9 × 27,5 cm, Inv.nr. HuDF-P0139

[6]

Wilhelm II in uniform van zijn vroegere studentencorps in Bonn, 1897
Reichard & Lindner, platinadruk, 15 × 10,4 cm,
Inv.nr. HuDF-P0099
Er is een variant van deze foto met de keizer zonder pet. Wilhelm studeerde tussen 1877 en 1879 gedurende vier semesters in Bonn en was daar lid van het S.C. *Borussia*. De enige foto van Wilhelm als student, gemaakt door Theo Schafgans, diende als voorbeeld voor een schilderij door K. Rumpel. Naar een variant van deze foto werd in hetzelfde jaar door L. Noster een schilderij gemaakt.
Lit. Achenbach 1913, p. 19-22; Eulenburg 1906, p. 332; Gerhardt 1918, p. 257, 295; Jonge 1986, p. 47; Ohln 1913, p. 18; Röhl 1993, p. 289-319; Schöningen 1913, p. 20.

[7]

Keizer Wilhelm II in uniform van het *Garde du Corps*, 1898
Reichard & Lindner, platinadruk (geretoucheerd),
30 × 20,6 cm

[8]

Keizer Wilhelm II in uniform van het *Leib Garde Husaren Regiment*, 1895-1900
W.S. Stuart, ontwikkelgelatinezilverdruk,
21,3 × 11,6 cm, Inv.nr. HUDF-P0124

[9]

Keizer Wilhelm II in uniform van het *Kaiserliches und Königliches Österreichisches Heer Husaren Rgt. Wilhelm II., Deutscher Kaiser und König von Preußen Nr. 7*, 1902
T.H. Voigt, ontwikkelgelatinezilverdruk,
22,6 × 14,7 cm, Inv.nr. HUDF-P0217

[10]

Keizer Wilhelm II in uniform van de Johannieter Orde, 1902
T.H. Voigt, ontwikkelgelatinezilverdruk,
23 × 13,3 cm, Inv.nr. HUDF-P0220
De Johannieter Orde is als charitatieve instelling gesticht in de tijd van de kruistochten. In 1812 werd de Evangelische Pruisische Johannieter Orde opgericht, onder beschermheerschappij van de Pruisische koning. Zo was de gastvrijheid die graaf Bentinck in 1918 aan de verbannen Duitse keizer verleende, deels gebaseerd op zijn lidmaatschap van de orde: de leden dienden elkaar onder alle omstandigheden bij te staan. Wilhelm liet zich niet alleen fotograferen in het uniform van de orde (hier ter gelegenheid van de feestelijke heropening van kasteel de Marienburg op 5 juni 1902), maar ook aquarelleren door Emil Döppler.
Lit. Wilderotter/Pohl 1991, p.312-316.

[11]

Keizer Wilhelm II in uniform van de Hongaarse Huzaren, 1902
T.H. Voigt, ontwikkelgelatinezilverdruk,
22,2 × 14,3 cm, Inv.nr. HUDF-P0225

[12]

Keizer Wilhelm II in uniform van een *Generalkapitän der Kgl. Spanischen Armee*, 1905
T.H. Voigt, ontwikkelgelatinezilverdruk,
22,1 × 15,1 cm, Inv.nr. HUDF-P0224
Lit. Wilderotter/Pohl 1991, p. 248.

[13]

Keizer Wilhelm II in admiraalsuniform van de Duitse Keizerlijke Marine, ca. 1905
T.H. Voigt, ontwikkelgelatinezilverdruk,
21,4 × 15,4 cm, Inv.nr. HUDF-P0223
Van deze foto bestaat ook een variant; de pet behorend bij dit uniform maakt deel uit van de museale collectie van Huis Doorn (Inv.nr.HUD 10506).
Lit. Mumm 1915, p. 34.

[14]

Keizer Wilhelm II in het uniform van het *Garde du Corps*, ca. 1895
Anoniem, 29,7 × 17,7 cm, ontwikkelgelatinezilverdruk, Inv.nr. HUD 00954
Standplaats Huis Doorn: dagslaapkamer Auguste-Victoria
Op het portret dat Ottomar Anschütz in 1900 van keizerin Auguste-Victoria maakte [cat. 42] staat deze foto op een kastje naast de keizerin.

[15]

Keizer Wilhelm II in galakostuum of jagersjas met de Orde van de Kouseband, ca. 1907
Anoniem, driekleurenkooldruk, 22,3 × 17,3 cm, Inv.nr. HUDF-P0090
Bijzondere foto vanwege het experimentele kleurenprocédé. In een fotomontage met een portret van de keizerin werd deze foto als dubbelportret gepubliceerd in *Het Leeven* in 1907. In de collectie bevindt zich een variant (ontwikkelgelatinezilverdruk) in groot formaat, bewerkt met houtskool.
Lit. *Het Leeven Geïllustreerd*, 2 (8 november 1907) 45, p. 1409; Rogasch 1997, p. 15, p. 276; Seidel 1907, p. 212 e.v.

[16]

Keizer Wilhelm II in de toga van *Doctor of Civil Law*, 1908
Alfred Schwarz (toegeschreven), ontwikkelgelatinezilverdruk, 27,3 × 21 cm, Inv.nr. HUD 03399
Deze foto is, met nog twee varianten, gemaakt toen Wilhelm poseerde voor een schilderij dat door hofschilder Alfred Schwarz werd gemaakt naar aanleiding van het eredoctoraat in de rechten van de Universiteit van Oxford, dat Wilhelm op 15 november 1907 werd verleend. Als dank voor de bewezen eer schonk Wilhelm dit levensgrote portret aan de universiteit waar het nog steeds in de *Examination Schools* hangt. Op de foto draagt de keizer de versierselen van de Orde van de Kouseband – knieband met spreuk, ketting en sjerp. Wilhelms grootmoeder koningin Victoria liet haar kleinzoon opnemen in deze orde in 1877, ter gelegenheid van zijn achttiende verjaardag.
Lit. Achenbach 1913 p. 258; Peese Binkhorst/Verroen 1997 p. 13; Rogasch 1997, p. 167, p. 277, p. 273, p. 276; Wilderotter/Pohl 1991, p. 254-255.

[17]

Keizer Wilhelm II gefotografeerd ter gelegenheid van zijn vijftigste verjaardag, 27 januari 1909
E. Bieber, ontwikkelgelatinezilverdruk,
14,6 × 10,3 cm, Inv.nr. HUDF-P0245

[18]

Keizer Wilhelm II in het Britse parade-uniform van admiraal *(Admiral of the Fleet)*, 1909
T.H. Voigt, ontwikkelgelatinezilverdrukken
A 34,1 × 24,9 cm, Inv.nr. HUDF-P0190
B 37,2 × 25,9 cm, Inv.nr. HUDF-P0203
Standplaats Huis Doorn: Hessische Wohnung
Varianten van deze foto in de collectie zijn o.a. uitgegeven door Gustav Liersch & Co uit Berlijn.
Lit. Mumm 1915, p. 34; Schöningen 1913, p. 2; Seidel 1906, z.p.; Wilderotter/Pohl 1991, p. 247.

[19]

Keizer Wilhelm II in uniform van het *1. Garde-Feldartillerie-Regiment*, 1909
E. Bieber, ontwikkelgelatinezilverdruk, 28,6 × 18 cm
Standplaats Huis Doorn: Hessische Wohnung
Lit. Wilderotter-Pohl 1991, p. 247.

[20]

Keizer Wilhelm II in ofwel een tuniek van het *Garde du Corps* ofwel een marine uniform, 1909
E. Bieber, ontwikkelgelatinezilverdruk
A 28,8 × 18,2 cm, Inv.nr. HUDF-P0231
B 28,8 × 18,3 cm, Inv.nr. HUDF-P0228
Lit: Jonge 1986, p. 92.

[21]

Keizer Wilhelm II in gala-uniform van Pruisisch *Generalfeldmarschall*, ca. 1910-1914
T.H. Voigt, ontwikkelgelatinezilverdruk,
22,4 × 15 cm, Inv.nr. HUDF-P0214
Lit. zie ook Wilderotter/Pohl 1991, p. 247.

[22]

Keizer Wilhelm II in het uniform van *Generalfeldmarschall*, ca. 1910
T.H. Voigt, ontwikkelgelatinezilverdruk,
14,5 × 16,5 cm, Inv.nr. HUDF-P0177
Standplaats Huis Doorn: Hessische Wohnung
Lit. Wilderotter/Pohl 1991, p. 247.

[23]

Wilhelm II in admiraalsuniform aan boord van de *Hohenzollern*, ca. 1911
Th. Jürgensen, ontwikkelgelatinezilverdruk,
29,5 × 20,4 cm, Inv.nr. HUDF-P0137
Standplaats Huis Doorn: Hessische Wohnung
Lit. Wilderotter/Pohl 1991, p. 247.

[24]

Keizer Wilhelm II in uniform van de *Königs-Jäger zu Pferde*, ca. 1912-1914
T.H. Voigt, ontwikkelgelatinezilverdruk,
34,6 × 24,6 cm, Inv.nr. HUDF-P0181
Standplaats Huis Doorn: Hessische Wohnung
Van deze foto bestaan diverse varianten waarvan tenminste één zich in de collectie bevindt.
Lit. Achenbach 1913, p. 15, na p. 400; Ohln 1913, p. 41.

[25]

Keizer Wilhelm II in uniform van Pruisisch *Generalfeldmarschall*, 1912-1914
T.H. Voigt, ontwikkelgelatinezilverdrukken
A 20,1 × 15,5 cm, Inv.nr. HUDF-P0184
B 20 × 15,5 cm, Inv.nr. HUDF-P0186
C 21,8 × 17 cm, Inv.nr. HUDF-P0187

[26]

Keizer Wilhelm II in jachtuniform, 1911
W. Niederastroth (Selle & Kuntze), ontwikkelgelatinezilverdruk, 37,8 × 26,1 cm ,
Inv.nr. HUDF-P0135
De foto maakt deel uit van een serie portretten van Wilhelm, Auguste-Victoria, Viktoria Luise en de drie oudste kinderen van kroonprins Wilhelm en Cecilie [cat. 93]. Een bewerkte en ingekleurde variant van deze foto bevindt zich in de badkamer van Auguste-Victoria in Huis Doorn (Inv.nr. HUD 01999).
Lit. Achenbach 1913, p. 401; Klebinder 1911, p. 29; Wilderotter/Pohl 1991, p. 252-253.

[27]

Montagefoto van keizer Wilhelm te paard, ca. 1900
Anoniem, ontwikkelgelatinezilverdruk,
23,9 × 29,8 cm, Inv.nr. HUDF-P0121

[28]

Keizer Wilhelm II te paard in het uniform van het *Garde du Corps*, 1899
M. Ziesler, daglichtcollodiumzilverdruk,
15,2 × 21,3 cm, Inv.nr. HUDF-P0112
De foto is gemaakt tijdens de jaarlijkse *Frühjahrsparade* in Potsdam; in twee albums van een bewonderaar [cat. 185] komen verschillende varianten van deze foto voor.
Lit. Achenbach 1913, p. 173.

Wilhelm II in Doorn

[29]

A Wilhelm II in het uniform van het *Leib Garde Husaren Regiment* in de gobelinkamer in Huis Doorn, 1925-1930
Franz Grainer, ontwikkelgelatinezilverdruk, 26,9 × 19,7 cm
B Wilhelm II en Hermine in de gobelinkamer in Huis Doorn, 1925-1930
Franz Grainer, ontwikkelgelatinezilverdruk, 25,9 × 19,8 cm
Deze opname is ook als prentbriefkaart uitgebracht. Grainer portretteerde bij deze gelegenheid Hermine ook alleen [cat. 53].

[30]

Wilhelm II *im kleinen Rock van het* 1. *Garde Regiment zu Fuß* of van het regiment van het *Garde du Corps*, 1928
Alfred Schwarz, ontwikkelgelatinezilverdruk, 37,8 × 27,8 cm
Verso plakker in druk: *Haus Doorn, den 1. Mai 1928 /* [in druk:] *Brieftelegramm / Seiner Majestät des Kaisers und Königs.* / [getypt:] *Seiner Majestät der Kaiser und König haben mich beauf- / tragt anläßlich der Fertigstellung des Doorner Rosariums allen / gütigen Spendern nochmals Allerhöchstseinen wärmsten Dank aus- / zusprechen und das beifolgende Bild Seiner Majestät mit Eigen- / händiger Unterschrift zu übermitteln. / Im Allerhöchsten Auftrage /* [handgeschreven signatuur] */ Fregattenkapitän a.D. / u. Dienst. Hofmarschall. / An die / Herren vom Dienst Ihrer Majestäten*
Inv.nr. HUDF-05415
Er zijn verschillende varianten van deze foto [cat. 31 a-d]. De foto's dienden de schilder Alfred Schwarz als hulpmiddel bij het vervaardigen van een vijftal schilderijen, waarvan nog drie in Huis Doorn aanwezig zijn (Inv.nrs. HUD 02387, 00307 en 01622). De foto's werden ook als briefkaart en als kleurenposters geproduceerd.
Lit. Wilderotter/Pohl 1991, p. 260-261.

[31]

Wilhelm II *im kleinen Rock van het* 1. *Garde Regiment zu Fuß* of van het Regiment van het *Garde du Corps*, 1928
Alfred Schwarz, ontwikkelgelatinezilverdruk,
A 21,8 × 16,3 cm
B 21,6 × 17,2 cm
C 23,2 × 17,6 cm
Recto in handschrift met potlood: *Wilhelm / IR / Doorn 7.XII. 1932*
D 22,8 × 17,6 cm
Lit. Wilderotter/Pohl 1991, p. 260-261.

[32]

Wilhelm II in het uniform van het 1.*Garde Regiment zu Fuß*, ca. 1929
Alfred Schwarz (toegeschreven), ontwikkelgelatinezilverdruk, 23,4 × 17,8 cm
Lit. Wilderotter/Pohl 1991, p. 260-261.

[33]

Wilhelm II in Doorn, ca. 1925-1929
F. Kleimeyer, ontwikkelgelatinezilverdruk (ingekleurd), 39,2 × 25,2 cm
Recto in handschrift met potlood op foto: *Wilhelm / IR / Doorn 1929*
Inv.nr. HUD 05729
De foto is waarschijnlijk door Wilhelm zelf met potlood ingekleurd.

[34]

Wilhelm II in Doorn, ca. 1925-1930
Alfred Schwarz, ontwikkelgelatinezilverdruk, 39,6 × 29,7 cm
Een variant van deze foto, met Wilhelm en Hermine in het park van Huis Doorn, is als briefkaart uitgegeven onder de titel: *Das Kaiserpaar in Doorn*.

[35]

Wilhelm II in het *Feldgrau Uniform* van het 1. *Garde-Regiment zu Fuß*, ca. 1930
Anoniem, ontwikkelgelatinezilverdruk, 22,3 × 17 cm
Recto in handschrift met potlood op karton: *Wilhelm / IR*
Inv.nr. HUDF-P0266
De uniformjas die Wilhelm op de foto draagt bevindt zich in de collectie van Huis Doorn (Inv.nr. HUD 03975).

[36]

Wilhelm II in het park van Huis Doorn, 1933
Oscar Tellgmann, ontwikkelgelatinezilverdruk, 72 × 51,5 cm, Inv.nr. HUD 05281
Tellgmann maakte dit portret in september 1933 toen hij in Doorn was om een serie van het huis en zijn bewoners te maken [cat. 183]. Deze vergroting kwam tot stand ter gelegenheid van Wilhelms vijfenzeventigste verjaardag op 27 januari 1934. Een variant van deze foto is uitgegeven als briefkaart; op één exemplaar is gedrukt: *Doorn den 27.I.34 Wilhelm I.R. / herlichen Dank für gehaltene Treue.*

[37]

Wilhelm in de rookkamer van Huis Doorn, ca. 1935
Anoniem, ontwikkelgelatinezilverdrukken
A 21,5 × 14,3 cm, Inv.nr. HUDF-P0261
B 21,3 × 14,3 cm, Inv.nr. HUDF-P0262

Beide foto's zijn in veelvoud afgedrukt en uitgegeven door Verlag Scherl in Berlijn

[38]

Wilhelm in Doorn, 1935
Anoniem, ontwikkelgelatinezilverdruk, 29 × 22,5 cm
Deze foto is gemaakt tijdens een bijeenkomst met leden van de *Doorner Arbeitsgemeinschaft* (DAG). De DAG, een kring van godsdiensthistorici en archeologen, werd door de keizer in 1925 in het leven geroepen om éénmaal per jaar, in oktober, voordrachten te houden en met elkaar te discussiëren. Vanaf 1933 hield de keizer zelf de openingsvoordracht. Deze foto is ook als briefkaart uitgegeven.
Lit. Wilderotter/Pohl 1991, p. 131-142, p. 192.

[39]

Wilhelm II, 1935-1940
Lotte Dieckmann, ontwikkelgelatinezilverdruk, 21,7 × 16,5 cm, Inv.nr. HUDF-P0259
Deze foto is ook als briefkaart uitgegeven, een aantal exemplaren bevat de tekst: *Haus Doorn, den 27. Januar / Herzlichen Dank für die guten Wünsche zu / Meinem Geburtstage, die Ich für Ihr neues Lebensjahr / aufrichtig erwidere. / Wilhelm / IR.*

Auguste-Victoria, eerste echtgenote van Wilhelm II

[40]

Auguste-Victoria, 1883
Vianelli, albuminedruk, 22,4 × 11,6 cm, Inv.nr. HUD 04701
Lit. Krieger 1921, p. 8.

[41]

Auguste-Victoria, 1899
Reichard & Lindner, platinadruk, 19,2 × 13,2 cm
In de collectie bevinden zich twee varianten van deze foto. Eén daarvan is een staatsieportret van de keizerin ten voeten uit, met lange mantel en sjerp.

[42]

Auguste-Victoria in donkere japon, 1900
Ottomar Anschütz, ontwikkelgelatinezilverdruk (geretoucheerd), 38,4 × 28,3 cm, Inv.nr. HUD 05416
Er bestaan enkele varianten van dit portret. Eén van de drie fotoportretten op de tafel naast de keizerin is het portret van de keizer in het uniform van het *Garde du Corps* dat zich nog steeds in de collectie bevindt [cat.14].
Lit. Krieger 1921, p. 16; Anschütz 1903, p. 1.

[43]

Auguste-Victoria, 1902
T.H. Voigt, ontwikkelgelatinezilverdruk, 22,5 × 12,9 cm
Lit. Seidel 1906, z.p.; *Die Woche*, 8 (24 februari 1906) 8, p. 333.

[44]

Auguste-Victoria met hoed, ca. 1910
Ernst Sandau, ontwikkelgelatinezilverdruk (ingekleurd), 41 × 31 cm, Inv.nr. HUD 05520
De foto heeft waarschijnlijk in een van keizerlijke schepen gehangen. Sandau maakte ook een portret van Auguste-Victoria met haar dochter Viktoria Luise, gedateerd 1910.

[45]

Auguste-Victoria, 1912
T.H. Voigt, ontwikkelgelatinezilverdruk, 103,3 × 73,4 cm, Inv.nr. HUD 01174
Standplaats Huis Doorn: dagslaapkamer Wilhelm
In de collectie zijn nog zeven varianten van deze foto.

[46]

Auguste-Victoria met boek en klaverbladdiadeem, ca. 1910

T.H. Voigt, ontwikkelgelatinezilverdruk, 22 × 16 cm
De keizerin draagt hier het zogenaamde klaverbladdiadeem, dat door Wilhelm persoonlijk zou zijn ontworpen naar aanleiding van hun zilveren huwelijk in 1906. Op het portret dat László in 1908 van de keizerin schilderde (Inv.nr. HuD 00038), draagt zij hetzelfde diadeem. Varianten van de foto zijn na de dood van de keizerin als briefkaart uitgegeven. Eén hiervan is door zoon Adalbert aan zijn vader gestuurd ter herinnering aan de dood van zijn moeder.
Lit. Schwering 1915, p. 253. Wilderotter/Pohl 1991, p. 264-265.

[47]

Auguste-Victoria, juni 1915

T.H. Voigt, ontwikkelgelatinezilverdruk, 37,5 × 30,6 cm, Inv.nr. HuD 01172
Standplaats Huis Doorn: dagslaapkamer Wilhelm
Deze foto is een uitsnede van een fotoportret van de keizerin en haar schoondochter Cecilie met haar pasgeboren dochter Alexandrine (p. 28).

[48]

Auguste-Victoria, ca. 1913

T.H. Voigt, ontwikkelgelatinezilverdruk, 58,5 × 39,9 cm, Inv.nr. HuD 01173
Standplaats Huis Doorn: dagslaapkamer Wilhelm
Dezelfde foto bestaat ook in spiegelbeeld met een andere achtergrond [cat. 49] en in de vorm van een fotomontage met een portret van Wilhelm.
Lit. Gutsche 1991, p. 23; Mumm 1915, p. 35; Ohln 1913, p. 40.

[49]

Auguste-Victoria, ca. 1913

T.H. Voigt, ontwikkelgelatinezilverdruk, 56,9 × 37,3 cm, Inv.nr. HuD 04589
Standplaats Huis Doorn: werkkamer Wilhelm
Gespiegelde versie van cat. 48, ook uitgegeven als briefkaart met gedrukt signatuur van de keizerin.
Lit. Krieger 1921, frontispice.

Hermine, tweede echtgenote van Wilhelm II

[50]

Wilhelm en Hermine op hun huwelijksdag, 5 november 1922

T.T. Hoekstra, ontwikkelgelatinezilverdruk, 16,5 × 10,6 cm
Wilhelm draagt het uniform waarin hij in 1918 de grens met Nederland passeerde, dat van het 1. Garde Regiment zu Fuß.
Lit. Ilsemann 1968, p. 242-243.

[51]

Hermine, 1922

Anoniem, ontwikkelgelatinezilverdruk (ingekleurd), 22,5 × 16,3 cm
Hermine draagt op deze foto dezelfde jurk en hoed als op haar huwelijksfoto, maar andere sieraden.

[52]

Hermine, ca. 1922

K. Blumenthal, ontwikkelgelatinezilverdruk, 24,9 × 18,1 cm
Verso in handschrift: *With love Hermo*. Een andere foto uit deze sessie is ook als briefkaart uitgegeven, met de tekst: *Kaiserin Hermine / Hofphotograph K. Blumenthal.*

[53]

Hermine, ca. 1925-1930

Franz Grainer, ontwikkelgelatinezilverdrukken (ingekleurd), 26,3 × 19,9 cm
Verso stempel: [kroon] / H / Herminen-Hilfswerk / [in potlood:] 40ct
Beide foto's zijn gemaakt tijdens dezelfde sessie als cat. 29. Deze foto's zijn ook als briefkaart uitgegeven. Deze werden verkocht op de bazaars die Hermine vanaf eind jaren twintig in Doorn organiseerde ten behoeve van goede doelen (Hermine-Hilfswerk).

[54]

Portfolio: Hermine en haar dochter Henriette, 1924

Elfriede Reichelt, 6 ontwikkelgelatinezilverdrukken (ingekleurd), 22 × 16,5 cm, Inv.nrs. HuDF-A183
Hermine draagt op alle foto's haar huwelijksjapon.
De foto's zijn niet in Doorn opgenomen, wellicht in Hermines woonplaats Saabor in Duitsland.

[55]

Hermine, 1927

B. Dittmer, ontwikkelgelatinezilverdruk (met houtskool bewerkt), 29,5 × 23,1 cm
Recto in blauw potlood gesigneerd: *Hermine / Doorn 1929.*

Op een variant van deze foto, die als briefkaart is uitgegeven, komt de naam van de fotograaf voor: *Hofphotgraph B. Dittmer, Bad Kissingen.*

[56]

Hermine in het park van Huis Doorn, 1935

E. Steiger, ontwikkelgelatinezilverdruk, 29,5 × 22,7 cm
Recto gesigneerd op beeld: *Hermine / Doorn / 17.XII / 36.*
E. Steiger maakte tijdens deze sessie meerdere portretten van Hermine en van Hermine met haar dochter Henriëtte en Wilhelm, die ook als briefkaart zijn uitgegeven.

[57]

Hermine, 1938

Ernst Sandau, ontwikkelgelatinezilverdruk, 29,7 × 23,7 cm
Recto in handschrift op foto: *Hermine / Doorn / Nov. 22/38.*
Inv.nr. HuD 01591
Standplaats Huis Doorn: grote slaapkamer
Verschillende varianten van deze foto zijn ook als briefkaart uitgegeven. De foto is in de vorm van een fotomontage met een portret van de keizer in 1939 als kerst- en nieuwjaarswens gebruikt.
Lit. Jonge 1986, p. 186.

Ouders en grootouders

[58]

Friedrich Wilhelm, prins van Pruisen, 28 augustus 1845

Philipp Graff, gouden daguerreotypie, 8,3 × 7 cm, Inv.nr. HuD 04896
Lit. Herder 1999 (1,2); Ruitenberg 2002

[59]

Luise, prinses van Pruisen, 28 augustus 1845

Philipp Graff, gouden daguerreotypie, 8,7 × 7,2 cm, Inv.nr. HuD 04897
Lit. Herder 1999 (1,2); Ruitenberg 2002

[60]

Album van keizerin Augusta, Weimar, 27 mei 1876

Anoniem, album met 6 visitekaartportretten, albuminedrukken, 13,4 × 9,5 cm
In handschrift op titelblad: *Augusta / Weimar. 27 Mai 1876*
Inv.nr. HuDF-A083
Het album bevat portretten van: keizerin Augusta, keizer Wilhelm I, kroonprins Friedrich Wilhelm, kroonprinses Victoria, groothertogin Luise van Baden en groothertog Friedrich I van Baden.

[61]

Prinses Victoria en prins Friedrich Wilhelm van Pruisen op huwelijksreis in Windsor Castle, 29 januari 1858

William Bambridge, zoutdruk, 9,8 × 7,1 cm
Recto in handschrift op karton: *The Pcess Royal. & Pce Frederic William of / Prussia. / Jan:29.1858.*
Inv.nr. HuD 04735
Standplaats Huis Doorn: vitrine werkkamer Wilhelm
Lit. Peese Binkhorst/Verroen 1997, p. 8; Wilderotter/Pohl 1991, p. 297; Rogasch 1997, p. 224-225; Nowak 1930, na p. 8; Leinhaas 1914, p. 55.

[62]

Visitekaartportretten van Prins Friedrich Wilhelm en prinses Victoria, ca. 1860

L. Haase, albuminedruk, 8,2 × 5,2 cm / 8,2 × 5,3 cm
Recto in handschrift op karton: *18. X. 1905.*
Inv.nr. HuD 04733
Standplaats Huis Doorn: vitrine werkkamer Wilhelm
Wilhelm heeft deze portretten van zijn ouders waarschijnlijk op 18 oktober 1905, de vierenzeventigste geboortedag van zijn vader, in één lijst samengevoegd.

[63]

Prins Friedrich Wilhelm en prinses Victoria,
december 1860
L. Haase, albuminedruk, 8,3 × 5,3 cm,
Inv.nr. HuD 04803
Standplaats Huis Doorn: vitrine werkkamer Wilhelm
Lit. Pakula 1995, afb. 48.

[64]

Kroonprins Friedrich Wilhelm, ca. 1861
L. Haase (toegeschreven), albuminedruk,
8,3 × 5,1 cm, Inv.nr. HuD 04811
Standplaats Huis Doorn: vitrine werkkamer Wilhelm
Recto in handschrift: Frederick William Crown / Prince
of Prussia

[65]

Kroonprinses Victoria, 2 juli 1861
Camille Silvy, albuminedruk, 8,6 × 5,7 cm,
Inv.nr. HuD 04898
Lit. Meisner 1929, p. 98.

[66]

Prinses Victoria met baby Wilhelm, 1860
Anoniem, albuminedruk, 8,4 × 5,2 cm
Verso in handschrift op karton: Kronprinz / Wilhelm II /
als einjäriges / Kind
Inv.nr. HuD 04806
Standplaats Huis Doorn: tafel werkkamer Wilhelm

[67]

Ovale lijst met portretjes van kroonprins Friedrich
Wilhelm en zijn kinderen Wilhelm, Heinrich,
Victoria, Sigismund en Charlotte, 1866-1867
Anoniem, albuminedrukken (ingekleurd),
medaillon midden: 5,3 × 4 cm; overige medaillons:
3,4 × 1,9 cm
Recto in handschrift bij foto's: Friedrich Wilhelm / geb:
27. Januar 1859.; Heinrich. / geb: 14. August 1862.; Victoria. /
geb: 12. April 1866.; Sigismund. / geb. 15 Sept. 1864. † gest: 18.
Juni 1866.; Charlotte. / geb: 24. Juli 1860.
Inv.nr. HuD 1697 a-b
Standplaats Huis Doorn: dagslaapkamer Wilhelm

[68]

Kroonprinses Victoria en Wilhelm op Norderney, 1869
Anoniem, albuminedruk, 8,4 × 5,3 cm
Recto in handschrift: Norderney 1869 / Wilhelm. Mama.
Inv.nr. HuD 04739
Standplaats Huis Doorn: vitrine werkkamer Wilhelm
Lit. Peese Binkhorst/Verroen 1997, p. 8; Rogasch 1997,
p. 228; Wilderotter/Pohl 1991, p. 245.

[69]

Koningin Victoria met haar kinderen Victoria
(kroonprinses van Pruisen), Alice en Alfred
rouwend bij een buste van de overleden prins
Albert, maart 1862
William Bambridge, albuminedruk, 22,5 × 15,4 cm
Recto in handschrift: The Widow & Orphans / Windsor
Castle - March 1862
In de collectie bevindt zich ook nog een variant van
dit portret met de rouwende prinsessen Victoria,
Alice, Helena, Louise en Beatrice (Inv.nr. HuD 04782).
Lit. Dimond/Taylor 1987, p. 24; Pakula 1995, afb. 43;
Peese Binkhorst/Verroen 1997, p. 7; Rogasch 1997,
p. 34, p. 196.

[70]

Koningin Victoria, ca. 1896
Alexander Bassano, ontwikkelgelatinezilverdruk,
14,5 × 10,4 cm
Recto in handschrift op karton: To / dear William /
with best wishes / for the New Year / 1899 - / from his very affte
[affectionate] Grandmum Victoria.
Inv.nr. HuD 01588
Standplaats Huis Doorn: grote slaapkamer
Lit. Peese Binkhorst/Verroen 1997 p. 8;
Wilderotter/Pohl 1991, p. 281.

[71]

De opgebaarde lijkkist van koningin Victoria in
Osborne House op 25 januari 1901
Anoniem, ontwikkelgelatinezilverdruk,
22,9 × 28,9 cm
Inv.nr. HuD 03954

[72]

Kroonprinses Victoria in uniform van haar 2. Leib
Husaren Regiment, 1883
E.S. Mittler & Sohn / Ottomar Anschütz,
ontwikkelgelatinezilverdruk (geretoucheerd),
74,9 × 43,1 cm
Verso etiket: Aufnahme / 1883 im Neuen Palais
Inv.nr. HuD 01376
Standplaats Huis Doorn: bibliotheek
De foto is in 1883 gemaakt door E.S. Mittler & Sohn,
in 1900 heeft Ottomar Anschütz er deze vergroting
van gemaakt.
Lit. Leinhaas 1914, p. 124; Pakula 1995, afb. 49.

[73]

Keizerin Friedrich (Victoria), 1898
Histed, ontwikkelgelatinezilverdruk, 40,5 × 31,1 cm,
Inv.nr. HuD 03452

[74]

Keizerin Friedrich (Victoria) 1898
Marie Gräfin von Oriola, ontwikkelgelatinezilver-
druk, 21,6 × 15,2 cm
Er zijn meerdere exemplaren van deze foto in de
collectie. Op een daarvan staat de volgende annota-
tie: fec: / Berlin / 1898 / Marie Gräfin von Oriola / Büdesheim. /
Oberhessen
Inv.nr. HuD 03435.

[75]

De opgebaarde lijkkist van keizerin Friedrich in de
grafkapel van de Friedenskirche in Potsdam, 13
augustus 1901
Selle & Kuntze, ontwikkelgelatinezilverdruk,
26 × 31,3 cm
Recto in handschrift op karton: 13 Aug 1901
Grabkapelle Friedenskirche.
Inv.nr. HuD 03422
Lit. Peese Binkhorst/Verroen 2001, p.25; Scharmann
2001, p. 68.

[76]

Kroonprins Friedrich Wilhelm, 1884
Reichard & Lindner, albuminedruk, 13,9 × 9,7 cm,
Inv.nr. HuD 00296
Kroonprins Friedrich Wilhelm draagt hier verschil-
lende ordetekenen waaronder de Orde van de
Zwarte adelaar, de Johanniter Orde en het Groot-
kruis van het IJzeren Kruis.

[77]

Kroonprins Friedrich Wilhelm in het uniform van
de Pasewalker Kürassiere, 1884
Reichard & Lindner, ontwikkelgelatinezilverdruk,
40,2 × 26 cm, Inv.nr. HuD 02032
Standplaats Huis Doorn: salon Hermine
Lit. Leinhaas 1914, p. 128.

[78]

Keizer Wilhelm I in het Merseburger Schloßportal, 1884
Classens, ontwikkelgelatinezilverdruk, 29 × 23 cm
Recto in handschrift op karton: S. M. Kaiser Wilhelm I. /
aufgenommen 1884 / am Merseburger Schloßportal /
Phot. Classens Naumburg S.

[79]

Kroonprins Friedrich Wilhelm in het Merseburger
Schloßportal, 1886
Classens, 29 × 23,2 cm, ontwikkelgelatinezilverdruk
Recto in handschrift op karton: S. M. Kaiser
Friedrich III. / aufgenommen 1886 / am Merseburger
Schloßportal / Phot. Classens Naumburg S.

[80]

Keizer Wilhelm I op zijn sterfbed, 9 maart 1888
Reichard & Lindner, albuminedruk, 28,1 × 18 cm

[81]

Keizer Friedrich III op zijn sterfbed, 16 juni 1888
Reichard & Lindner, albuminedruk, 28,2 × 18 cm
Recto in zilverdruk op karton: Friedrich III /
Aufgenommen im Sterbezimmer Sr: Majestät am 16: Juni 1888,
von / Reichard & Lindner / Königl. Hof-Photographen /
Berlin, N.W. / 54/55 Unter den Linden 54/55.
Er is nog een variant van deze foto in de collectie.

[82]

Koning Wilhelm I, ca. 1860
T. Schneider & Soehne, stereodaguerreotypie
(ingekleurd), 6,5 × 4,5 cm (2×), Inv.nr. HuD 05115
De stereofoto bevindt zich in een etui met stereo-
kijker.
Lit. Dewitz/Matz 1989, p. 36-265; Kempe 1979,
p. 243 e.v.

[83]

Kabinetfoto met vier generaties Hohenzollern:
Keizer Wilhelm I, kroonprins Friedrich Wilhelm,
prins Wilhelm en diens zoon prins Wilhelm, 1882
Sophus Williams, albuminedruk, 14,2 × 10,2 cm,
Inv.nr. HuD 01592
Standplaats Huis Doorn: grote slaapkamer
Deze foto betreft een reproductie door Sophus
Williams gemaakt van een tekening van E. Hader
naar een foto van Hermann Selle uit juni 1882,
genomen naar aanleiding van de recente geboorte
van Wilhelms oudste zoon.
Lit. Achenbach 1913, p. 32; Eulenburg 1906, p. 332;
Keller 1935, p. 41; Müller-Bohn 1900, p. 501; Ohln
1913, p. 21; Schöningen 1913, p. 31; Seidel 1906,
na p. 78.

[84]

Hurrah! Vier Könige!, kabinetfoto met vier generaties
Hohenzollern: Keizer Wilhelm I, kroonprins
Friedrich Wilhelm, prins Wilhelm en diens zoon
prins Wilhelm, 1882
Kuth & Stock, albuminedruk, 17 × 9,8 cm
Reproductie naar een gravure die gemaakt is naar
de foto van Hermann Selle van de vier generaties
Hohenzollern in juni 1882 (zie ook cat. 83).

[85]

Keizerin Friedrich en haar kinderen op het bordes
van Friedrichshof, mei 1900
T.H. Voigt/Verlag der Neuen Photographische Ge-
sellschaf, ontwikkelgelatinezilverdruk, 17,9 × 24,1 cm

Recto in druk op karton: *Ihre Majestät Kaiserin Friedrich mit ihren Kindern; Kaiser Wilhelm II Kaiserin Friedrich Prins Heinrich von / Preussen / Kronprinzessin von / Griechenland / Prinzessin Adolf / von Schaumb. Lippe / Erbprinzessin / von Sachsen Mein. / Prinzessin Friedrich Carl / von Hessen*
Inv.nr. HuD 04561
Standplaats Huis Doorn: grote slaapkamer
Lit. Leinhaas 1914, p. 188; Rogasch 1997, p. 260-261; Wilderotter/Pohl 1991, p. 206-207.

[86]

Standbeeld van de Grote Keurvorst, ca. 1890
Anoniem, ontwikkelgelatinezilverdruk,
118 × 84,8 cm, Inv.nr. HuD 02564
Het standbeeld van de Grote Keurvorst stond op de Lange Brücke (Kurfürstenbrücke) bij de Große Schloßplatz aan de zuid-oostzijde van het Stadt-schloss te Berlijn en was gemaakt door A. Schlüter. Het monument werd ingewijd op 23 juli 1703. Tegenwoordig staat het beeld op het plein voor Schloss Charlottenburg in Berlijn.
Lit. Seidel 1898, p. 15-20; Hubmann 1972, p. 253.

Kinderen en kleinkinderen

[87]

Keizer Wilhelm II, keizerin Auguste-Victoria en hun zeven kinderen, 1896
J.C. Schaarwächter / Verlag Neue Photographische Gesellschaft, ontwikkelgelatinezilverdruk,
13,9 × 9,9 cm
Recto in druk op karton: *Gruppenbild der Kaiserlichen Familie. / Kronprinz Friedrich Wilhelm / *6.5.1882 / Kaiserin Augusta Victoria / *22.10.1858 / Prinzessin Victoria / *18.9.1892 / Prinz Adalbert / *14.7.1884 / Prinz August Wilhelm / *29.1.1887 / Kaiser Wilhelm / *27.1.1859 / Prinz Eitel Friedrich / *7.7.1883 / Prinz Joachim / *17.12.1890 / Prinz Oscar / *27.7.1888 / Verlag: Neue Photographische Gesellschaft, Berlin-Steglitz 1897*
Schaarwächter heeft verschillende opnames tijdens deze sessie gemaakt, onder andere van Wilhelm met zijn dochter Viktoria Luise op schoot.
Lit. Krieger 1921, p. 10; Schöningen 1913, p. 99; Seidel 1906, naast p. 88.

[88]

Auguste-Victoria en haar kinderen Eitel Friedrich, August Wilhelm, Adalbert en Wilhelm, ca. 1887
Anoniem, albuminedruk, 14,5 × 11,3 cm

[89]

Blechmütze met portretfoto's van keizer Wilhelm II, keizerin Auguste-Victoria en hun zeven kinderen, gemaakt ter ere van Wilhelms vijfentwintigjarig officiersjubileum, 9 februari 1894
Anoniem, albuminedrukken, twee medaillons:
4,5 × 3,3; zeven medaillons: 3,5 × 3 cm gevat in verguld bronzen *Blechmütze* (grenadiersmuts).
Opdruk: *Zum / 25. jährigen / Officiersjubiläum / Sr. Maj. des / Kaisers u. Königs / Wilhelm II /*
d. 9. Febr. 1894; Friedrich Wilhelm I / Friedrich Wilhelm II. / Friedrich II. / Friedrich Wilhelm IV. / Wilhelm I. / Friedrich III. / Wilhelm II.: Seinem Kaiser u. König aus Dankbarkeit ehr-furchtsvoll gewidmet v. C. H. Preetz; voorzijde gesloten: *Semper talis*, Inv.nr. HuD 01439
Standplaats Huis Doorn: bibliotheek

[90]

Lijst met zeven portretten van de kinderen van Wilhelm en Auguste-Victoria, ca. 1913
W. Niederastroth (Selle & Kuntze) / Anoniem, ontwikkelgelatinezilverdruk, vier ronde medaillons:
5 × 5 cm; drie ovale medaillons: 7 × 5,4 cm, in houten lijst met bronsbeslag 24,2 × 31,8 cm, Inv.nr. HuD 03612
Standplaats Huis Doorn: grote slaapkamer
Van links boven met de klok mee: Eitel Friedrich, Wilhelm met zoon Wilhelm (foto Selle & Kuntze/ Niederastroth), Oskar, Joachim, August Wilhelm,

Adalbert, Viktoria Luise
Lit. Rabsilber [19 11], z.p.

[91]

Passe-partout met amateurfoto's van de keizerlijke familie op *Schloß Wilhelmshöhe*, ca. 1905
19 ontwikkelgelatinezilverdrukken,
In passe-partout 54,9 × 68,9 cm

[92]

Album van prinses Viktoria Luise met amateur-foto's, 1907-1913
25 × 33 × 4,5 cm, 102 ontwikkelgelatinezilverdrukken
Getypt op etiket op binnenzijde voorband: *Album Prinzessin Victoria Luise von Preußen und Familie / (Herzogin v. Braunschweig) / 13.9.1892-11.12.1980*
Inv.nr. HuDF-A093

[93]

Keizer Wilhelm II en zijn oudste kleinzoon prins Wilhelm, 1911
W. Niederastroth (Selle & Kuntze), ontwikkel-gelatinezilverdrukken
A 16,3 × 12,8 cm, Inv.nr. HuDF-P0130
B 15 × 15 cm, Inv.nr. HuDF-P0131
Beide foto's zijn gemaakt tijdens dezelfde fotosessie als cat. 26. Tijdens deze sessie zijn ook foto's ge-maakt waarop de keizer te zien is met Auguste-Victoria, zijn dochter Viktoria Luise en de drie oudste kinderen van kroonprins Wilhelm. Er bestaan verschillende varianten. Een portret van Auguste-Victoria, dat ook als briefkaart is uitgege-ven, is gebruikt in een fotomontage met een portret van de keizer.
Lit. Achenbach 1913, p. 400, p. 423; Ohln 1913, p. 4; Klebinder 1913, p. 29, p. 79; Krieger 1921, p. 12. Schöningen 1913, p. 189; Topham 1914, p. 96, 123, 172.

[94]

Keizer Wilhelm II en keizerin Auguste-Victoria met hun kinderen en andere familieleden, 15 juni 1913
Anoniem, ontwikkelgelatinezilverdruk, 20 × 32,3 cm
Gegraveerd in zilveren lijst: *Wilhelm / 15. Juni 1913*
Inv.nr. HuD 01590
Standplaats Huis Doorn: grote slaapkamer
Op de foto zijn te zien: achterste rij v.l.n.r.: Adolf zu Schaumburg-Lippe, prins Waldemar, landgraaf Friedrich Karl von Hessen, kroonprins Wilhelm (foto is later toegevoegd), keizer Wilhelm II, keizerin Auguste-Victoria; middelste rij v.l.n.r.: hertog Bernhard von Sachsen-Meiningen, prinses Heinrich, prins Heinrich, hertogin Charlotte, prins Adalbert, landgravin von Hessen, prinses Adolf zu Scham-burg-Lippe, prinses August Wilhelm, prinses Eitel-Friedrich, prinses Viktoria Luise (hertogin von

Braunschweig); voorste rij v.l.n.r.: prins Eitel-Friedrich, kroonprinses Cecilie, prins August Wilhelm, prins Oskar, prins Joachim, hertog Ernst August von Braunschweig.
De familie is op de trappen van het Neues Palais in Potsdam gefotografeerd. Waarschijnlijk zijn zij bijeen om de sterfdag van keizer Friedrich III en de troonsbestijging van Wilhelm II, 25 jaar eerder, te gedenken. De kroonprins was daarbij niet aanwe-zig, een ander portret van hem is later in de foto gemonteerd.
Lit. Bussen 2000, p. 14; Topham 1914, p. 56; Viktoria Luise 1970, p. 326-327; Wilderotter/Pohl 1991, p. 267.

[95]

Kroonprins Wilhelm in zijn ballingsoord op Wieringen, 1918-1923
Anoniem, ontwikkelgelatinezilverdruk, 18 × 13 cm
Verso in handschrift: *Seiner l. [=lieben] Minne[?] / Ihr Ältester der / Einsiedler von Wieringen*

[96]

Kroonprins Wilhelm met hertengewei voor Cecilienhof, ca. 1930
W. Niederastroth, ontwikkelgelatinezilverdruk,
22,3 × 16,2 cm

[97]

Prins Louis Ferdinand, ca. 1923
W. Niederastroth (Selle & Kuntze), ontwikkel-gelatinezilverdruk, 30,2 × 23,1 cm

[98]

Album met portretfoto's van de kinderen en klein-kinderen van Wilhelm, ca. 1935
Franz Langhammer, 34,5 × 28 × 4,8 cm, 32 ontwikkel-gelatinezilverdrukken, Inv.nr. HuDF-A102

Officiële gebeurtenissen

[99]

Album (leporello) 1892

25,8 × 32 × 11 cm

A *Parade in Potsdam vor I. I. M. M. den Königinnen der Niederlände 1. VI. 1892*

Schmidt & Wegener, 5 daglichtcollodiumzilverdrukken, Inv.nr. HuDF-A078a

Lit. Viktoria Luise 1967, p. 320-312.

B *Anwesenheit S.M. des Königs von Italien in Jüterbog 22. VI. 189*

Anoniem, 8 daglichtcollodiumzilverdrukken, Inv.nr. HuDF-A078b

C *Anwesenheit S.M. des Kaisers von Rusland in Kiel 7. VI. 1892*

Schmidt & Wegener, 16 daglichtcollodiumzilverdrukken, Inv.nr. HuDF-A078c

[100]

25-jarig dienstjubileum van keizer Wilhelm II in het 1. *Garde Regiment zu Fuß,* 1894

W. Niederastroth (Selle & Kuntze), ontwikkelgelatinezilverdruk, 11,5 × 17,5 cm

Verso 3x stempel: *Die vornehme Gaststätte / Tanz-Kabarett / 'Arkadia' / Dir. Aug. Schmidt / Aachen / Franzstr. 45-47 / Bar u. Diele 1. Etg. / Fernruf 311 16;* verso in handschrift: *25 jähriges Dienstjubileum seiner Majestät / im Jahre 1894. / In dankbarer Erinnerung / Aug. Schmidt / ehem. Unteroffizier 6. Comp / 1891/94 I. G. Regt. Zu Fuß / Potsdam.*

Zoals iedere Hohenzollern prins was Wilhelm op tienjarige leeftijd (1869) ingelijfd bij het 1.*Garde Regiment zu Fuß.* Het vijfentwintigjarig jubileum werd gevierd in de Lustgarten bij het Stadtschloss in Potsdam.

[101]

Einstellung S.K.H. des Prinzen Adalbert in das Erste Garde-Regiment z..F. am 14. Juli 1894

M. Ziesler, daglichtcollodiumzilverdruk, 23,4 × 32,9 cm

Recto in handschrift op karton: *Einstellung S.K.H. des Prinzen Adalbert in das Erste Garde-Regiment z. F. / am 14. Juli 1894.*

Inv.nr. HuD 05715

De tienjarige prins Adalbert werd op 14 juli 1894 traditiegetrouw ingelijfd bij het 1. *Garde Regiment zu Fuß.*

[102]

Album: *Friedrichsruh 26. März 1895*

M. Ziesler, 27,5 × 36 × 5,5 cm, 12 daglichtcollodiumzilverdrukken, Inv.nr. HuDF-A054

Keizer Wilhelm II bezocht voormalig rijkskanselier Bismarck op 26 maart 1895 ter gelegenheid van diens tachtigste verjaardag op Friedrichsruh in Sachsenwald bij Hamburg. Bij die gelegenheid

vond de officiële verzoening plaats tussen Bismarck en de keizer.

Lit. Hubmann, p. 250-251; Nowak 1930 frontispice; Ohln 1913, p. 31; Schöningen 1913, p. 81; Viktoria Luise 1970, p. 65.

[103]

Friedrichsruh, den 26ten März 1895

M. Ziesler, ontwikkelgelatinezilverdruk (geretoucheerd met witte gouache), 44,1 × 58,9 cm

Recto in handschrift v.l.n.r. op passe-partout: *v. Plessen. / v. Jacobi. / v. Hahnke. / S.K.K.H. d. Kronprinz. / Fürst Bismarck. / S.M. d. Kaiser. / Graf Klinkowström. / Friedrichsruh, den 26ten März 1895;* verso in handschrift: *Potsdam / Toiletten Zim[mer]*

Inv.nr. HuD 03245

[104]

Grundsteinlegung zum Denkmal Kaiser Wilhelm's des Grossen auf dem Festplatz bei Holtenau, 21. Juni 1895.

M. Ziesler, daglichtcollodiumzilverdruk, 31,7 × 32,4 cm

In druk op karton: *Grundsteinlegung / zum Denkmal Kaiser Wilhelm's des Grossen / auf dem Festplatz bei Holtenau / 21. Juni 1895.*

Feestelijke eerstesteenlegging voor het monument ter ere van keizer Wilhelm I op de Festplatz bij Holtenau op 21 juni 1895.

[105]

Album: *Grundsteinlegung zum Kaiser Wilhelm-Denkmal 18. VIII. 1895. – Einweihung der Kaiser-Wilhelm – Gedächtnis-Kirche 1. IX. 1895*

Anoniem, 31,7 × 41 × 5 cm, 12 daglichtcollodiumzilverdrukken, Inv.nr. HuDF-A010

Feestelijke eerstesteenlegging voor het monument ter ere van keizer Wilhelm I in Berlijn op 18 augustus 1895; Inwijding van de Kaiser-Wilhelm-Gedächtnis-Kirche in Berlijn op 1 september 1895.

[106]

Rekruten-Vereidigung, 12 november 1896

Anoniem, daglichtcollodiumzilverdruk, 20,8 × 27,6 cm

Beëdiging van rekruten in Berlijn.

[107]

Enthüllung des Kaiser Wilhelm-Denkmals in Berlin am 22. März 1897

Selle & Kuntze, ontwikkelgelatinezilverdruk, 45,3 × 57,8 cm, Inv.nr. HuD 02298

Standplaats Huis Doorn: gang buiten dagslaapkamer Wilhelm

Het monument ter ere van keizer Wilhelm I werd opgericht tegenover het Eosanderportaal van het

Stadtschloss in Berlin. Onder de hoogwaardigheidbekleders bevond zich ook schilder Adolf von Menzel, te herkennen aan zijn kleine gestalte.

Lit. Wilderotter/Pohl 1991, p. 279.

[108]

Keizer Wilhelm II en zijn zonen bij de onthulling van het *Kaiser Wilhelm-Denkmal* in Berlin, 1897

Ottomar Anschütz, ontwikkelgelatinezilverdruk (geretoucheerd), 16,9 × 11,9 cm

[109]

Album: *Frühjahrsparade in Berlin und Potsdam am 26. & 27. Mai 1898.*

Anoniem, 36 × 27,5 × 8,5 cm, 27 daglichtcollodiumzilverdrukken, Inv.nr. HuDF-A020

Voorjaarsparade in Berlijn en Potsdam, 26 en 27 mei 1898.

[110]

Keizer Wilhelm II en zijn zoons in Potsdam op de parade ter ere van zijn tienjarige regeringsjubileum, 27 mei 1898.

M. Ziesler, daglichtcollodiumzilverdruk, 15,4 × 21,3 cm

[111]

Album: *50 jährisches Jubiläum der Berliner Schutzmannschaft am 13. Juni 1898.*

Anoniem, 12 daglichtcolldiumzilverdrukken, 30 × 38,5 × 6 cm, Inv.nr. HuDF-A049

Festiviteiten naar aanleiding van het vijftigjarig jubileum van de *Berliner Schutzmannschap* op de binnenplaats van het Stadtschloss te Berlijn.

[112]

Einweihung der Erlöser-Kirche in Jerusalem, 31. October. 1898.

Ottomar Anschütz, daglichtgelatinezilverdruk, 74,5 × 60,7 cm, Inv.nr. HuD 02579

Standplaats Huis Doorn: trapkamer

Recto in handschrift op passe-partout: *Einweihung / der Erlöser-Kirche in Jerusalem / 31. October, 1898.*

Stoet hoogwaardigheidsbekleders, de keizer in uniform van het *Garde du Corps* en de keizerin betreden de Verlosserkerk in Jeruzalem.

Lit. Goerke 1899; Palestina 1899; Wilderotter/Pohl 1991, p. 316.

[113]

Keizer Wilhelm II woont een godsdienstoefening bij in de *Ehrenhof* van het *Zeughaus* in Berlijn ter gelegenheid van de eeuwwisseling, 1 januari 1900

M. Ziesler, daglichtcollodiumzilverdruk (geretoucheerd), 34,2 × 43,7 cm, Inv.nr. HuD 03418

[114]

Keizer Wilhelm II woont een godsdienstoefening bij in de *Ehrenhof* van het *Zeughaus* in Berlijn ter gelegenheid van de eeuwwisseling, 1 januari 1900

Ottomar Anschütz, ontwikkelgelatinezilverdruk 47,6 × 61,5 cm, Inv.nr. HuD 07652

[115]

Saalburg, den 11.ten October 1900.

Ottomar Anschütz, ontwikkelgelatinezilverdruk (geretoucheerd), 39,6 × 59,7 cm

Recto in handschrift op passe-partout: *Saalburg, den 11.ten October 1900.*

Inv.nr. HuD 02297

Standplaats Huis Doorn: gang buiten dagslaapkamer Wilhelm

Op 11 oktober 1900 legde keizer Wilhelm II de eerste steen voor de herbouw van de Saalburg (bij Bad Homburg) tot Reichs-Limes-Museum. Behalve Wilhelm en Auguste-Victoria waren ook Wilhelms broer Heinrich en diens vrouw aanwezig, evenals figuranten verkleed als Romeinse soldaten.

Lit. Achenbach 1913, p. 277; Schöningen 1913, p. 111; Seidel 1907, p. 49-58; Wilderotter/Pohl 1991, p. 314.

[116]

Rekruten-Vereidigung Berlin 7. November 1900.

Anoniem, 37 × 52,7 cm, ontwikkelgelatinezilverdruk

Recto in handschrift op karton: *Rekruten-Vereidigung Berlin 7. November 1900.*

Inv.nr. HuD 03251

Beëdiging van rekruten in Berlijn, 7 november 1900.

[117]

Album: *Enthüllung des Denkmals Kaiser Wilhelms des Grossen auf der Brücke in Potsdam 11. April 1901.*

Anoniem, 36 × 44,5 × 6,5 cm, 16 platinadrukken en daglichtcollodiumzilverdrukken, Inv.nr. HuDF-A001

Onthulling van het monument ter ere van keizer Wilhelm I in Potsdam, 11 april 1901.

[118]

Album: *Zweihunderjahrfeier des preußischen Königtums, 17. I. 1901*

Ottomar Anschütz, 29,5 × 40,8 × 4,7 cm, 16 platinadrukken en daglichtcollodiumzilverdrukken, Inv.nr. HuDF-A090

Parade ter ere van het tweehonderdjarige bestaan van het Pruisische koningschap.

Lit. Achenbach 1913, p. 393.

[119]

Parade in Berlijn ter ere van het tweehonderdjarig
bestaan van het Pruisische koningschap,
18 januari 1901

Ottomar Anschütz, ontwikkelgelatinezilverdruk,
44×78,2 cm, Inv.nr. HuD 01112

Standplaats Huis Doorn: kleedkamer Wilhelm
Lit. Seidel 1907, p. 295.

---

[120]

Parade te Berlijn, 1903

Ottomar Anschütz, ontwikkelgelatinezilverdruk,
40×60,8 cm, Inv.nr. HuD 01107

---

[121]

Album: *Einweihung des Domes zu Berlin 27. Februar 1905.*
Anoniem, 33,5×44×5 cm, 10 daglichtcollodium-
zilverdrukken en ontwikkelgelatinezilverdrukken,
Inv.nr. HuDF-A008

Inwijding van de Dom in Berlijn, 27 februari 1905.
Lit. Seidel 1907, p. 86-97.

---

[122]

Intocht in Tanger, 1905

Anoniem, daglichtcollodiumzilverdruk,
17,3×22,6 cm

Recto in handschrift op karton: *Zur Erinnerung an die
Landung und den Einzug Seiner Majestät des Kaisers Wilhelm II
In Tanger (Marocco) a. 31.III.05. / Alleruntertänigst[?] gewidmet
von[?] Kammerherr von Schutzbar-Milchling. Rittmeister a.D.*
Inv.nr. HuD 03901

Lit. Zedlitz-Trützschler 1924, p. 126-128.

---

[123]

Keizer Wilhelm II en generaal von Hindenburg tijdens de *Kaisermanöver* van 1905

Oscar Tellgmann, daglichtcollodiumzilverdruk,
15,5×22,6 cm

---

[124]

Album: *Rekruten-Vereidigung in Berlin, 31. October 1908*
August Schweri e.a., 28×40×4,5 cm, 14 daglicht-
collodiumzilverdrukken en platinadrukken,
Inv.nr. HuDF-A019

Beëdiging van rekruten in Berlijn, 31 oktober 1908.

---

[125]

Kornblumtag Wiesbaden 1911

F. Lanzrath, ontwikkelgelatinezilverdruk,
28×38,1 cm, Inv.nr. HuD 03263

[126]

Album: *Zweihundertjahrfeier der Geburt weiland Seiner
Majestät des Königs Friedrichs des Grossen 24. Januar 1912.*
Ernst Eichgrün, W. Niederastroth (Selle & Kuntze),
Franz Tellgmann, Gebrüder Haeckel,
33,2×40,4×6,1 cm, 31 daglichtgelatinezilverdrukken
en ontwikkelgelatinezilverdrukken,
Inv.nr. HuDF-A053

Festiviteiten ter ere van de tweehonderdste geboortedag van Frederik de Grote in Potsdam,
24 januari 1912.
Lit. Schöningen 1913, p. 79.

---

[127]

Album: *Kaiser-Manöver 1912 I.*
Franz Tellgmann, 24,5×33,5×8,5 cm, 51 daglicht-
collodiumzilverdrukken, Inv.nr. HuDF-A015
Lit. Klebinder 1913, p. 41.

---

[128]

Album: *Kaiser-Manöver 1912 II.*
Oscar Tellgmann, 24,5×34×10 cm, 73 daglichtcollodiumzilverdrukken en ontwikkelgelatinezilverdrukken
Inv.nr. HuDF-A016

---

[129]

Album: *Kaiser-Manöver 1912 III.*
Franz Tellgmann, 24,5×33,5×9 cm, 58 daglichtcollodiumzilverdrukken, Inv.nr. HuDF-A017

---

[130]

Album: *Regierungsjubiläum Seiner Majestät des Kaisers
Juni 1913*
August Scherl, Otto Skowranek, 35×47×10 cm,
126 ontwikkelgelatinezilverdrukken,
Inv.nr. HuDF-A006

Album samengesteld met foto's van het vijfentwintigjarig regeringsjubileum van Wilhelm II.

---

[131]

Das letzte 'Ganze Halt' Kaisermanöver 1913 i. Schlesien,
1913 / 1924

Oscar Tellgmann, ontwikkelgelatinezilverdruk,
53,4×70,6 cm, Inv.nr. HuD 02237

Standplaats Huis Doorn: overloop eerste etage
De foto is door Oscar Tellgmann tijdens de *Kaisermanöver* van 1913 gemaakt en later, in 1924, vergroot
en aan Wilhelm geschonken. Op de foto zijn te zien:
Wilhelm II, Graf Helmuth von Moltke en de koning
van Griekenland, Constantijn I, die getrouwd was
met Wilhelms zuster Sophie.
Lit. Achenbach 1913, p. 157; Hochhut/Koch 2001, p. 313;
Schöningen 1913, p. 191; Wilderotter/Pohl 1991, p. 363.

[132]

*Einweihung der Erlöser-Kirche in Homburg v.d.H., 17 mei
1908*

H. Kumpf, heliogravure, 84,0×27,8 cm
Recto in handschrift: *Einweihung der Erlöser-Kirche in
Homburg v.d.H. / am 17. Mai 1908.*
Inv.nr. HuD 03252

---

[133]

*Schrippenfest op het plein (Mopke) tussen het Neues
Palais en de Communs Potsdam, z.j.*
Anoniem, daglichtcollodiumzilverdruk,
22,7×29,2 cm, Inv.nr. HuD 03413

Het jaarlijkse *Schrippenfest* vond plaats op tweede
pinksterdag en werd bijgewoond door de keizerlijke familie en diplomaten. Aanleiding was de her-
denking van de oprichting van het *Lehr-Infanterie-
Bataillon* door Frederik de Grote. Na het bijwonen
van een openluchtdienst op de *Mopke* werden de
traditionele rijst met rundvlees en pruimen en
kleine broodjes (*Schrippen*) gegeten.
Lit. Viktoria Luise 1967, p. 332-335; Viktoria Luise
1970, p. 174-175.

Schepen

[134]

*Meine Reiseerinnerungen an Bord S. M. Y. Hohenzollern von
1899 bis 1901*

Th. Jürgensen, daglichtcollodiumzilverdruk,
10×16,5 cm, Inv.nr. HuDF-A153-01

Voorblad van een album met een foto van de
Hohenzollern en een tekening in gouache van een
zeilboot met bemanning.
Lit. Lanitzki 2001, p. 109; Rapsilber [1911], z.p.

---

[135]

Um 1900 von Ihrer Majestät auf der 'Iduna' aufgenommen

Auguste-Victoria, daglichtgelatinezilverdruk,
7,7×5,5 cm

In handschrift op passe-partout: *um 1900 von Ihrer
Majestät auf / der 'Iduna' aufgenommen.*; verso in hand-
schrift: *1, S. M. der Kaiser u. König / 2, S. K. H. Prinz
Heinrich v. Pr. / 3, Kapitän zur See Graf Baudissin / Komndt
[=Kommandant] S M Y 'Hohenzollern' / 4, Oblt z. S. Karpf /
Kommandant I M Y 'Iduna'*

Foto gemaakt door Auguste-Victoria van Wilhelm
achter het roer van haar zeiljacht *Iduna*.

---

[136]

S. M. S. 'Deutschland', 20 november 1906

Carl Speck, ontwikkelgelatinezilverdruk,
22,2×28,1 cm

Recto in gouddruk op karton: *S. M. S. 'Deutschland' /
20. November 1906.*; verso in handschrift:
20 November 1906. / Neues Palais; verso in handschrift
op etiket: *Königl. Neues-Palais.*
Inv.nr. HuD 03410

---

[137]

Album: *Bouw van de Meteor IV, 1909*
Anoniem, 37,1×47,2×7,2 cm, 40 ontwikkelgelatinezilverdrukken

Stempel in album: *Eigentum Sr. Majestät S. M. S.
'Hohenzollern'*
Inv.nr. HuDF-A043

De keizer was een gepassioneerd zeiler die met zijn
snelle en elegante zeiljachten, alle *Meteor* genaamd,
een succesvol deelnemer aan menig zeilrace was,
waaronder de regatta's in het Engelse Cowes op het
eiland Wight en, vanaf 1894, de naar deze race
gemodelleerde Kieler Woche. Elke paar jaar liet
Wilhelm een nieuwe *Meteor* bouwen die nog sneller
en nog geavanceerder moest worden. Waren de
eerste drie Meteoren nog op Britse en Amerikaanse
werven gebouwd, de vierde werd 'van kiel tot vlag-
genmast' van Duitse makelij. Jachtbouwer Max
Oertz ontwierp het schip dat op de Germania-werf
van de staalfirma Krupp in Kiel werd gebouwd:
kosten 700.000 goudmark. In 1909 nam de *Meteor IV*

voor het eerst deel aan de *Kieler Woche*. De firma Krupp of de keizer zelf – wie de opdrachtgever is geweest wordt niet duidelijk – heeft van deze eerste Duitse *Meteor* dit album laten samenstellen met foto's van de bouw van het schip in verschillende stadia, de doop, de tewaterlating, het interieur en exterieur, zowel in overzicht als in detail.
Lit. Achenbach 1913, p. 233-239; Boven 1998; Lammerting 1999; Schöningen 1913, p. 132.

---

[138]
S.M. Linienschiff 'Kaiser' August 1912, 27 augustus 1912
Anoniem, ontwikkelgelatinezilverdruk,
21,3 × 28,6 cm
In handschrift op karton: *S. M. Linienschiff 'Kaiser' / August 1912.; verso in handschrift: Pl. No. 297 / K.W. Kiel. / S. M. Linienschiff 'Kaiser' / St. B. Ansicht / Aufgen. am 27. 8. 1912 / Kais. Werft Kiel. / Berlin*
Inv.nr. HUD 03254

---

[139]
Stoomschepen in de haven van Kiel tijdens de *Kieler Woche*, mei 1912
Arthur Renard, ontwikkelgelatinezilverdruk (geretoucheerd met houtskool), 40,8 × 97,2 cm,
Inv.nr. HUD 03250
Lit. Lanitzki 2001.

---

[140]
S.M. Panzerschiff Weißenburg, ca. 1899
Arthur Renard (toegeschreven), ontwikkelgelatinezilverdruk (geretoucheerd met potlood en gouache), 58,5 × 72,5 cm, Inv.nr. HUD 03249
In 1899 kreeg admiraal Alfred von Tirpitz, een van de belangrijkste uitvoerders van Wilhelms marine-politiek, het idee om de keizer een serie schilderijen van alle Duitse slagschepen aan te bieden. Hij wist dat Wilhelm ook in kunst geïnteresseerd was en hoopte zo op subtiele wijze kenbaar te maken dat er nog meer en grotere schepen voor de marine gewenst waren. Omdat Wilhelms favoriete kunstenaars Bohrdt, Saltzmann en Stöwer vooral geromantiseerde werken maakten viel de keus voor deze opdracht op de schilder Graf. Het ging Tirpitz namelijk om een realistische uitwerking van de opdracht waarbij alle details klopten. Graf diende naar fotografische voorbeelden te werken. Daarvoor werden in ieder geval foto's van Arthur Renard gebruikt en wellicht ook van Th. Jürgensen, twee van de belangrijkste marinefotografen uit Duitsland en allebei afkomstig uit de havenstad Kiel. De meeste opnames werden in de haven gemaakt, op de rede of in het Kaiser-Wilhelm-Kanal bij Lebensau. Op volle zee zou het met een platencamera vanwege de deining niet gemakkelijk werken zijn geweest. Graf lijkt de foto's vrij precies te hebben gevolgd

zoals bijvoorbeeld blijkt uit een vergelijking tussen deze foto van pantserschip *Weißenburg* uit de collectie in Doorn en een litho naar het schilderij: hetzelfde standpunt, dezelfde kustlijn. Al eind 1900 kon Graf de bestelde 35 schilderijen aan Tirpitz presenteren, in 1903 volgden er nog drie. Tirpitz liet er direct voor het publiek ook een map met grote lithografieën naar vervaardigen die als *Wandschmuck* zowel een eenvoudige werkkamer als een luxueus ingerichte salon konden opsieren, aldus de admiraal op het schutblad.
Lit. Lanitzki 2001.

---

[141]
S.M.S. König Wilhelm, 23-27 november 1896
Arthur Renard, ontwikkelgelatinezilverdruk,
43 × 52,3 cm
Recto in handschrift op karton: *S.M.S. König Wilhelm. / Kiel 23. bis 27. November 1896.*
Inv.nr. HUD 08339
Lit. Lanitzki 2001.

---

[142]
'S.M.S. Charlotte' 1901.
Arthur Renard, ontwikkelgelatinedruk,
40,5 × 5252 cm
Recto in handschrift op karton: *S.M.S. 'Charlotte' 1901.*
Lit. Lanitzki 2001

Jacht

[143]
Wilhelm II met Fürst Lippe Bückeburg bij geschoten herten, 1902
G. Klimmer, ontwikkelgelatinezilverdruk,
6,9 × 22,7 cm
Recto in handschrift op karton onder foto:
Fürst Georg Lippe Bückeburg / Lucanus Plessen, v.Heintze

---

[144]
Album: *Karapansca September 1903*
Anoniem, 6 daglichtcollodiumzilverdrukken
A Wilhelm II in jachtkostuum met twee onbekende vrouwen
19,1 × 23,6 cm, Inv.nr. HUDF-A113-07
B Twee geschoten herten
17,4 × 23,7 cm, Inv.nr. HUDF-A113-034

---

[145]
Rominten 1906
Auguste-Victoria, 15 ontwikkelgelatinezilverdrukken in lijst
Recto in handschrift op passe-partout:
Aufgenommmen von Ihrer Majestät der Kaiserin und Königin / Rominten 1906.
Inv.nr. HUD 02573
Rominten in Oost-Pruisen was een van de geliefde jachtverblijven van de keizerlijke familie. Op de foto's zijn te zien: *Geweihparade* (uitstalling van geweien van geschoten herten), dode herten, Viktoria Luise, het jachtslot met Viktoria Luise.

---

[146]
Album: *Hofjagd in Letzlingen 9. November 1912*
anoniem, 21 × 30,5 × 7 cm, 21 ontwikkelgelatinezilverdrukken, Inv.nr. HUDF-A055
Hofjacht in Letzlingen, 9 november 1912

---

[147]
Sammlung von Jachttrophäen Seiner Majestät des Kaisers und Königs in Schloß zu Schwedt a.d. Oder, 11 april 1932
Kuhnt / Verlag Scherl, 6 ontwikkelgelatinezilverdrukken
A *Zimmer Goldap*
17,6 × 23,7 cm
B *Hertenschedels met geweien*
23,7 × 17,6 cm
C *Zimmer Schaufler*
17,6 × 23,7 cm
D *Zimmer Goldap*
23,7 × 17,6 cm
Lit. Genthe 1913; Schwedt.

Reizen

[148]
Album: *Curtea de Arges*, 1854
Carol Popp Szathmari, 29,8 × 26 × 2,5 cm,
18 zoutdrukken, Inv.nr. HUDF-A165
Lit. Schuller-Procopovici 1989, p. 438-457.

---

[149]
Jongens met amforen, Taormina, Sicilië, 1903
Wilhelm von Gloeden, ontwikkelgelatinezilverdruk, 36,3 × 26,3 cm, Inv.nr. HUD 03959
Volgens de inventarislijsten die rond 1936 in Doorn gemaakt zijn, hingen in de kamer van een van de bedienden in het koetshuis van Huis Doorn drie foto's van Von Gloeden. Deze zijn alledrie nog in de collectie aanwezig.
Lit. Weiermair 1996.

---

[150]
Album: *Nordlandreise 1903 I.*
Anoniem, 38 × 30,5 × 5,5 cm, 42 ontwikkelgelatinezilverdrukken, Inv.nr. HUDF-A025

---

[151]
Album: *Kieler Woche und Ostsee-Reise 1905 I.*
Anoniem, 33 × 41,5 × 7,5 cm, 63 ontwikkelgelatinezilverdrukken, Inv.nr. HUDF-A035

---

[152]
Album: *Ostsee-Reise 1905 II.*
Anoniem, 33,5 × 41 × 7 cm, 60 ontwikkelgelatinezilverdrukken, Inv.nr. HUDF-A036

---

[153]
Album: *Mittelrmeer-Reise 1905 II.*
Anoniem, 41 × 48,2 × 5,8 cm, 124 ontwikkelgelatinezilverdrukken, Inv.nr. HUDF-A039

---

[154]
Album: *Nordlandreise 1906 II.*
Anoniem, 40 × 28,5 × 8,5 cm, 83 ontwikkelgelatinezilverdrukken, Inv.nr. HUDF-A030

---

[155]
Album: *Nordlandreise 1907*
Th. Jürgensen (toegeschreven), 34 × 26 × 9,5 cm, 60 ontwikkelgelatinezilverdrukken,
Inv.nr. HUDF-A033

[156]

Album: *Kieler Woche, Nordlandreise und Anwesenheit in Stockholm 1908.*

Anoniem, 30 × 43,5 × 6,5 cm, 86 ontwikkelgelatinezilverdrukken, Inv.nr. HuDF-A031

[157]

Album: *Mittelmeer-Reise 1911 I.*

Th. Jürgensen, 40,5 × 28,5 × 8 cm, 37 ontwikkelgelatinezilverdrukken, Inv.nr. HuDF-A040

[158]

Album: *Mittelmeer-Reise 1911 II.*

Th. Jürgensen, 40,5 × 28,5 × 8 cm, 89 ontwikkelgelatinezilverdrukken, Inv.nr. HuDF-A041

[159]

Balholm 1913

Anoniem, 8 ontwikkelgelatinezilverdrukken in lijst 27,8 × 66,2 cm, Inv.nr. HuD 01034

Op een van de foto's staat het *König-Bele-Standbild* in Balstrand, gemaakt door Emil Graf von Schlitz, genaamd Görtz. Het verhaal van koning Bele is afkomstig uit de 'Frithiofs saga' van Esaias Tegnérs (1825) waarvoor Wilhelm grote belangstelling had. In 1910 besloot hij momumenten op te richten voor Frithiof en koning Bele. Bele stond, in zijn verhouding tot zijn trouwe vazal Torsten Vikingsson, model voor de konings- en mannentrouw. De inwijding van het Frithiofmonument vond plaats op 31 juli 1913, dat van koning Bele werd in 1912 voltooid.

Lit: Marschall 1991, p.83-88.

Dierbare plekken

[160]

Portfolio: *Cadinen*, 1902

Ottomar Anschütz, bladen: 38,8 × 27,9 cm, 179 ontwikkelgelatinezilverdrukken, Inv.nr. HuDF-A072

Dit portfolio is ook gepubliceerd in de vorm van een boek, zie cat. 161.

[161]

Boek: *Cadinen, Sommeraufenthalt der Deutschen Kaiserfamilie, mit allerhöchster Genehmigung zum Besten der durch die Wassernot geschädigten, herausgegeben von Ottomar Anschütz*

Bibl.nr. 32 A 64

[162]

Groepsportret met Wilhelm II en Auguste-Victoria bij het *Achilleion*, Corfoe, april 1909

Anoniem, ontwikkelgelatinezilverdruk, 28,4 × 22 cm

Foto heeft waarschijnlijk op de *Hohenzollern* gehangen.

[163]

Achilleion 1911

Th. Jürgensen, 8 ontwikkelgelatinezilverdrukken in lijst, 39,2 × 47,2 cm

In handschrift op passe-partout: *Achilleion 1911*

Inv.nr. HuD 3459

Foto's van het Achilleion, terras en park met de beelden van Apollo en de stervende Achilles en de ronde tempel met het beeld van keizerin Elisabeth van Oostenrijk.

[164]

Bevolking van Corfoe, ca. 1914

Studio Ottomar Anschütz of Th. Jürgensen 4 ontwikkelgelatinezilverdrukken

A Bevolking in klederdracht
27,2 × 28,2 cm
B Bevolking in klederdracht bij boom
27,9 × 28,2 cm
C Man en kind onder boom
27,5 × 27,6 cm
D Mannen bij boom
27,7 × 27,9 cm

[165]

Opgraving van de Gorgo op Corfoe, 1911

Th. Jürgensen, 4 ontwikkelgelatinezilverdrukken

A Keizerlijk gezelschap bij de opgraving
11,2 × 16,3 cm
B Kop van de Gorgo
10 × 14,6 cm

C Wilhelm in gesprek met archeoloog Wilhelm Dörpfeld
11,2 × 15,9 cm
D Lijf van de Gorgo
10,5 × 15,3 cm

Lit. Achenbach 1913, p. 286; Schöningen 1913, p. 166; Wilhelm 1936.

[166]

Portfolio: *Cadinen 1932*

Anoniem, 62 × 36,5 × 5 cm, 57 ontwikkelgelatinezilverdrukken, Inv.nr. HuDF-A189

A Majolicadreher bei der Arbeit
23,8 × 16,2 cm, Inv.nr. HuDF-A189-11
B Der Hafen in Cadinen
23,4 × 17,5 cm, Inv.nr. HuDF-A189-30

[167]

Portfolio: *Cadinen en omgeving, ca. 1930*

Anoniem, 60 × 45,5 × 3,5 cm, 27 ontwikkelgelatinezilverdrukken, Inv.nr. HuDF-A190

A *Herbststimmung im Park.*
22 × 29,1 cm, Inv.nr. HuDF-A190-01
B *Winterbild vom Schloss.*
23 × 28,4 cm, Inv.nr. HuDF-A190-27
C *Abendstimmung am Haff*
28,8 × 22,3 cm, Inv.nr. HuDF-A190-25
D *Sturmabend am Haff*
28,5 × 23,1 cm, Inv.nr. HuDF-A190-24

Eerste Wereld Oorlog

[168]

Afscheid van het 1. Garde Regiment zu Fuß in Potsdam, 9 augustus 1914

Ernst Eichgrün, ontwikkelgelatinezilverdruk, 25,1 × 28,7 cm

Recto in handschrift op karton: *Potsdam. / 9.August 1914. / (Phot. Eichgrün.)*

Inv.nr. HuDF-EW01-13

[169]

Wilhelm II in Baranowitschi in het toenmalige Rusland, 11 november 1915

Anoniem, ontwikkelgelatinezilverdruk, 48,5 × 37,8 cm

Verso in handschrift: *Baranowitschi, / 11.11.1915.*

[170]

Aankomst van keizer Ferdinand van Bulgarije in Nisch in Servië, 18 januari 1916

Anoniem, ontwikkelgelatinezilverdruk, 17,5 × 27,3 cm

Verso foto in handschrift: *Ankunft Ihr. Majestäten auf der / Citadelle in Nisch 18. 1 16.*; verso stempel: *Königl. Pr. Armee-Flug-Park 13*; in handschrift op karton: *Ankunft Seiner Majestät der Kaiser mit Seiner Majestät Zar Ferdinand auf der Zitadelle von Nisch. / 18.Januari 1916. / (Phot. Armee-Flugpark 13.)*

Inv.nr. HuDF-EW06-003

[171]

Keizer Wilhelm II op de uitkijk bij Verdun, 26 februari 1916

Anoniem, ontwikkelgelatinezilverdrukken

A 12,7 × 7,6 cm
Verso foto in handschrift op karton: *Seine Majestät auf dem Gündelturm / Beobachtungs-stand der Artillerie vor V[erdun] / 26. II. 1916.* In handschrift op karton: *Seine Majestät der Kaiser auf dem Gündelturm. / 26. Februar 1916.*
Inv.nr. HuDF-EW06-030
B 12,6 × 7,4 cm
Verso foto in handschrift op karton: *[Sei]ne Majestät beobachtet vom Gün[delturm] / ein Artilleriebeobachtungs-stand der / [...] Festung Verdun. / 26. II. 1916.*
In handschrift op karton: zie cat. 171-a
Inv.nr. HuDF-EW06-031

[172]

Parade bij Märchingen, 14 december 1916

Eugen Jacobi, ontwikkelgelatinezilverdrukken

A 15,9 × 21,7 cm
Recto in handschrift op karton: *Parade der 14. Inf. Brig. bei Märchingen. / 14. Dezember 1916. / (Phot. Jacobi.)*
Inv.nr. HuDF-EW11-007
B 15,8 × 21,8 cm
Recto in handschrift op karton: *Parade der 14.*

Inf. Brig. bei Märchingen. / 14. Dezember 1916. / (Phot. Jacobi.)
Inv.nr. HuDF-EW11-015

[173]

Keizer Wilhelm II in Pleß in Silezië, winter 1916
Jagusch, ontwikkelgelatinezilverdruk, 23,3 × 17,1 cm

[174]

Keizer Wilhelm II met de generaals Hindenburg en
Ludendorff in het hoofdkwartier te Pleß, 1916-1917
Anoniem, ontwikkelgelatinezilverdruk,
16,4 × 22,5 cm, Inv.nr. HuD 03434
Lit. Wilderotter/Pohl 1991, p. 372.

[175]

Keizer Wilhelm II en Generaloberst Hans von Seeckt in
een loopgraaf op de Tartarenpas, 28 september 1917
Anoniem, ontwikkelgelatinezilverdruk, 22,8 × 16 cm
Recto in handschrift op foto: Tartarenpaß 28/IX-17.
Lit: Wilderotter/Pohl 1991, p. 370.

[176]

Keizer Wilhelm II in overleg met officieren op de
Tartarenpas, 28 september 1917
ontwikkelgelatinezilverdrukken
A 7,3 × 12,5 cm
Recto in handschrift op karton: Tartarenpaß – Sümaren. /
28. September 1917.
Inv.nr. HuDF-EW17-048
B 7,4 × 12,4 cm
Recto in handschrift op karton: Tartarenpaß – Sümaren. /
28. September 1917.
Inv.nr. HuDF-EW17-049

[177]

Wilhelm II in uniform van een Turkse veldmaar-
schalk in Constantinopel, oktober 1917.
Anoniem, ontwikkelgelatinezilverdruk, 22,3 × 16,4 cm
Keizer Wilhelm II in Turks uniform met het krom-
zwaard dat hij van sultan Abdülhamid ten geschenke
had gekregen tijdens zijn bezoek aan Constantinopel
van 15 tot 18 oktober 1917. De keizer draagt de versierselen van de Nishan Imtiza Orde; de borstster is
nog in de collectie van Huis Doorn aanwezig
(Inv.nr. HuD 02554).
Lit. Verroen/Tex 2002, p. 28.

[179]

Twee ordners met foto's uit de Eerste
Wereldoorlog, 1914-1918

Ballingschap in Amerongen en Doorn

[180]

Graaf Godard van Aldenburg-Bentinck (1857-1940),
ca. 1930
Francis Kramer, ontwikkelgelatinezilverdruk,
23,6 × 17,6 cm, Inv.nr. HuD 00151

[181]

Bomen kappen in het park van Huis Doorn, 1925
Elfriede Reichelt, ontwikkelgelatinezilverdruk,
16,7 × 22,7 cm
Van links naar rechts: keizer Wilhelm II, vleugeladjudant Sigurd von Ilsemann en majoor van Houten.

[182]

Theepauze bij de houthakkershut, ca. 1925
Anoniem, ontwikkelgelatinezilverdruk, 29,4 × 39 cm
Van links naar rechts: generaal von Dommes, keizer
Wilhelm II, vleugeladjudant Sigurd von Ilsemann,
dr. Viereck en majoor van Houten. Lit. Ilsemann
1968 (1), p. 224-225; Wilderotter/Pohl 1991, p. 189.

[183]

Doos: Huis Doorn in september 1933
Oscar Tellgmann, 20,3 × 27,4 × 3,3 cm, 65 ontwikkelgelatinezilverdrukken, Inv.nr. HuDF-A199
De verzameling bevat foto's met het exterieur, het
interieur en het park van Huis Doorn, evenals portretten van Wilhelm en Hermine. De verzameling is
in 1998 aangekocht met steun van het Anjerfonds
Utrecht en de Stichting Vrienden van Huis Doorn.

[184]

Huwelijk van prins Louis Ferdinand van Pruisen en
Kira Kiryllovna, grootvorstin van Rusland in
Doorn, 4 mei 1938
A Bruidspaar met Hermine en Wilhelm
Ernst Sandau, ontwikkelgelatinezilverdruk,
14,7 × 10,5 cm
B Bruidspaar met gasten in de vestibule van
Huis Doorn
Ernst Sandau / Verlag W. Kraatz, ontwikkelgelatine-
zilverdruk, 9,2 × 14,1 cm
Onder de gasten: Prinses Juliana als bruidsmeisje en
prins Bernhard; een variant in de serie van Sandau
toont Wilhelm en Kira in een onderonsje.
Lit. Kiste 1994, p.206.
C Handen van het bruidspaar
Ernst Sandau (toegeschreven) / The Associated Press
of Great Britain, ontwikkelgelatinezilverdruk,
12 × 16,6 cm
Verso in handschrift: Hochzeit Prinz Louis Ferdinand v. Pr. /
+ Prinzessin Kira v. Pr. / 2.V. 1938 Ausschnitt)

Diversen

[185]

A Album: Kaiser-Sammlung I, 1897
25 × 35 × 2,5 cm, 42 foto's, Inv.nr. HuDF-A185
Album samengesteld door Wilhelm von Holthoff
von Fassman en later aan Wilhelm II geschonken.
B Album: Kaiser-Sammlung II, 1898
25 × 33,5 × 5 cm, 53 foto's, Inv.nr. HuDF-A186
Album samengesteld door Wilhelm von Holthoff
von Fassman en later aan Wilhelm II geschonken.

[186]

Portret van de latere koning George V van Groot
Brittannië en Ierland, ca 1890
W. Höffert, albuminedruk, 45,8 × 36,5 cm
Verso in druk op etiket: Eigentum / Ihrer Majestät der
Kaiserin.
Inv.nr. HuD 03454

[187]

Prinses Juliana, ca. 1911
Guy de Coral & Co, ontwikkelgelatinezilverdruk,
10,2 × 7,1 cm

[188]

Kamerscherm met 106 fotoportretten
Lit. Verroen 2000.

[189]

Doos: Zum 27. Jänner 1920
Viktoria Luise (toegeschreven), 35 × 45 × 10 cm
13 ontwikkelgelatinezilverdrukken en daglichtgelatinezilverdrukken in de deksel van een doos
Buitenkant in druk: S.M.S. Meteor, Hohekönigsburg i.e.,
S.M.S. Hohenzollern, Rominten, Berlin, Neues Palais (2x);
binnenkant in druk: Cadinen, Wilhelmshöhe, Bellevue,
Harburg, Neues Palais, Achilleion
Wilhelm kreeg deze doos voor zijn verjaardag op 27
januari 1920 met foto's op en in de deksel van al zijn
dierbare plekken in Duitsland. Vermoedelijk zijn
de foto's gemaakt door zijn dochter Viktoria Luise:
op de foto van Rominten is de schaduw van de fotografe te zien. Hoogstwaarschijnlijk zijn de foto's
vóór 1914 gemaakt.

Wilhelm als Prinz, Kronprinz und Kaiser

[1]

16 Cartes-de-visite mit Jugendporträts von Kaiser
Wilhelm II.
Lit. Achenbach 1913; Müller-Bohn 1900; Ohln 1913;
Rogasch 1997; Schöningen 1913; Wilderotter/Pohl 1991,
S. 243-245.
A Wilhelm, ca. 1860
L. Haase & Co., Albumindruck, 8,4 × 5,3 cm,
Inv.Nr. HuDF-P0057
B Wilhelm, Februar 1861
L. Haase & Co., Albumindruck, 7,9 × 5,3 cm
Auf Karton gedruckt: Februar 1861 nach der Natur photo-
graphirt / von L. Haase & Co Königl. Hofphotographen Berlin. /
Friedrich Wilhelm Victor Albert / Prinz von Preußen
Inv.Nr. HuDF-P0054
C Wilhelm gekleidet in schottisches Royal Stewart mit
seiner Schwester Charlotte, 1863
Heinrich Graf, Albumindruck, 8,7 × 5,4 cm ,
Inv.Nr. HuDF-P0066
D Wilhelm, ca. 1863
Hermann Günther, Albumindruck, 8,5 × 5,6 cm,
Inv.Nr. HuDF-P0058
E Wilhelm und Charlotte, ca. 1864
Hermann Selle, Albumindruck, 8,1 × 5,2 cm
Rückseite in Handschrift: Friedrich Wilhelm / Victor Albert /
Prinz v. Preußen / mit seiner Schwester / Charlotte / 8.
Inv.Nr. HuDF-P0060
F Wilhelm, ca. 1864
Hermann Selle, Albumindruck
8,6 × 5,4 cm, Inv.Nr. HuDF-P0053
G Wilhelm, Februar 1867
Carl Wigand, Albumindruck, 8,6 × 5,5 cm,
Inv.Nr. HuDF-P0061
H Wilhelm, Februar 1867
Carl Wigand, Albumindruck, 8,6 × 5,5 cm,
Inv.Nr. HuDF-P0062
I Wilhelm, Februar 1867
Carl Wigand, Albumindruck, 9 × 5,7 cm,
Inv.Nr. HuDF-P0063
J Wilhelm, 21. Dezember 1867
Heinrich Graf, Albumindruck, 8,9 × 5,4 cm
Vorderseite in Handschrift auf Karton:
21. Dezember 1867.
Inv.Nr. HuDF-P0068
K Wilhelm, 21. Dezember 1867
Heinrich Graf, Albumindruck, 8,9 × 5,5 cm
Vorderseite in Handschrift auf Karton:
21. Dezember 1867
Inv.Nr. HuDF-P0069
L Wilhelm in der Uniform des 1. Garde Regiments
zu Fuß,1869
W.M. Thomson, Albumindruck, 8,3 × 5,1 cm
Vorderseite in Handschrift auf Karton: Prince of Prussia [2x];
Rückseite in Handschrift: Prince of Prussia [4x] / Prince
Inv.Nr. HuD 04899; HuDF-P0078
Traditionsgemäß wurde jeder Hohenzollernprinz an

seinem zehnten Geburtstag in das *1.Garde Regiment zu Fuß* aufgenommen. Wilhelm scheint auf diesem Foto seine Unterschrift geübt zu haben.
Lit. Achenbach 1913, S. 5-7; Kohut 1991, S. 70; Ohln 1913, S. 6.

M **Wilhelm in der Uniform des *1. Garde Regiments zu Fuß*, 31. Januar 1869**
Heinrich Graf, Albumindruck, 8,9 × 5,4 cm
Vorderseite in Handschrift auf Karton: *31. Januar 1869*
Inv.Nr. HUDF-P0071

N **Wilhelm, 10. August 1870**
Heinrich Graf, Albumindruck, 8,9 × 5,5 cm
Vorderseite in Handschrift auf Karton: *10. August 1870*
Inv.Nr. HUDF-P0073

O **Wilhelm, 7. April 1873**
Heinrich Graf, Albumindruck, 8,9 × 5,5 cm
Vorderseite in Handschrift auf Karton: *7. April 1873*
Inv.Nr. HUDF-P0076

S **Wilhelm, 7. April 1873**
Heinrich Graf, Albumindruck, 8,9 × 5,5 cm
Vorderseite in Handschrift auf Karton: *7. April 1873*
Inv.Nr. HUDF-P0077

[2]

Albumseite mit sieben *Cartes-de-visite* Jugend-porträts von Kaiser Wilhelm II. und seiner Schwester Charlotte, 1861-1875
Lit. Achenbach 1913; Müller-Bohn 1900; Wilderotter/Pohl 1991, S. 243-245.

A **Charlotte, ca. 1863**
Hermann Günther, Albumindruck, 8,4 × 5,3 cm,
Inv.Nr. HUDF-P0085

B **Wilhelm auf seinem Pferd *Brittannia* vor dem Neuen Palais zu Potsdam, ca. 1866**
H. Schnaebeli, Albumindruck, 8,7 × 5,7 cm
Vorderseite in Handschrift auf Karton: *Prinz Wilhelm auf 'Brittannia' (Geschenk / des alten Herrn von Krupp) 1866.*
Inv.Nr. HUDF-P0086

C **Wilhelm in Armsessel, 1873**
Heinrich Graf , Albumindruck, 8,7 × 5,4 cm ,
Inv.Nr. HUDF-P0087
Lit. Achenbach 1913, S. 4; Ohln 1913, S. 4; Schöningen 1913, S. 8.

D **Wilhelm in der Uniform des *1. Garde Regiments zu Fuß*, 1873**
Anonym, Albumindruck, 8,6 × 5,4 cm
Auf Karton gedruckt: *Friedrich Wilhelm / Prinz von Preußen.*
Inv.Nr. HUDF-P0084

E **Wilhelm gekleidet im Stil schottischer *Royal Stewart*, ca. 1863**
Hermann Günther, Albumindruck, 8,1 × 5,2 cm,
Inv.Nr. HUDF-P0082

F **Wilhelm, ca. 1863**
Hermann Günther, Albumindruck (koloriert),
8,5 × 5,6 cm, Inv.Nr. HUDF-P0081

G **Wilhelm mit Holzpferd, ca. 1861**
L. Haase & Co., Albumindruck, 7,9 × 5,3 cm,
Auf Karton gedruckt: *Februar 1861 nach der Natur photo-*

graphirt / *von L. Haase & Co Königl. Hofphotographen. Berlin / Friedrich Wilhelm Victor Albert / Prinz von Preußen / 1862*
Inv.Nr. HUDF-P0080

H **Vicky mit Baby Wilhelm, nach einer Fotografie aus dem Jahre 1859**
Autotypie, 14,3 × 9,3 cm
Abzug: *Kronprinzessin Victoria (spätere Kaiserin Friedrich) / mit dem neugeborenen Prinzen Wilhelm, dem späteren Kaiser Wilhelm II., im Februar 1859*
HUDF-P0083
Lit. Achenbach 1913, S. 2.

[3]

Wilhelm in der Uniform des *1. Garde Regiments zu Fuß* mit zwei Kameraden, ca. 1880
Anonym, Ferrotypie, 9,1 × 5,9 cm, Inv.Nr. HUDF-P0079

[4]

Kaiser Wilhelm II. im Überrock eines *Dragoner Regiments* (möglicherweise das *Württemberger Dragoner Regiment von Königin Olga Nr.25*), 1889
M. Ziesler, Albumindruck, 18,7 × 12 cm,
Inv.Nr. HUDF-P0110
Der Degengriff auf dem Foto ist Teil der Ausstellung in Haus Doorn (Inv.Nr.HUD 04141).

[5]

Kaiser Wilhelm II. in der Admiralsuniform an Bord der *Hohenzollern*, ca. 1895
Anonym, Gelatine-Silberdruck, 35,9 × 27,5 cm,
Inv.Nr. HUDF-P0139

[6]

Wilhelm II. in der Uniform seines früheren Studentencorps in Bonn, 1897
Reichard & Lindner, Platindruck, 15 × 10,4 cm,
Inv.Nr. HUDF-P0099
Es gibt eine Variante dieses Fotos mit dem Kaiser ohne Kopfbedeckung. Wilhelm studierte zwischen 1877 und 1879 vier Semester in Bonn und war dort Mitglied der S.C. Borussia. Das einzige Foto von Wilhelm als Student, aufgenommen von Theo Schafgans, diente als Vorbild für ein Gemälde von K. Rumpel. Nach einer Variante dieses Fotos fertigte im selben Jahr L. Noster ein Gemälde an.
Lit. Achenbach 1913, S. 19-22; Eulenburg 1906, S. 332; Gerhardt 1918, S. 257, 295; Jonge 1986, S. 47; Ohln 1913, S. 18; Röhl 1993, S. 289-319; Schöningen 1913, S. 20.

[7]

Kaiser Wilhelm II. in der Uniform der *Garde du Corps*, 1898
Reichard & Lindner, Platindruck (retuschiert),
30 × 20,6 cm

[8]

Kaiser Wilhelm II. in der Uniform des *Leib Garde Husaren Regiments*, 1895-1900
W.S. Stuart, Gelatine-Silberdruck, 21,3 × 11,6 cm,
Inv.Nr. HUDF-P0124

[9]

Kaiser Wilhelm II. in der Uniform des *Kaiserlichen und Königlichen Österreichischen Heeres Husaren Rgt. Wilhelm II., Deutscher Kaiser und König von Preußen Nr. 7*, 1902
T.H. Voigt, Gelatine-Silberdruck, 22,6 × 14,7 cm,
Inv.Nr. HUDF-P0217

[10]

Kaiser Wilhelm II. in der Uniform des Johanniterordens, 1902
T.H. Voigt, Gelatine-Silberdruck, 23 × 13,3 cm,
Inv.Nr. HUDF-P0220
Der Johanniterorden wurde als Wohltätigkeitseinrich-tung in der Zeit der Kreuzzüge gegründet. 1812 wurde unter der Schirmherrschaft des Preußischen Königs der Evangelische Preußische Johanniterorden gegründet. So war die Gastfreundschaft, die Graf Bentinck dem ver-bannten deutschen Kaiser 1918 gewährte, zum Teil in der Mitgliedschaft des Ordens begründet: Die Mitglie-der hatten einander unter allen Umständen beizustehen. Wilhelm ließ sich nicht nur in der Uniform des Ordens fotografieren (hier anlässlich der festlichen Wiedereröff-nung des Schlosses Marienburg am 5. Juni 1902), sondern ließ auch von Emil Döppler ein Aquarell anfertigen.
Lit. Wilderotter/Pohl 1991, S.312-316.

[11]

Kaiser Wilhelm II. in der Uniform der Ungarischen Husaren, 1902
T.H. Voigt, Gelatine-Silberdruck, 22,2 × 14,3 cm,
Inv.Nr. HUDF-P0225

[12]

Kaiser Wilhelm II. in der Uniform eines *Generalkapitäns der Kgl. Spanischen Armee*, 1905
T.H. Voigt, Gelatine-Silberdruck, 22,1 × 15,1 cm,
Inv.Nr. HUDF-P0224, Lit. Wilderotter/Pohl 1991, S. 248.

[13]

Kaiser Wilhelm II. in Admiralsuniform der deutschen kaiserlichen Marine, ca. 1905
T.H. Voigt, Gelatine-Silberdruck, 21,4 × 15,4 cm,
Inv.Nr. HUDF-P0223
Von diesem Foto gibt es auch eine Variante; die zu dieser Uniform gehörende Kopfbedeckung ist Bestandteil der Ausstellung des Museums Haus Doorn (Inv.Nr.HUD 10506). Lit. Mumm 1915, S. 34.

[14]

Kaiser Wilhelm II. in der Uniform der *Garde du Corps*, ca. 1895
Anonym, Gelatine-Silberdruck, 29,7 × 17,7 cm,
Inv.Nr. HUD 00954
Standort Haus Doorn: Ruheraum Auguste Viktoria
Auf dem Porträt, das Ottomar Anschütz im Jahre 1900 von Kaiserin Auguste Viktoria machte (Kat. 42) steht dieses Foto auf einer Kommode neben der Kaiserin.

[15]

Kaiser Wilhelm II. in Galaanzug oder im Jägerrock mit dem Hosenbandorden, ca. 1907
Anonym, Dreifarbenpigmentdruck, 22,3 × 17,3 cm,
Inv.Nr. HUDF-P0090
Ein besonderes Foto wegen des experimentellen Farb-verfahrens. Als Fotomontage mit einem Porträt der Kaiserin wurde dieses Foto als Doppelporträt veröffent-licht in *Het Leeven* im Jahre 1907. In der Sammlung befindet sich eine Variante (Gelatine-Silberdruck) in Großformat, mit Holzkohle bearbeitet.
Lit. *Het Leeven Geïllustreerd*, 2 (8. November 1907) 45, S. 1409; Rogasch 1997, S. 15, S. 276; Seidel 1907, S. 212 ff.

[16]

Kaiser Wilhelm II. im Talar eines *Doctor of Civil Law*, 1908
Alfred Schwarz (zugeschrieben), Gelatine-Silberdruck, 27,3 × 21 cm, Inv.Nr. HUD 03399
Dieses Foto wurde mit zwei weiteren Varianten aufge-nommen als Wilhelm vor einem Gemälde posierte, das der Hofmaler Alfred Schwarz anfertigte anlässlich der Verleihung der Ehrendoktorwürde im Fachbereich Jura der Universität Oxford, die Wilhelm am 15. November 1907 verliehen wurde. Zum Dank für die erwiesene Ehre schenkte Wilhelm der Universität dieses lebensgroße Porträt, wo es bis zum heutigen Tage in den *Examination Schools* hängt. Auf dem Foto trägt der Kaiser Insignien des Hosenbandordens – Knieband mit Spruch, Kette und Schulterband und Schärpe. Wilhelms Großmutter Königin Victoria ließ ihren Enkel im Jahre 1877 anläss-lich seines achtzehnten Geburtstages in diesen Orden aufnehmen.
Lit. Achenbach 1913 S. 258; Peese Binkhorst/Verroen 1997 S. 13; Rogasch 1997, S. 167, S. 277, S. 273, S. 276; Wilderotter/Pohl 1991, S. 254-255.

[17]

Kaiser Wilhelm II. fotografiert anlässlich seines fünf-zigsten Geburtstags, 27. Januar 1909
E. Bieber, Gelatine-Silberdruck, 14,6 × 10,3 cm,
Inv.Nr. HUDF-P0245

[18]

Kaiser Wilhelm II. in der britischen Paradeuniform eines Admirals (*Admiral of the Fleet*), 1909

T.H. Voigt, Gelatine-Silberdruck

A 34,1 × 24,9 cm, Inv.Nr. HUDF-P0190

B 37,2 × 25,9 cm, Inv.Nr. HUDF-P0203

Standort Haus Doorn: Hessische Wohnung

Varianten dieser Fotografie in der Sammlung wurden u.a. herausgegeben von Gustav Liersch & Co aus Berlin.

Lit. Mumm 1915, S. 34; Schöningen 1913, S. 2; Seidel 1906, s.S.; Wilderotter/Pohl 1991, S. 247.

___

[19]

Kaiser Wilhelm II. in der Uniform des *1. Garde-Feldartillerie-Regiments*, 1909

E. Bieber, Gelatine-Silberdruck, 28,6 × 18 cm

Standort Haus Doorn: Hessische Wohnung

Lit. Wilderotter-Pohl 1991, S. 247.

___

[20]

Kaiser Wilhelm II. entweder in einer Tunika des *Garde du Corps* oder einer Marineuniform, 1909

E. Bieber, Gelatine-Silberdruck

A 28,8 × 18,2 cm, Inv.Nr. HUDF-P0231

B 28,8 × 18,3 cm, Inv.Nr. HUDF-P0228,

Lit: Jonge 1986, S. 92.

___

[21]

Kaiser Wilhelm II. in der Galauniform eines preußischen Generalfeldmarschalls, ca. 1910-1914

T.H. Voigt, Gelatine-Silberdruck, 22,4 × 15 cm,

Inv.Nr. HUDF-P0214,

Lit. vgl.: Wilderotter/Pohl 1991, S. 247.

___

[22]

Kaiser Wilhelm II. in der Uniform eines Generalfeldmarschalls, ca. 1910

T.H. Voigt, Gelatine-Silberdruck, 14,5 × 16,5 cm,

Inv.Nr. HUDF-P0177

Standort Haus Doorn: Hessische Wohnung

Lit. Wilderotter/Pohl 1991, S. 247.

___

[23]

Wilhelm II. in Admiralsuniform an Bord der *Hohenzollern*, ca. 1911

Th. Jürgensen, Gelatine-Silberdruck, 29,5 × 20,4 cm,

Inv.Nr. HUDF-P0137

Standort Haus Doorn: Hessische Wohnung

Lit. Wilderotter/Pohl 1991, S. 247.

[24]

Kaiser Wilhelm II. in der Uniform der *Königs-Jäger zu Pferde*, ca. 1912-1914

T.H. Voigt, Gelatine-Silberdruck, 34,6 × 24,6 cm ,

Inv.Nr. HUDF-P0181

Standort Haus Doorn: Hessische Wohnung

Von diesem Foto gibt es verschiedene Varianten, von denen sich mindestens eine in der Sammlung befindet.

Lit. Achenbach 1913, S. 15, nach S. 400; Ohln 1913, S. 41.

___

[25]

Kaiser Wilhelm II. in der Uniform eines preußischen Generalfeldmarschalls, 1912-1914

T.H. Voigt, Gelatine-Silberdruck

A 20,1 × 15,5 cm, Inv.Nr. HUDF-P0184

B 20 × 15,5 cm, Inv.Nr. HUDF-P0186

C 21,8 × 17 cm, Inv.Nr. HUDF-P0187

___

[26]

Kaiser Wilhelm II. in Jagduniform, 1911

W. Niederastroth (Selle & Kuntze), Gelatine-Silber-druck, 37,8 × 26,1 cm, Inv.Nr. HUDF-P0135

Das Foto ist Teil einer Porträtserie von Wilhelm, Auguste Viktoria, Viktoria Luise und den drei ältesten Kindern von Kronprinz Wilhelm und Cecilie (Kat. 93).

Eine bearbeitete und kolorierte Variante dieser Fotografie befindet sich im Badezimmer von Auguste Viktoria in Haus Doorn (Inv.Nr. HUD 01999).

Lit. Achenbach 1913, S. 401; Klebinder 1911, S. 29; Wilderotter/Pohl 1991, S. 252-253.

___

[27]

Montagefoto von Kaiser Wilhelm zu Pferde, ca. 1900

Anonym, Gelatine-Silberdruck, 23,9 × 29,8 cm,

Inv.Nr. HUDF-P0121

___

[28]

Kaiser Wilhelm II. zu Pferde in der Uniform der *Garde du Corps*, 1899

M. Ziesler, Zelloidinpapierabzug, 15,2 × 21,3 cm,

Inv.Nr. HUDF-P0112

Dieses Foto wurde während der alljährlichen Frühjahrsparade in Potsdam aufgenommen; in zwei Alben von einem Verehrer (Kat. 185) kommen verschiedene Varianten dieser Fotografie vor.

Lit. Achenbach 1913, S. 173.

Wilhelm II. in Doorn

[29]

A **Wilhelm II. in der Uniform des *Leib Garde Husaren Regiments* im Gobelinzimmer in Haus Doorn, 1925-1930**

Franz Grainer, Gelatine-Silberdruck, 26,9 × 19,7 cm

B **Wilhelm II. und Hermine im Gobelinzimmer in Haus Doorn, 1925-1930**

Franz Grainer, Gelatine-Silberdruck, 25,9 × 19,8 cm

Diese Aufnahme wurde auch als Ansichtskarte heraus-gegeben. Grainer porträtierte Hermine bei dieser Gelegenheit auch allein (Kat. 53).

___

[30]

Wilhelm II. *im kleinen Rock* des *1. Garde Regiments zu Fuß* oder des Regiments der *Garde du Corps*, 1928

Alfred Schwarz, Gelatine-Silberdruck, 37,8 × 27,8 cm

Rückseite gedruckter Aufkleber: *Haus Doorn, den 1. Mai 1928 | [gedruckt:] Brieftelegramm | Seiner Majestät des Kaisers und Königs. | [getippt:] Seine Majestät der Kaiser und König haben mich beauf- | tragt anläßlich der Fertigstellung des Doorner Rosariums allen | gütigen Spendern nochmals Allerhöchstseinen wärmsten Dank aus- | zusprechen und das beifolgende Bild Seiner Majestät mit Eigen- | händiger Unter-schrift zu übermitteln. | Im Allerhöchsten Auftrage | [hand-schriftlich Unterzeichnet] | Fregattenkapitän a.D. | u. Dienstt. Hofmarschall. | An die | Herren vom Dienst Ihrer Majestäten*

Inv.Nr. HUDF-05415

Es gibt mehrere Varianten von diesem Foto (Kat. 31 a-d). Die Fotografien dienten dem Maler Alfred Schwarz als Hilfsmittel beim Anfertigen von fünf Gemälden, von denen sich noch drei in Haus Doorn befinden (Inv.Nrn. HUD 02387, 00307 und 01622). Diese Fotos wurden auch als Postkarte und als Farbplakate hergestellt.

Lit. Wilderotter/Pohl 1991, S. 260-261.

___

[31]

Wilhelm II. *im kleinen Rock* des *1.Garde Regiments zu Fuß* oder des Regiments der *Garde du Corps*, 1928

Alfred Schwarz, Gelatine-Silberdruck,

A 21,8 × 16,3 cm

B 21,6 × 17,2 cm

C 23,2 × 17,6 cm

Auf der Vorderseite in Handschrift mit Bleistift: *Wilhelm | I R | Doorn 7.XII. 1932*

D 22,8 × 17,6 cm

Lit.:Wilderotter/Pohl 1991, S. 260-261.

___

[32]

Wilhelm II. in der Uniform des *1.Garde Regiments zu Fuß*, ca. 1929

Alfred Schwarz (zugeschrieben), Gelatine-Silberdruck, 23,4 × 17,8 cm, Lit. Wilderotter/Pohl 1991, S. 260-261.

[33]

Wilhelm II. in Doorn, ca. 1925-1929

F. Kleimeyer, Gelatine-Silberdruck (koloriert),

39,2 × 25,2 cm

Vorderseite in Handschrift mit Bleistift auf dem Foto:

Wilhelm | IR | Doorn 1929

Inv.Nr. HUD 05729

Dieses Foto wurde wahrscheinlich von Wilhelm selbst mit Buntstift koloriert.

___

[34]

Wilhelm II. in Doorn, ca. 1925-1930

Alfred Schwarz, Gelatine-Silberdruck, 39,6 × 29,7 cm

Eine Variante dieser Fotografie, mit Wilhelm und Hermine im Park von Haus Doorn, wurde als Postkarte herausgegeben unter dem Titel: *Das Kaiserpaar in Doorn*.

___

[35]

Wilhelm II. in der *Feldgrauen Uniform* des *1. Garde-Regiments zu Fuß*, ca. 1930

Anonym, Gelatine-Silberdruck, 22,3 × 17 cm

Vorderseite in Handschrift mit Bleistift auf Karton:

Wilhelm | IR

Inv.Nr. HUDF-P0266

Die Uniformjacke, die Wilhelm auf dem Foto trägt, befindet sich in der Sammlung von Haus Doorn (Inv.Nr. HUD 03975).

___

[36]

Wilhelm II. im Park von Haus Doorn, 1933

Oscar Tellgmann, Gelatine-Silberdruck, 72 × 51,5 cm,

Inv.Nr. HUD 05281

Tellgmann nahm dieses Porträt im September 1933 auf, als er in Doorn war, um eine Serie von dem Haus und seinen Bewohnern zu machen (Kat. 183). Diese Vergrößerung kam anlässlich Wilhelms fünfundsieb-zigsten Geburtstags am 27. Januar 1934 zustande. Eine Variante dieses Fotos wurde als Postkarte heraus-gegeben; auf einem Exemplar steht gedruckt: *Doorn den 27.I.34 Wilhelm I.R.| herzlichen Dank für gehaltene Treue.*

___

[37]

Wilhelm im Rauchsalon von Haus Doorn, ca. 1935

Anonym, Gelatine-Silberdruck

A 21,5 × 14,3 cm, Inv.Nr. HUDF-P0261

B 21,3 × 14,3 cm, Inv.Nr. HUDF-P0262

Beide Fotos wurden vielfach gedruckt und herausgege-ben vom Verlag Scherl in Berlin.

___

[38]

Wilhelm in Doorn, 1935

Anonym, Gelatine-Silberdruck, 29 × 22,5 cm

Diese Foto wurde während der Zusammenkunft mit

Mitgliedern der Doorner Arbeitsgemeinschaft (DAG) aufgenommen. Die DAG, ein Kreis von Religionshistorikern und Archäologen, wurde 1925 vom Kaiser ins Leben gerufen, um einmal jährlich, im Oktober, Vorträge zu halten und miteinander zu diskutieren. Ab 1933 hielt der Kaiser selbst den Eröffnungsvortrag. Dieses Foto wurde auch als Postkarte herausgegeben.
Lit. Wilderotter/Pohl 1991, S. 131-142, S. 192.

---

[39]

Wilhelm II., ca. 1935-1940

Lotte Dieckmann, Gelatine-Silberdruck, 21,7 × 16,5 cm, Inv.Nr. HUDF-P0259
Dieses Foto wurde auch als Postkarte herausgegeben, eine Reihe von Exemplaren trägt den Text: *Haus Doorn, den 27. Januar | Herzlichen Dank für die guten Wünsche zu | Meinem Geburtstage, die Ich für Ihr neues Lebensjahr | aufrichtig erwidere. | Wilhelm | I R*

Auguste Viktoria, erste Gemahlin Wilhelms II.

[40]

Auguste Viktoria, 1883

Vianelli, Albumindruck, 22,4 × 11,6 cm, Inv.Nr. HUD 04701, Lit. Krieger 1921, S. 8.

---

[41]

Auguste Viktoria, 1899

Reichard & Lindner, Platindruck, 19,2 × 13,2 cm
In der Sammlung befinden sich zwei Varianten dieser Fotografie. Eines davon ist ein charakteristisches, prunkvolles Porträt der Kaiserin, mit langem Mantel und Schärpe.

---

[42]

Auguste Viktoria im dunklen Kleid, 1900

Ottomar Anschütz, Gelatine-Silberdruck (retuschiert), 38,4 × 28,3 cm, Inv.Nr. HUD 05416
Es gibt mehrere Varianten dieses Porträts. Eines von drei Fotoporträts, auf dem Tisch neben der Kaiserin, das Porträt des Kaisers in der Uniform der *Garde du Corps*, das sich noch immer in der Sammlung befindet (Kat.14).
Lit. Krieger 1921, S. 16; Anschütz 1903, S. 1.

---

[43]

Auguste Viktoria, 1902

T.H. Voigt, Gelatine-Silberdruck, 22,5 × 12,9 cm, Lit. Seidel 1906, s.S.; *Die Woche*, 8 (24. Februar 1906) 8, S. 333.

---

[44]

Auguste Viktoria mit Hut, ca. 1910

Ernst Sandau, Gelatine-Silberdruck (koloriert), 41 × 31 cm, Inv.Nr. HUD 05520
Diese Fotografie hat wahrscheinlich in einem der kaiserlichen Schiffe gehangen. Sandau machte auch ein Porträt von Auguste Viktoria mit ihrer Tochter Viktoria Luise, datiert 1910.

---

[45]

Auguste Viktoria, 1912

T.H. Voigt, Gelatine-Silberdruck, 103,3 × 73,4 cm, Inv.Nr. HUD 01174
Standort Haus Doorn: Ruheraum Wilhelm
In der Sammlung befinden sich weitere sieben Varianten dieses Fotos.

---

[46]

Auguste Viktoria mit Buch und Kleeblattdiadem, ca. 1910

T.H. Voigt, Gelatine-Silberdruck, 22 × 16 cm

Die Kaiserin trägt hier das so genannte Kleeblattdiadem, das Wilhelm anlässlich ihrer silbernen Hochzeit im Jahre 1906 selbst entworfen haben soll. Auf dem Porträt, das László 1908 von der Kaiserin malte (Inv.Nr. HUD 00038), trägt sie dasselbe Diadem. Varianten dieser Fotografie wurden nach dem Tode der Kaiserin als Postkarte herausgegeben. Eines davon sandte Sohn Adalbert seinem Vater als Erinnerung an den Tod der Mutter.
Lit. Schwering 1915, S. 253. Wilderotter/Pohl 1991, S. 264-265.

---

[47]

47. Auguste Viktoria, Juni 1915

T.H. Voigt, Gelatine-Silberdruck, 37,5 × 30,6 cm, Inv.Nr. HUD 01172
Standort Haus Doorn: Ruheraum Wilhelm
Dieses Foto ist der Ausschnitt eines Fotoporträts der Kaiserin und ihrer Schwiegertochter Cecilie mit ihrer neugeborenen Tochter Alexandrine (S. 28).

---

[48]

Auguste Viktoria, ca. 1913

T.H. Voigt, Gelatine-Silberdruck, 58,5 × 39,9 cm, Inv.Nr. HUD 01173
Standort Haus Doorn: Ruheraum Wilhelm
Das gleiche Foto gibt es auch spiegelbildlich mit anderem Hintergrund (Kat. 49) und in Form einer Fotomontage mit einem Porträt von Wilhelm.
Lit. Gutsche 1991, S. 23; Mumm 1915, S. 35; Ohln 1913, S. 40.

---

[49]

Auguste Viktoria, ca. 1913

T.H. Voigt, Gelatine-Silberdruck, 56,9 × 37,3 cm, Inv.Nr. HUD 04589
Standort Haus Doorn: Arbeitszimmer Wilhelm
Gespiegelte Version von Kat. 48, auch als Postkarte mit aufgedruckter Signatur der Kaiserin herausgegeben.
Lit. Krieger 1921, Titelblatt.

Hermine, zweite Gemahlin von Wilhelm II.

[50]

Wilhelm und Hermine an ihrem Hochzeitstag, 5. November 1922

T.T. Hoekstra, Gelatine-Silberdruck, 16,5 × 10,6 cm
Wilhelm trägt die Uniform, in der er 1918 die Grenze zu den Niederlanden überschritt, die des 1. *Garde Regiments zu Fuß*.
Lit. Ilsemann 1968, S. 242-243.

---

[51]

Hermine, 1922

Anonym, Gelatine-Silberdruck (koloriert), 22,5 × 16,3 cm
Hermine trägt auf diesem Foto das selbe Kleid und den selben Hut wie auf ihrem Hochzeitsfoto, aber anderen Schmuck.

---

[52]

Hermine, ca. 1922

K. Blumenthal, Gelatine-Silberdruck, 24,9 × 18,1 cm
Rückseite in Handschrift: *With love Hermo*
Ein anderes Foto aus dieser Serie wurde auch als Postkarte herausgegeben, mit dem Text: *Kaiserin Hermine | Hofphotograph K. Blumenthal.*

---

[53]

Hermine, ca. 1925-1930

Franz Grainer, Gelatine-Silberdrucke (koloriert) 26,3 × 19,9 cm
Rückseite Stempel: [Krone] / H / Hermanen-Hilfswerk / [in Bleistift:]40ct
Beide Fotos wurden während derselben Sitzung aufgenommen wie Kat. 29. Diese Fotos wurden auch als Postkarte herausgegeben und auf den Basars verkauft, die Hermine ab Ende der zwanziger Jahre für Wohltätigkeitszwecke in Doorn organisierte (Hermine-Hilfswerk).

---

[54]

Portfolio: Hermine und ihre Tochter Henriette, 1924

Elfriede Reichelt, 6 Gelatine-Silberdrucke (koloriert), 22 × 16,5 cm, Inv.Nr. HUDF-S183
Hermine trägt auf allen Fotos ihr Brautkleid. Die Fotos wurden nicht in Doorn aufgenommen, vielleicht in Hermines Wohnort Saabor in Deutschland.

---

[55]

Hermine, 1927

B. Dittmer, Gelatine-Silberdruck (mit Holzkohle bearbeitet), 29,5 × 23,1 cm
Vorderseite in blauem Stift signiert: *Hermine | Doorn 1929.*
Auf einer Variante dieses Fotos, die als Postkarte her-

ausgegeben wurde, kommt der Name des Fotografen vor: *Hofphotograph B. Dittmer, Bad Kissingen.*

---

[56]

Hermine im Park von Haus Doorn, 1935

E. Steiger, Gelatine-Silberdruck, 29,5 × 22,7 cm

Vorderseite auf dem Bild signiert: *Hermine / Doorn / 17.XII. / 36.*

E. Steiger machte während dieser Sitzung mehrere Porträts von Hermine und von Hermine mit ihrer Tochter Henriette und Wilhelm, die auch als Postkarte herausgegeben wurden.

---

[57]

Hermine, 1938

Ernst Sandau, Gelatine-Silberdruck, 29,7 × 23,7 cm

Vorderseite in Handschrift auf dem Foto: *Hermine / Doorn / Nov. 22/38*

Inv.Nr. HUD 01591

Standort Haus Doorn: großes Schlafzimmer

Mehrere Varianten dieses Fotos wurden auch als Postkarte herausgegeben. Das Foto wurde in Form einer Fotomontage mit einem Porträt des Kaisers 1939 als Weihnachts- und Neujahrsgruß verwendet.

Lit. Jonge 1986, S.186.

Eltern und Großeltern

[58]

Friedrich Wilhelm, Prinz von Preußen, 28. August 1845

Philipp Graff, Goldene Daguerreotypie, 8,3 × 7 cm,

Inv.Nr. HUD 04896

Lit. Herder 1999 (1,2); Ruitenberg 2002

---

[59]

59. Luise, Prinzessin von Preußen, 28. August 1845

Philipp Graff, Goldene Daguerreotypie, 8,7 × 7,2,

Inv.Nr. HUD 04897

Lit. Herder 1999 (1,2); Ruitenberg 2002

---

[60]

Album von Kaiserin Augusta, Weimar, 27. Mai 1876

Anonym, Album mit 6 Visitenkartenporträts, 13,4 × 9,5 cm, Albumindrucke

Handschriftlich auf der Titelseite: *Augusta / Weimar. 27 Mai 1876*

Inv.Nr. HUDF-A083

Das Album enthält Porträts von: Kaiserin Augusta, Kaiser Wilhelm I., Kronprinz Friedrich Wilhelm, Kronprinzessin Viktoria, Großherzogin Luise von Baden und Großherzog Friedrich I. von Baden.

---

[61]

Prinzessin Victoria und Prinz Friedrich Wilhelm von Preußen auf Hochzeitsreise in Windsor Castle, 29. Januar 1858

William Bambridge, Salzdruck, 9,8 × 7,1 cm

Vorderseite in Handschrift auf Karton: *The Pcess Royal. & Pce Frederic William of / Prussia. / Jan:29.1858.*

Inv.Nr. HUD 04735

Standort Haus Doorn: Vitrine Arbeitszimmer Wilhelm

Lit. Peese Binkhorst/Verroen 1997, S. 8; Wilderotter/Pohl 1991, S. 297; Rogasch 1997, S. 224-225; Nowak 1930, nach S. 8; Leinhaas 1914, S. 55.

---

[62]

Visitenkartenporträts von Prinz Friedrich Wilhelm und Prinzessin Victoria, ca. 1860

L. Haase, Albumindruck, 8,2 × 5,2 cm / 8,2 × 5,3 cm

Vorderseite in Handschrift auf Karton: *18.x.1905.*

Inv.Nr. HUD 04733

Standort Haus Doorn: Vitrine Arbeitszimmer Wilhelm

Wilhelm hat diese Porträts seiner Eltern wahrscheinlich am 18. Oktober 1905, dem vierundsiebzigsten Geburtstag seines Vaters, in einem Rahmen zusammengefügt.

[63]

Prinz Friedrich Wilhelm und Prinzessin Victoria, Dezember 1860

L. Haase, Albumindruck, 8,3 × 5,3 cm,

Standort Haus Doorn: Vitrine Arbeitszimmer Wilhelm

Lit. Pakula 1995, Abb. 48.

---

[64]

Kronprinz Friedrich Wilhelm, ca. 1861

L. Haase (zugeschrieben), Albumindruck, 8,3 × 5,1 cm,

Inv.Nr. HUD 04811

Standort Haus Doorn: Vitrine Arbeitszimmer Wilhelm

Vorderseite in Handschrift: *Frederick William Crown / Prince of Prussia*

---

[65]

Kronprinzessin Victoria, 2. Juli 1861

Camille Silvy, Albumindruck, 8,6 × 5,7 cm,

Inv.Nr. HUD 04898, Lit. Meisner 1929, S. 98.

---

[66]

Prinzessin Victoria mit Baby Wilhelm, 1860

Anonym, Albumindruck, 8,4 × 5,2 cm

Rückseite in Handschrift auf Karton: *Kronprinz / Wilhelm II. / als einjäriges / Kind*

Inv.Nr. HUD 04806

Standort Haus Doorn: Tisch Arbeitszimmer Wilhelm

---

[67]

Ovaler Rahmen mit Porträts des Kronprinzen Friedrich Wilhelm und seinen Kindern Wilhelm, Heinrich, Victoria, Sigismund und Charlotte, 1866-1867

Anonym, Albumindrucke (koloriert), Medaillon Mitte: 5,3 × 4 cm; übrige Medaillons: 3,4 × 1,9 cm

Vorderseite in Handschrift auf den Fotos: *Friedrich Wilhelm / geb: 27. Januar 1859.; Heinrich. / geb: 14. August 1862.; Victoria. / geb: 12. April 1866.; Sigismund. / geb. 15. Sept. 1864. †gest: 18. Juni 1866.; Charlotte. / geb: 24. Juli 1860.*

Inv.Nr. HUD 1697 a-b

Standort Haus Doorn: Ruheraum Wilhelm

---

[68]

Kronprinzessin Victoria und Wilhelm auf Norderney, 1869

Anonym, Albumindruck, 8,4 × 5,3 cm

Vorderseite in Handschrift: *Norderney 1869 / Wilhelm. Mama.*

Inv.Nr. HUD 04739

Standort Haus Doorn: Vitrine Arbeitszimmer Wilhelm

Lit. Peese Binkhorst/Verroen 1997, S. 8; Rogasch 1997, S. 228; Wilderotter/Pohl 1991, S. 245.

[69]

Königin Victoria mit ihren Kindern Victoria (Kronprinzessin von Preußen), Alice und Alfred, trauernd bei einer Büste des verstorbenen Prinzen Albert, März 1862

William Bambridge, Albumindruck, 22,5 × 15,4 cm

Vorderseite in Handschrift: *The Widow & Orphans / Windsor Castle – March 1862*

In der Sammlung befindet sich noch eine Variante dieses Porträts mit den trauernden Prinzessinnen Victoria, Alice, Helena, Louise und Beatrice (Inv.Nr. HUD 04782).

Lit. Dimond/Taylor 1987, S. 24; Pakula 1995, Abb. 43; Peese Binkhorst/Verroen 1997, S. 7; Rogasch 1997, S. 34, S. 196.

---

[70]

Königin Victoria, ca. 1896

Alexander Bassano, Gelatine-Silberdruck, 14,5 × 10,4 cm

Vorderseite in Handschrift auf Karton: *To / dear William / with best wishes / for the New Year / 1897 - / from his very affte [affectionate] Grandmum Victoria.*

Inv.Nr. HUD 01588

Standort Haus Doorn: großes Schlafzimmer

Lit. Peese Binkhorst/Verroen 1997 S. 8; Wilderotter/Pohl 1991, S. 281.

---

[71]

Der aufgebahrte Sarg von Königin Victoria in Osborne House am 25. Januar 1901

Anonym, Gelatine-Silberdruck, 22,9 × 28,9 cm,

Inv.Nr. HUD 03954

---

[72]

Kronprinzessin Victoria in der Uniform ihres *2. Leib Husaren Regiments*, 1883

E.S. Mittler & Sohn / Ottomar Anschütz, Gelatine-Silberdruck (retuschiert), 74,9 × 43,1 cm

Rückseite Aufkleber: *Aufnahme / 1883 im Neuen Palais*

Inv.Nr. HUD 01376

Standort Haus Doorn: Bibliothek

Das Foto wurde 1883 von E.S. Mittler & Sohn aufgenommen, im Jahre 1900 hat Ottomar Anschütz diese Vergrößerung davon gemacht.

Lit. Leinhaas 1914, S. 124; Pakula 1995, Abb. 49.

---

[73]

Kaiserin Friedrich, 1898

Histed, Gelatine-Silberdruck, 40,5 × 31,1 cm ,

Inv.Nr. HUD 03452

---

[74]

Kaiserin Friedrich, 1898

Marie Gräfin von Oriola, Gelatine-Silberdruck, 21,6 × 15,2 cm

Von diesem Foto befinden sich mehrere Exemplare in der Sammlung. Auf einem davon steht folgende Anmerkung: fec: | Berlin | 1898 | Marie Gräfin von Oriola | Büdesheim. | Oberhessen
Inv.Nr. HUD 03435.

---

[75]

Der aufgebahrte Sarg von Kaiserin Friedrich in der Grabkapelle der Friedenskirche zu Potsdam, 13. August 1901
Selle & Kuntze, Gelatine-Silberdruck, 26 × 31,3 cm
Vorderseite in Handschrift auf Karton: 13. Aug 1901 Grabkapelle Friedenskirche.
Inv.Nr. HUD 03422
Lit. Peese Binkhorst/Verroen 2001, S. 25; Scharmann 2001, S. 68.

---

[76]

Kronprinz Friedrich Wilhelm, 1884
Reichard & Lindner, Albumindruck, 13,9 × 9,7 cm,
Inv.Nr. HUD 00296
Kronprinz Friedrich Wilhelm trägt hier mehrere Orden, darunter befindet sich der Schwarze Adlerorden, der Johanniter-Orden und das Großkreuz des Eisernen Kreuzes.

---

[77]

Kronprinz Friedrich Wilhelm in der Uniform der Pasewalker Kürassiere, 1884
Reichard & Lindner, Gelatine-Silberdruck, 40,2 × 26 cm,
Inv.Nr. HUD 02032
Standort Haus Doorn: Salon Hermine
Lit. Leinhaas 1914, S. 128.

---

[78]

Kaiser Wilhelm I. im Merseburger Schlossportal, 1884
Classens, Gelatine-Silberdruck, 29 × 23 cm
Vorderseite in Handschrift auf Karton: S. M. Kaiser Wilhelm I. aufgenommen 1884 | am Merseburger Schloßportal | Phot. Classens Naumburg S.

---

[79]

Kronprinz Friedrich Wilhelm im Merseburger Schlossportal, 1886
Classens, 29 × 23,2 cm , Gelatine-Silberdruck
Vorderseite in Handschrift auf Karton: S. M. Kaiser Friedrich II.I. | aufgenommen 1886 | am Merseburger Schloßportal | Phot. Classens Naumburg S.

---

[80]

Kaiser Wilhelm I. auf dem Totenbett, 9. März 1888
Reichard & Lindner, Albumindruck, 28,1 × 18 cm

---

[81]

Kaiser Friedrich III. auf dem Totenbett, 16. Juni 1888
Reichard & Lindner, Albumindruck, 28,2 × 18 cm
In Silberdruck auf Karton: Friedrich II.I | Aufgenommen im Sterbezimmer Sr: Majestät am 16: Juni 1888, von | Reichard & Lindner | Königl. Hof-Photographen | Berlin, N.W. | 54/55 Unter den Linden 54/55.
Von diesem Foto befindet sich eine weitere Variante in der Sammlung.

---

[82]

König Wilhelm I., ca. 1860
T. Schneider & Soehne, Stereodaguerreotypie (koloriert), 6,5 × 4,5 cm (2×), Inv.Nr. HUD 05115
Das Stereofoto befindet sich in einem Etui mit Stereoglas.
Lit. Dewitz/Matz 1989, S. 36-265; Kempe 1979, S. 243 ff.

---

[83]

Kabinettfoto mit vier Generationen Hohenzollern: Kaiser Wilhelm I., Kronprinz Friedrich Wilhelm, Prinz Wilhelm und sein Sohn Prinz Wilhelm, 1882
Sophus Williams, Albumindruck, 14,2 × 10,2 cm,
Inv.Nr. HUD 01592
Standort Haus Doorn: großes Schlafzimmer
Bei diesem Foto handelt es sich um eine Reproduktion, die Sophus Williams von einer Zeichnung von E. Hader nach einem Foto von Hermann Selle vom Juni 1882 angefertigt hat, aufgenommen anlässlich der Geburt von Wilhelms ältestem Sohn.
Lit. Achenbach 1913, S. 32; Eulenburg 1906, S. 332; Keller 1935, S. 41; Müller-Bohn 1900, S. 501; Ohln 1913, S. 21; Schöningen 1913, S. 31; Seidel 1906, na S. 78.

---

[84]

Hurrah! Vier Könige!, Kabinettfoto mit vier Generationen Hohenzollern: Kaiser Wilhelm I., Kronprinz Friedrich Wilhelm, Prinz Wilhelm und dessen Sohn Prinz Wilhelm, 1882
Kuth & Stock, Albumindruck, 17 × 9,8 cm
Reproduktion nach einer Gravüre, die nach dem Foto von Hermann Selle von den vier Generationen Hohenzollern im Juni 1882 angefertigt wurde (vgl. auch Kat. 83).

---

[85]

Kaiserin Friedrich und ihre Kinder auf der Treppe von Friedrichshof, Mai 1900
T.H. Voigt/Verlag der Neuen Photographische Gesellschaft, Gelatine-Silberdruck, 17,9 × 24,1 cm
Vorderseite in Druck auf Karton: Ihre Majestät Kaiserin Friedrich mit ihren Kindern; Kaiser Wilhelm II. Kaiserin Friedrich Prinz Heinrich von | Preussen | Kronprinzessin von | Griechenland | Prinzessin Adolf | von Schaumb. Lippe | Erbprinzessin | von Sachsen Mein. | Prinzessin Friedrich Carl | von Hessen

---

Inv.Nr. HUD 04561
Standort Haus Doorn: großes Schlafzimmer
Lit. Leinhaas 1914, S. 188; Rogasch 1997, S. 260-261; Wilderotter/Pohl 1991, S. 206-207.

---

[86]

Standbild des Großen Kurfürsten, ca. 1890
Anonym, Gelatine-Silberdruck, 118 × 84,8 cm
Inv.Nr. HUD 02564
Das Standbild des Großen Kurfürsten stand auf der Langen Brücke (Kurfürstenbrücke) beim Großen Schloßplatz an der Südostseite des Stadtschlosses zu Berlin und war von A. Schlüter geschaffen worden. Das Denkmal wurde am 23. Juli 1703 enthüllt. Heute steht das Standbild auf dem Platz vor dem Schloss Charlottenburg in Berlin.
Lit. Seidel 1898, S. 15-20; Hubmann 1972, S. 253.

Kinder und Enkelkinder

[87]

Kaiser Wilhelm II., Kaiserin Auguste Viktoria und ihre sieben Kinder, 1896
J.C. Schaarwächter / Verlag Neue Photographische Gesellschaft, Gelatine-Silberdruck, 13,9 × 9,9 cm
Vorderseite gedruckt auf Karton: Gruppenbild der Kaiserlichen Familie. | Kronprinz Friedrich Wilhelm | *6.5.1882 | Kaiserin Augusta Victoria | *22.10.1858 | Prinzessin Victoria | *18.9.1892 | Prinz Adalbert | *14.7.1884 | Prinz August Wilhelm | *29.1.1887 | Kaiser Wilhelm | *27.1.1859 | Prinz Eitel Friedrich | *7.7.1883 | Prinz Joachim | *17.12.1890 | Prinz Oscar | *27.7.1888 | Verlag: Neue Photographische Gesellschaft, Berlin-Steglitz 1897
Schaarwächter hat während dieser Sitzung mehrere Aufnahmen gemacht, unter anderem von Wilhelm mit seiner Tochter Viktoria Luise auf dem Schoß.
Lit. Krieger 1921, S. 10; Schöningen 1913, S. 99; Seidel 1906, auch S. 88.

---

[88]

Auguste Viktoria und ihre Kinder Eitel Friedrich, August Wilhelm, Adalbert und Wilhelm, ca. 1887
Anonym, Albumindruck, 14,5 × 11,3 cm

---

[89]

Blechmütze mit Porträtfotos von Kaiser Wilhelm II., Kaiserin Auguste Viktoria und ihren sieben Kindern, angefertigt zur Erinnerung an Wilhelms fünfundzwanzigjähriges Offiziersjubiläum, 9. Februar 1894
Anonym, Albumindrucke, zwei Medaillons: 4,5 × 3,3 cm; sieben Medaillons: 3,5 × 3 cm gefasst in eine vergoldete bronzene Blechmütze (Grenadierhelm).
Aufdruck: Zum | 25.jährigen | Officiersjubiläum | Sr. Maj. des | Kaisers u. Königs | Wilhelm II. | d. 9. Febr. 1894; Friedrich Wilhelm I | Friedrich Wilhelm II. | Friedrich II. | Friedrich Wilhelm IV. | Wilhelm I. | Friedrich II.I. | Wilhelm II.: Seinem Kaiser u. König aus Dankbarkeit ehrfurchtsvoll gewidmet v. C. H. Preetz; Vorderseite geschlossen: Semper talis
Inv.Nr. HUD 01439
Standort Haus Doorn: Bibliothek

---

[90]

Rahmen mit sieben Porträts der Kinder von Wilhelm und Auguste Viktoria, ca. 1913
W. Niederastroth (Selle & Kuntze) / Anonym, Gelatine-Silberdruck, vier runde Medaillons: 5 × 5 cm; drei ovale Medaillons: 7 × 5,4 cm, im bronzebeschlagenen Holzrahmen 24,2 × 31,8 cm, Inv.Nr. HUD 03612
Standort Haus Doorn: großes Schlafzimmer
Von links oben im Uhrzeigersinn: Eitel Friedrich, Wilhelm mit Sohn Wilhelm (Foto Selle & Kunstze/ Niederastroth), Oscar, Joachim, August Wilhelm, Adalbert, Viktoria Luise
Lit: Rabsilber [1911], s.S.

[91]

Passepartout mit Amateurfotos von der kaiserlichen Familie auf Schloss Wilhelmshöhe, ca. 1905

19 Gelatine-Silberdrucke, Im Passepartout 54,9 × 68,9 cm

---

[92]

Album von Prinzessin Viktoria Luise mit Amateurfotos, 1907-1913

25 × 33 × 4,5 cm, 102 Gelatine-Silberdrucke

Getippt auf Aufkleber an der Innenseite: *Album Prinzessin Vicktoria Luise von Preußen und Familie | (Herzogin v. Braunschweig) | 13.9.1892 – 11.12.1980*

Inv.Nr. HUDF-A093

---

[93]

Kaiser Wilhelm II. und sein ältester Enkel Prinz Wilhelm, 1911

W. Niederastroth (Selle & Kuntze), Gelatine-Silberdrucke

A 16,3 × 12,8 cm, Inv.Nr. HUDF-P0130

B 15 × 15 cm, Inv.Nr. HUDF-P0131

Beide Fotos wurden während der selben Sitzung aufgenommen wie Kat. 26. Während dieser Sitzung wurden auch Fotos gemacht, auf denen der Kaiser zu sehen ist mit Auguste Viktoria, seiner Tochter Viktoria Luise und den drei ältesten Kindern von Kronprinz Wilhelm. Es gibt mehrere Varianten. Ein Porträt von Auguste Viktoria, das auch als Postkarte herausgegeben wurde, wurde in einer Fotomontage mit einem Porträt des Kaisers verwendet.

Lit. Achenbach 1913, S. 400, S. 423; Ohln 1913, S. 4; Klebinder 1913, S. 29, S. 79; Krieger 1921, S. 12. Schöningen 1913, S. 189; Topham 1914, S. 96, 123, 172.

---

[94]

Kaiser Wilhelm II. und Kaiserin Auguste Viktoria mit ihren Kindern und anderen Familienmitgliedern, 15. Juni 1913

Anonym, Gelatine-Silberdruck, 20 × 32,3 cm

Gravur im silbernen Rahmen: *Wilhelm | 15. Juni 1913*

Inv.Nr. HUD 01590

Standort Haus Doorn: großes Schlafzimmer

Auf dem Foto sind zu sehen: hintere Reihe v.l.n.r.: Adolf zu Schaumburg-Lippe, Prinz Waldemar, Landgraf Friedrich Karl von Hessen, Kronprinz Wilhelm (Foto wurde später hinzugefügt), Kaiser Wilhelm II., Kaiserin Auguste Viktoria; mittlere Reihe v.l.n.r.: Herzog Bernhard von Sachsen-Meiningen, Prinzessin Heinrich, Prinz Heinrich, Herzogin Charlotte, Prinz Adalbert, Landgräfin von Hessen, Prinzessin Adolf zu Schamburg-Lippe, Prinzesssin August Wilhelm, Prinzessin Eitel-Friedrich, Prinzessin Viktoria Luise (Herzogin von Braunschweig); vordere Reihe v.l.n.r.: Prinz Eitel-Friedrich, Kronprinzessin Cecilie, Prinz August Wilhelm, Prinz Oskar, Prinz Joachim, Herzog Ernst August von Braunschweig.

Die Familie wurde auf den Treppenstufen des Neuen

Palais in Potsdam fotografiert. Wahrscheinlich kamen sie zusammen, um dem Todestag von Kaiser Friedrich III. und der Thronbesteigung Wilhelms II., 25 Jahre zuvor zu gedenken. Der Kronprinz war dabei nicht anwesend, ein anderes Porträt von ihm wurde später auf das Foto montiert.

Lit. Bussen 2000, S. 14; Topham 1914, S. 56; Viktoria Luise 1970, S. 326-327; Wilderotter/Pohl 1991, S. 267.

---

[95]

Kronprinz Wilhelm im Verbannungsort Wieringen, 1918-1923

Anonym, Gelatine-Silberdruck, 18 × 13 cm

Rückseite in Handschrift: *Seiner l. [=lieben] Minne[?] | Ihr Ältester der | Einsiedler von Wieringen*

---

[96]

Kronprinz Wilhelm mit Hirschgeweih vor Cecilienhof, ca. 1930

W. Niederastroth, Gelatine-Silberdruck, 22,3 × 16,2 cm

---

[97]

Prinz Louis Ferdinand, ca. 1923

W. Niederastroth (Selle & Kuntze), Gelatine-Silberdruck, 30,2 × 23,1 cm

---

[98]

Album mit Porträtfotografien der Kinder und Enkel von Wilhelm, ca. 1935

Franz Langhammer, 34,5 × 28 × 4,8 cm, 32 Gelatine-Silberdrucke, Inv.Nr. HUDF-A102

Offizielle Anlässe

[99]

Album (Leporello) 1892

25,8 × 32 × 11 cm.

A *Parade in Potsdam vor I. I. M. M. den Königinnen der Niederlände 1. VI. 1892*

Schmidt & Wegener, 5 Zelloidinpapierabzüge, Inv.Nr. HUDF-A078a, Lit. Viktoria Luise 1967, S. 320-312.

B *Anwesenheit S.M. des Königs von Italien in Jüterbog 22. VI. 189*

Anonym, 8 Zelloidinpapierabzüge, Inv.Nr. HUDF-A078b

C *Anwesenheit S.M. des Kaisers von Rusland in Kiel 7.VI.1892*

Schmidt & Wegener, 16 Zelloidinpapierabzüge, Inv.Nr. HUDF-A078c

---

[100]

25-jähriges Dienstjubiläum von Kaiser Wilhelm II. im 1. Garde Regiment zu Fuß, 1894

W. Niederastroth (Selle & Kuntze), Gelatine-Silberdruck, 11,5 × 17,5 cm

Rückseite 3x Stempel: *Die vornehme Gaststätte | Tanz-Kabarett | 'Arkadia' | Dir. Aug. Schmidt | Aachen | Franzstr. 45-47 | Bar u. Diele 1. Etg. | Fernruf 311 16*; Rückseite in Handschrift: *25 jähriges Dienstjubileum seiner Majestät | im Jahre 1894. | In dankbarer Erinnerung | Aug. Schmidt | ehem. Unteroffizier 6. Comp | 1891/94 I. G. Regt. Zu Fuß | Potsdam.*

Wie jeder Hohenzollernprinz wurde Wilhelm mit zehn Jahren (1869) dem 1.Garde Regiment zu Fuß einverleibt. Das fünfundzwanzigjährige Jubiläum wurde gefeiert im Lustgarten beim Stadtschloss in Potsdam.

---

[101]

Einstellung S.K.H. des Prinzen Adalbert in das Erste Garde-Regiment z. F. am 14. Juli 1894

M. Ziesler, Zelloidinpapierabzug, 23,4 × 32,9 cm

Vorderseite in Handschrift auf Karton: *Einstellung S.K.H. des Prinzen Adalbert in das Erste Garde-Regiment z. F. | am 14. Juli 1894.*

Inv.Nr. HUD 05715

Der zehnjährige Prinz Adalbert wurde am 14. Juli 1894 traditionsgemäß dem *1. Garde Regiment zu Fuß* einverleibt.

---

[102]

Album: *Friedrichsruh 26. März 1895*

M. Ziesler, 27,5 × 36 × 5,5 cm, 12 Zelloidinpapierabzüge, Inv.Nr. HUDF-A054

Kaiser Wilhelm II. besucht den früheren Reichskanzler Bismarck am 26. März 1895 anlässlich dessen achtzigsten Geburtstages in Sachsenwald bei Hamburg. Bei der Gelegenheit fand die offizielle Versöhnung zwischen Bismarck und dem Kaiser statt.

Lit. Hubmann, S. 250-251; Nowak 1930 frontispice; Ohln 1913, S. 31; Schöningen 1913, S. 81; Viktoria Luise 1970, S. 65.

---

[103]

Friedrichsruh, den 26ten März 1895

M. Ziesler, Gelatine-Silberdruck (retuschiert mit weißer Gouache), 44,1 × 58,9 cm

Vorderseite in Handschrift v.l.n.r. auf Passe-partout: *v. Plessen. | v. Jacobi. | v. Hahnke. | S.K.K.H. d. Kronprinz. | Fürst Bismarck. | S.M. d. Kaiser. | Graf Klinkowström. | Friedrichsruh, den 26ten März 1895*; Rückseite in Handschrift: *Potsdam | Toiletten Zim[mer]*

Inv.Nr. HUD 03245

---

[104]

Grundsteinlegung zum Denkmal Kaiser Wilhelms des Grossen auf dem Festplatz bei Holtenau, 21. Juni 1895.

M. Ziesler, Zelloidinpapierabzug, 31,7 × 32,4 cm

Gedruckt auf Karton: *Grundsteinlegung | zum Denkmal Kaiser Wilhelms des Grossen | auf dem Festplatz bei Holtenau | 21. Juni 1895.*

Festliche Grundsteinlegung vor dem Denkmal zu Ehren Kaiser Wilhelms I. auf dem Festplatz bei Holtenau am 21. Juni 1895.

---

[105]

Album: *Grundsteinlegung zum Kaiser Wilhelm-Denkmal 18.VII.1.1895. – Einweihung der Kaiser-Wilhelm-Gedächtnis-Kirche 1.IX.1895*

Anonym, 31,7 × 41 × 5 cm, 12 Zelloidinpapierabzüge, Inv.Nr. HUDF-A010

Festliche Grundsteinlegung für das Denkmal zu Ehren Kaiser Wilhelms I. in Berlin am 18. August 1895; Einweihung der Kaiser-Wilhelm-Gedächtnis-Kirche in Berlin am 1. September 1895.

---

[106]

Rekruten-Vereidigung, 12. November 1896

Anonym, Zelloidinpapierabzug, 20,8 × 27,6 cm

Vereidigung von Rekruten in Berlin.

---

[107]

Enthüllung des Kaiser Wilhelm-Denkmals in Berlin am 22. März 1897

Selle & Kuntze, Gelatine-Silberdruck, 45,3 × 57,8 cm, Inv.Nr. HUD 02298

Standort Haus Doorn: Gang außen, Ruheraum Wilhelm

Das Denkmal zu Ehren Kaiser Wilhelms I. wurde gegenüber dem Eosanderportal des Stadtschlosses in Berlin aufgestellt. Unter den Würdenträgern befand sich auch der Maler Adolf von Menzel, zu erkennen an seiner kleinen Gestalt.

Lit. Wilderotter/Pohl 1991, S. 279.

[108]

Kaiser Wilhelm II. und seine Söhne bei der Enthüllung
des Kaiser-Wilhelm-Denkmals in Berlin, 1897
Ottomar Anschütz, Gelatine-Silberdruck (retuschiert),
16,9 × 11,9 cm

---

[109]

Album: *Frühjahrsparade in Berlin und Potsdam am
26. & 27. Mai 1898.*
Anonym, 36 × 27,5 × 8,5 cm, 27 Zelloidinpapierabzüge,
Inv.Nr. HUDF-A020
Frühjahrsparade in Berlin und Potsdam, 26. und 27.
Mai 1898.

---

[110]

Kaiser Wilhelm II. und seine Söhne in Potsdam bei der
Parade zu Ehren seines zehnjährigen Regierungs-
jubiläums, 27. Mai 1898.
M. Ziesler, Zelloidinpapierabzug, 15,4 × 21,3 cm

---

[111]

Album: *50 jährliches Jubiläum der Berliner Schutz-
mannschaft am 13. Juni 1898.*
Anonym, 12 Zelloidinpapierabzüge, 30 × 38,5 × 6 cm,
Inv.Nr. HUDF-A049
Festlichkeiten anlässlich des fünfzigjährigen
Jubiläums der Berliner Schutzmannschaft auf dem
Innenhof des Stadtschlosses zu Berlin.

---

[112]

112. *Einweihung der Erlöser-Kirche in Jerusalem,
31. October. 1898.*
Ottomar Anschütz, Gelatine-Auskopierpapierabzug,
74,5 × 60,7 cm, Inv.Nr. HUD 02579
Standort Haus Doorn: Treppenzimmer
Vorderseite in Handschrift auf Passepartout: *Einweihung |
der Erlöser-Kirche in Jerusalem | 31. October, 1898.*
Zug der Würdenträger mit dem Kaiser in der Uniform
der *Garde du Corps* und die Kaiserin betreten die Erlöser-
kirche in Jerusalem.
Lit. Goerke 1899; Palästina 1899; Wilderotter/Pohl 1991,
S. 316.

---

[113]

Kaiser Wilhelm II. wohnt einem Gottesdienst im
Ehrenhof des Zeughauses in Berlin bei anlässlich der
Jahrhundertwende, 1. Januar 1900
M. Ziesler, Zelloidinpapierabzug (retuschiert),
34,2 × 43,7 cm, Inv.Nr. HUD 03418

---

[114]

Kaiser Wilhelm II. wohnt einem Gottesdienst im
Ehrenhof des Zeughauses in Berlin bei anlässlich der
Jahrhundertwende, 1. Januar 1900
Ottomar Anschütz, Gelatine-Silberdruck, 47,6 × 61,5 cm,
Inv.Nr. HUD 07652

---

[115]

Saalburg, den 11.ten October 1900.
Ottomar Anschütz, Gelatine-Silberdruck (retuschiert),
39,6 × 59,7 cm
Vorderseite in Handschrift auf Passepartout: *Saalburg,
den 11. ten October 1900.*
Inv.Nr. HUD 02297
Standort Haus Doorn: Gang außen Ruheraum Wilhelm
Am 11. Oktober 1900 legte Kaiser Wilhelm II. den
Grundstein für den Wiederaufbau der Saalburg (bei
Bad Homburg) zum Reichs-Limes-Museum. Außer
Wilhelm und Auguste Viktoria waren auch Wilhelms
Bruder Heinrich und dessen Frau anwesend, ebenso
Statisten als römische Soldaten verkleidet.
Lit. Achenbach 1913, S. 277; Schöningen 1913, S. 111;
Seidel 1907, S. 49-58; Wilderotter/Pohl 1991, S. 314.

---

[116]

Rekruten-Vereidigung Berlin 7. November 1900.
Anonym, Gelatine-Silberdruck, 37 × 52,7 cm
Vorderseite in Handschrift auf Karton: *Rekruten-
Vereidigung Berlin 7. November 1900.*
Inv.Nr. HUD 03251
Vereidigung von Rekruten in Berlin, 7. November 1900.

---

[117]

Album: *Enthüllung des Denkmals Kaiser Wilhelms
des Grossen auf der Brücke in Potsdam 11. April 1901.*
Anonym, 36 × 44,5 × 6,5 cm, 16 Platindrucke und
Zelloidinpapierabzüge, Inv.Nr. HUDF-A001
Enthüllung des Denkmals zu Ehren Kaiser Wilhelms I.
in Potsdam, 11. April 1901.

---

[118]

Album: *Zweihundertjahrfeier des preußischen
Königtums, 17. I. 1901*
Ottomar Anschütz, 29,5 × 40,8 × 4,7 cm,
16 Platindrucke und Zelloidinpapierabzüge,
Inv.Nr. HUDF-A090
Parade zu Ehren des zweihundertjährigen Bestehens
des preußischen Königtums.
Lit. Achenbach 1913, S. 393.

---

[119]

Parade in Berlin zu Ehren des zweihundertjährigen
Bestehens des preußischen Königtums, 18. Januar 1901
Ottomar Anschütz, Gelatine-Silberdruck, 44 × 78,2 cm,

Inv.Nr. HUD 01112
Standort Haus Doorn: Ankleideraum Wilhelm
Lit. Seidel 1907, S. 295.

---

[120]

Parade zu Berlin, 1903
Ottomar Anschütz, Gelatine-Silberdruck, 40 × 60,8 cm,
Inv.Nr. HUD 01107

---

[121]

Album: *Einweihung des Domes zu Berlin 27.
Februar 1905.*
Anonym, 33,5 × 44 × 5 cm, 10 Zelloidinpapierabzüge
und Gelatine-Silberdrucke, Inv.Nr. HUDF-A008
Einweihung des Doms zu Berlin, 27. Februar 1905.
Lit. Seidel 1907, S. 86-97.

---

[122]

Einzug in Tanger, 1905
Anonym, Zelloidinpapierabzug, 17,3 × 22,6 cm
Vorderseite in Handschrift auf Karton: *Zur Errinnerung
an die Landung und den Einzug Seiner Majestät des Kaisers
Wilhelm II. In Tanger (Marocco) a. 31.III.05. | Allerunterta-
nigst[?] gewidmet von[?] Kammerherr von Schutzbar-Milchling.
Rittmeister a.D.*
Inv.Nr. HUDF 03901
Lit. Zedlitz-Trützschler 1924, S. 126-128.

---

[123]

Kaiser Wilhelm II. und General von Hindenburg während des Kaisermanövers 1905
Oscar Tellgmann, Zelloidinpapierabzug, 15,5 × 22,6 cm

---

[124]

Album: *Rekruten-Vereidigung in Berlin, 31. October
1908*
August Schweri u.a., 28 × 40 × 4,5 cm, 14 Zelloidinpapierabzüge und Platindrucke, Inv.Nr. HUDF-A019
Vereidigung von Rekruten in Berlin, 31. Oktober 1908.

---

[125]

Kornblumtag Wiesbaden 1911
F. Lanzrath, Gelatine-Silberdruck, 28 × 38,1 cm,
Inv.Nr. HUD 03263

---

[126]

Album: *Zweihundertjahrfeier der Geburt weiland
Seiner Majestät des Königs Friedrichs des Grossen
24. Januar 1912.*
Ernst Eichgrün, W. Niederastroth (Selle & Kuntze),
Franz Tellgmann, Gebrüder Haeckel, 33,2 × 40,4 × 6,1 cm,
31 Zelloidinpapierabzüge und Gelatine-Silberdrucke,

Inv.Nr. HUDF-A053
Festlichkeiten zu Ehren des zweihundertsten
Geburtstags Friedrichs des Großen, Potsdam
24. Januar 1912.
Lit. Schöningen 1913, S. 79.

---

[127]

Album: *Kaiser-Manöver 1912 I.*
Franz Tellgmann, 24,5 × 33,5 × 8,5 cm,
51 Zelloidinpapierabzüge, Inv.Nr. HUDF-A015,
Lit. Klebinder 1913, S. 41.

---

[128]

Album: *Kaiser-Manöver 1912 II.*
Oscar Tellgmann, 24,5 × 34 × 10 cm, 73 Zelloid-
inpapierabzüge und Gelatine-Silberdrucke,
Inv.Nr. HUDF-A016

---

[129]

Album: *Kaiser-Manöver 1912 III.*
Franz Tellgmann, 24,5 × 33,5 × 9 cm, 58 Zelloidinpapierabzüge, Inv.Nr. HUDF-A017

---

[130]

Album: *Regierungsjubiläum Seiner Majestät des
Kaisers Juni 1913*
August Scherl, Otto Skowranek, 35 × 47 × 10 cm,
126 Gelatine-Silberdrucke, Inv.Nr. HUDF-A006
Album zusammengestellt aus Fotos vom fünfund-
zwanzigsten Regierungsjubiläum Wilhelms II.

---

[131]

*Das letzte 'Ganze Halt' Kaisermanöver 1913 I.
Schlesien, 1913 / 1924*
Oscar Tellgmann, Gelatine-Silberdruck, 53,4 × 70,6 cm,
Inv.Nr. HUD 02237
Standort Haus Doorn: Zwischenetage
Das Foto hat Oscar Tellgmann während des
Kaisermanövers von 1913 aufgenommen und später,
im Jahre 1924, vergrößert und Wilhelm geschenkt. Auf
dem Foto sieht man: Wilhelm II., Graf Helmuth von
Moltke und den König von Griechenland, Konstantin
I., der mit Wilhelms Schwester Sophie verheiratet war.
Lit. Achenbach 1913, S. 157; Hochhut/Koch 2001, S. 313;
Schöningen 1913, S. 191; Wilderotter/Pohl 1991, S. 363.

---

[132]

*Einweihung der Erlöser-Kirche in Homburg v.d.H., 17.
Mai 1908*
H. Kumpf, Heliogravüre, 84,0 × 27,8 cm
Vorderseite in Handschrift: *Einweihung der Erlöser-Kirche
in Homburg v.d.H. | am 17. Mai 1908.*
Inv.Nr. HUD 03252

[133]

Schrippenfest auf dem Platz (Mopke) zwischen dem Neuen Palais und den Communs, Potsdam, ohne Jahresangabe

Anonym, Zelloidinpapierabzug, 22,7 × 29,2 cm, Inv. Nr. HUD 03413

Das alljährliche Schrippenfest fand am zweiten Pfingsttag statt und wurde von der kaiserlichen Familie und Diplomaten besucht. Anlass war die Erinnerung an die Gründung des *Lehr-Infanterie-Bataillons* durch Friedrich den Großen. Nach dem Beiwohnen eines Freiluftgottesdienstes auf dem *Mopke* aß man traditionell Reis mit Rindfleisch und Pflaumen und kleinen Brötchen (*Schrippen*).

Lit. Viktoria Luise 1967, S. 332-335; Viktoria Luise 1970, S. 174-175.

Schiffe

[134]

Meine Reiseerinnerungen an Bord S. M. Y. Hohenzollern von 1899 bis 1901

Th. Jürgensen, Zelloidinpapierabzug, 10 × 16,5 cm, Inv. Nr. HUDF-A153-01

Vorblatt eines Albums mit einem Foto der *Hohenzollern* und einer Zeichnung in Gouache von einem Segelboot mit Mannschaft.

Lit. Lanitzki 2001, S. 109; Rapsilber [1911], s.S.

[135]

Um 1900 von Ihrer Majestät auf der 'Iduna' aufgenommen

Auguste Viktoria, Gelatine-Auskopierpapierabzug, 7,7 × 5,5 cm

In Handschrift auf Passepartout: *um 1900 von Ihrer Majestät auf* / *der 'Iduna' aufgenommen.*; Rückseite in Handschrift: *1, S. M. der Kaiser u. König* / *2, S. K. H. Prinz Heinrich v. Pr.* / *3, Kapitän zur See Graf Baudissin* / *Komndt [=Kommandant] S M Y 'Hohenzollern'* / *4, Oblt z. S. Karpf* / *Kommandant I M Y 'Iduna'*

Foto aufgenommen durch Auguste Viktoria von Wilhelm am Ruder ihrer Segeljacht *Iduna*.

[136]

S.M.S. 'Deutschland', 20. November 1906

Carl Speck, Gelatine-Silberdruck, 22,2 × 28,1 cm

Vorderseite in Golddruck auf Karton: *S. M. S. 'Deutschland'* / *20. November 1906.*; Rückseite in Handschrift: *20. November 1906.* / *Neues Palais*; Rückseite in Handschrift auf Aufkleber: *Königl. Neues-Palais.*

Inv. Nr. HUD 03410

[137]

Album: Bau der Meteor IV, 1909

Anonym, 37,1 × 47,2 × 7,2 cm, 40 Gelatine-Silberdrucke

Stempel im Album: *Eigentum Sr. Majestät S. M. S. 'Hohenzollern'*

Inv. Nr. HUDF-A043

Der Kaiser war ein leidenschaftlicher Segler, der mit seinen schnellen und eleganten Segeljachten, die alle *Meteor* hießen, erfolgreicher Teilnehmer an so mancher Segelregatta war, darunter die Regatten im englischen Cowes auf der Insel Wight, und ab 1894 die der nach diesem Rennen entworfenen Kieler Woche. Alle paar Jahre ließ Wilhelm eine neue *Meteor* bauen, die noch schneller und noch moderner werden musste. Wurden die ersten drei *Meteor* noch in britischen und amerikanischen Werften gebaut, so entstand die vierte 'vom Kiel bis zum Flaggenmast' in Deutschland. Jachtkonstrukteur Max Oertz entwarf das Schiff, das auf der Germania-Werft des Stahlkonzerns Krupp in Kiel gebaut wurde: Kosten 700.000 Goldmark. 1909

nahm die *Meteor IV* erstmals an der Kieler Woche teil. Ob Firma Krupp oder der Kaiser selbst – wer der Auftraggeber war, wird nicht deutlich – ließ von dieser ersten deutschen *Meteor* dieses Album zusammenstellen mit Fotos von Bau des Schiffes in den verschiedenen Stadien, der Taufe, dem Stapellauf, dem Interieur und Exterieur, sowohl in der Übersicht als auch im Detail.

Lit. Achenbach 1913, S. 233-239; Boven 1998; Lammerting 1999; Schöningen 1913, S. 132.

[138]

S.M. Linienschiff 'Kaiser' August 1912, 27. August 1912

Anonym, Gelatine-Silberdruck, 21,3 × 28,6 cm

In Handschrift auf Karton: *S. M. Linienschiff 'Kaiser'* / *August 1912.*; Rückseite in Handschrift: *Pl. No. 297* / *K.W. Kiel.* / *S. M. Linienschiff 'Kaiser'* / *St. B. Ansicht* / *Aufgen. am 27. 8. 1912* / *Kais. Werft Kiel.* / *Berlin*

Inv. Nr. HUD 03254

[139]

Dampfschiffe im Kieler Hafen während der Kieler Woche, Mai 1912

Arthur Renard, Gelatine-Silberdruck (retuschiert mit Holzkohle), 40,8 × 97,2 cm, Inv. Nr. HUD 03250,

Lit. Lanitzki 2001.

[140]

S.M. Panzerschiff Weißenburg, ca. 1899

Arthur Renard (zugeschrieben), Gelatine-Silberdruck (retuschiert mit Bleistift und Gouache), 58,5 × 72,5 cm, Inv. Nr. HUD 03249

Im Jahre 1899 hatte Admiral Alfred von Tirpitz, eine der wichtigsten Personen in der Umsetzung von Wilhelms Marinepolitik, die Idee, dem Kaiser eine Gemäldeserie mit allen deutschen Schlachtschiffen zu schenken. Er wusste, dass sich Wilhelm auch für Kunst interessierte und hoffte auf diese subtile Art deutlich zu machen, dass man noch mehr und noch größere Schiffe für die Marine wünschte. Weil die von Wilhelm bevorzugten Künstler Bohrdt, Saltzmann und Stöwer vor allem romantisierte Arbeiten anfertigten, fiel die Wahl auf einen gewissen Graf. Es ging Tirpitz nämlich um eine realistische Auftragsausführung, bei der alle Details stimmten. Graf hatte nach fotografischen Vorbildern zu arbeiten. Dazu wurden auf jeden Fall Fotos von Arthur Renard benutzt und vielleicht auch von Th. Jürgensen, zwei der wichtigsten Marinefotografen aus Deutschland, die beide aus der Hafenstadt Kiel stammten. Die meisten Aufnahmen wurden im Hafen aufgenommen, auf der Reede liegend oder im Kaiser-Wilhelm-Kanal bei Lebensau. Auf hoher See hätte es sich mit einer Plattenkamera wegen der Dünung nicht leicht arbeiten lassen. Graf scheint den Fotos ziemlich genau gefolgt zu sein, wie der Vergleich zwischen dieser Aufnahme des Panzerschiff *Weißenburg* aus der Sammlung in Doorn und einer Lithographie nach dem Gemälde ergibt:

Gleicher Standort, gleiche Küstenlinie. Bereits Ende 1900 konnte Graf Tirpitz die bestellten 35 Gemälde präsentieren, im Jahre 1903 folgten weiter drei. Tirpitz ließ gleich für die Öffentlichkeit auch eine Mappe mit große Lithografien danach herstellen, die als Wandschmuck ein schlichtes Arbeitszimmer ebenso schmücken konnten wie einen luxuriös eingerichteten Salon, also der Admiral auf dem Deckblatt.

Lit. Lanitzki 2001.

[141]

S.M.S. König Wilhelm, 23. – 27. November 1896

Arthur Renard, Gelatine-Silberdruck, 43 × 52,3 cm

Vorderseite in Handschrift auf Karton: *S.M.S. König Wilhelm.* / *Kiel 23. bis 27. November 1896.*

Inv. Nr. HUD 08339

Lit. Lanitzki 2001.

[142]

'S.M.S. Charlotte' 1901.

Arthur Renard, Gelatine-Silberdruck, 40,5 × 5252 cm

Vorderseite in Handschrift auf Karton: *S.M.S. 'Charlotte' 1901.*

Lit. Lanitzki 2001

Jagd

[143]

Wilhelm II. mit Fürst Lippe Bückeburg bei erlegten Hirschen, 1902

G. Klimmer, Gelatine-Silberdruck, 6,9 × 22,7 cm

Vorderseite in Handschrift auf Karton unter dem Foto:
Fürst Georg Lippe Bückeburg / Lucanus Plessen, v. Heintze

[144]

Album: *Karapansca September 1903*

Anonym, 6 Zelloidinpapierabzüge

A **Wilhelm II. in Jägerkluft mit zwei unbekannten Frauen**

19,1 × 23,6 cm, Inv.Nr. HUDF-A113-07

B **Zwei erlegte Hirsche**

17,4 × 23,7 cm, Inv.Nr. HUDF-A113-034

[145]

Rominten 1906

Auguste Viktoria, 15 Gelatine-Silberdrucke, gerahmt

Vorderseite in Handschrift auf Passepartout:
Aufgenommen von Ihrer Majestät der Kaiserin und Königin / Rominten 1906

Inv.Nr. HUD 02573

Rominten in Ostpreußen war einer der beliebten Aufenthaltsorte während der Jagd für die kaiserliche Familie. Auf den Fotos sieht man: Geweihparade (Ausstellung von Hirschgeweihen), erlegte Hirsche, Viktoria Luise, das Jagdschloss mit Viktoria Luise.

[146]

Album: *Hofjagd in Letzlingen 9. November 1912*

Anonym, 21 × 30,5 × 7 cm, 21 Gelatine-Silberdrucke, Inv.Nr. HUDF-A055

Hofjagd in Letzlingen, 9. November 1912

[147]

Sammlung von Jachttrophäen Seiner Majestät des Kaisers und Königs in Schloß zu Schwedt a.d. Oder, 11. April 1932

Kuhnt / Verlag Scherl, 6 Gelatine-Silberdrucke

A *Zimmer Goldap*

17,6 × 23,7 cm

B **Hirschköpfe mit Geweihen**

23,7 × 17,6 cm

C *Zimmer Schaufler*

17,6 × 23,7 cm

D *Zimmer Goldap*

23,7 × 17,6 cm, Lit. Genthe 1913; Schwedt.

Reisen

[148]

Album: *Curtea de Arges, 1854*

Carol Popp Szathmari, 29,8 × 26 × 2,5 cm, 18 Salzdrucke, Inv.Nr. HUDF-A165

Lit. Schuller-Procopovici 1989, S. 438-457.

[149]

Jungen mit Amphoren, Taormina, Sizilien, 1903

Wilhelm von Gloeden, Gelatine-Silberdruck, 36,3 × 26,3 cm, Inv.Nr. HUD 03959

Nach den Inventarlisten, die um 1936 in Doorn erstellt wurden, hingen im Zimmer eines Mitglieds der Dienerschaft im Kutscherhaus von Haus Doorn drei Fotos von Gloeden. Sie befinden sich alle drei noch in der Sammlung.

Lit. Weiermair 1996.

[150]

Album: *Nordlandreise 1903 I.*

Anonym, 38 × 30,5 × 5,5 cm, 42 Gelatine-Silberdrucke, Inv.Nr. HUDF-A025

[151]

Album: *Kieler Woche und Ostsee-Reise 1905 I.*

Anonym, 33 × 41,5 × 7,5 cm, 63 Gelatine-Silberdrucke, Inv.Nr. HUDF-A035

[152]

Album: *Ostsee-Reise 1905 II.*

Anonym, 33,5 × 41 × 7 cm, 60 Gelatine-Silberdrucke, Inv.Nr. HUDF-A036

[153]

Album: *Mittelmeer-Reise 1905 II.*

Anonym, 41 × 48,2 × 5,8 cm, 124 Gelatine-Silberdrucke, Inv.Nr. HUDF-A039

[154]

Album: *Nordlandreise 1906 II.*

Anonym, 40 × 28,5 × 8,5 cm, 83 Gelatine-Silberdrucke, Inv.Nr. HUDF-A030

[155]

Album: *Nordlandreise 1907*

Th. Jürgensen (zugeschrieben), 34 × 26 × 9,5 cm, 60 Gelatine-Silberdrucke, Inv.Nr. HUDF-A033

[156]

Album: *Kieler Woche, Nordlandreise und Anwesenheit in Stockholm 1908.*

Anonym, 30 × 43,5 × 6,5 cm, 86 Gelatine-Silberdrucke, Inv.Nr. HUDF-A031

[157]

Album: *Mittelmeer-Reise 1911 I.*

Th. Jürgensen, 40,5 × 28,5 × 8 cm, 37 Gelatine-Silberdrucke, Inv.Nr. HUDF-A040

[158]

Album: *Mittelmeer-Reise 1911 II.*

Th. Jürgensen, 40,5 × 28,5 × 8 cm, 89 Gelatine-Silberdrucke, Inv.Nr. HUDF-A041

[159]

Balholm 1913

Anonym, 8 Gelatine-Silberdrucke im Rahmen, 27,8 × 66,2 cm, Inv.Nr. HUD 01034

Auf einem der Fotos ist das König-Bele-Standbild in Balstrand, gemacht durch Emil Graf von Schlitz, genannt Görtz. Die Geschichte vom König Bele stammt aus der 'Frithiofs Saga' van Esaias Tegnérs (1825), für die Wilhelm sich sehr interessierte. Im Jahre 1910 beschloss er, für Frithiof und König Bele Denkmäler zu errichten. Bele war, in seinem Verhältnis mit seinem treuen Vasallen Torsten Vikingsson, Vorbild für die Königs- und Männertreue. Die Einweihung des Frithiofdenkmals fand am 31. Juli 1913 statt, das von König Bele wurde 1912 vollendet.

Lit: Marschall 1991, S. 83-88.

Geliebte Orte

[160]

Portfolio: *Cadinen*, 1902

Ottomar Anschütz, Bladen: 38,8 × 27,9 cm, 179 Gelatine-Silberdrucke, Inv.Nr. HUDF-A072

Dieses Portfolio wurde auch in Buchform herausgegeben, vgl. Kat. 161.

[161]

Buch: *Cadinen, Sommeraufenthalt der Deutschen Kaiserfamilie, mit allerhöchster Genehmigung zum Besten der durch die Wassernot geschädigten, herausgegeben von Ottomar Anschütz*

Bibl.Nr. 32 A 64

[162]

Gruppenporträt mit Wilhelm II. und Auguste Viktoria beim *Achilleion*, **Korfu, April 1909**

Anonym, Gelatine-Silberdruck, 28,4 × 22 cm

Das Foto hat wahrscheinlich auf der *Hohenzollern* gehangen.

[163]

Achilleion 1911

Th. Jürgensen, 8 Gelatine-Silberdrucke im Rahmen, 39,2 × 47,2 cm

In Handschrift auf Passepartout: *Achilleion 1911*

Inv.Nr. HUD 3459

Fotos vom Achilleion, der Terrasse und dem Park mit den Statuen von Apollo und dem sterbenden Achilles und dem runden Tempel mit dem Standbild der Kaiserin Elisabeth von Österreich.

[164]

Bevölkerung auf Korfu, ca. 1914

Studio Ottomar Anschütz oder Th. Jürgensen, 4 Gelatine-Silberdrucke

A **Bevölkerung in Tracht**

27,2 × 28,2 cm

B **Bevölkerung in Tracht bei Baum**

27,9 × 28,2 cm

C **Mann und Kind unter Baum**

27,5 × 27,6 cm

D **Männer bei Baum**

27,7 × 27,9 cm

[165]

Ausgrabung der Gorgo auf Korfu, 1911

Th. Jürgensen, 4 Gelatine-Silberdrucke

A **Kaiserliche Gesellschaft bei der Ausgrabung**

11,2 × 16,3 cm

B **Kopf der Gorgo**

10 × 14,6 cm

C **Wilhelm im Gespräch mit dem Archäologen Wilhelm Dörpfeld**

11,2 × 15,9 cm

D **Körper der Gorgo**

10,5 × 15,3 cm, Lit. Achenbach 1913, S. 286;
Schöningen 1913, S. 166; Wilhelm 1936.

---

[166]

Portfolio: *Cadinen 1932*

Anonym, 62 × 36,5 × 5 cm., 57 Gelatine-Silberdrucke,
Inv.Nr. HUDF-A189

A *Majolicadreher bei der Arbeit*

23,8 × 16,2 cm, Inv.Nr. HUDF-A189-11

B *Der Hafen in Cadinen*

23,4 × 17,5 cm, Inv.Nr. HUDF-A189-30

---

[167]

Portfolio: *Cadinen und Umgebung*, ca. 1930

Anonym, 60 × 45,5 × 3,5 cm, 27 Gelatine-Silberdrucke,
Inv.Nr. HUDF-A190

A *Herbststimmung im Park.*

22 × 29,1 cm, Inv.Nr. HUDF-A190-01

B *Winterbild vom Schloss.*

23 × 28,4 cm, Inv.Nr. HUDF-A190-27

C *Abendstimmung am Haff*

28,8 × 22,3 cm, Inv.Nr. HUDF-A190-25

D *Sturmabend am Haff*

28,5 × 23,1 cm, Inv.Nr. HUDF-A190-24

Erster Weltkrieg

[168]

Abschied vom *1. Garde Regiment zu Fuß* **in Potsdam, 9. August 1914**

Ernst Eichgrün, Gelatine-Silberdruck, 25,1 × 28,7 cm
Vorderseite in Handschrift auf Karton: *Potsdam. | 9.August 1914. | (Phot. Eichgrün.)*
Inv.Nr. HUDF-EW01-13

---

[169]

Wilhelm II. in Baranowitschi im damaligen Russland, 11. November 1915

Anonym, Gelatine-Silberdruck, 48,5 × 37,8 cm
Verso in Handschrift: *Baranowitschi, | 11.11.1915.*

---

[170]

Ankunft des Kaisers Ferdinand von Bulgarien in Nisch in Serbien, 18. Januar 1916

Anonym, Gelatine-Silberdruck, 17,5 × 27,3 cm
Rückseite Foto in Handschrift: *Ankunft Ihr. Majestäten auf der | Citadelle in Nisch 18. I 16.*; Rückseite Stempel: *Königl. Pr. Armee-Flug-Park 13*; in Handschrift auf Karton: *Ankunft Seiner Majestät der Kaiser mit Seiner Majestät Zar Ferdinand auf der Zitadelle von Nisch. | 18. Januar 1916. | (Phot. Armee-Flugpark 13.)*
Inv.Nr. HUDF-EW06-003

---

[171]

Kaiser Wilhelm II. auf dem Ausguck bei Verdun, 26. Februar 1916

Anonym, Gelatine-Silberdrucke

A 12,7 × 7,6 cm

Rückseite Foto in Handschrift auf Karton: *Seine Majestät auf dem Gündelturm | Beobachtungs-stand der Artillerie vor V[erdun] | 26. II.. 1916.* In Handschrift auf Karton: *Seine Majestät der Kaiser auf dem Gündelturm. | 26. Februar 1916.*
Inv.Nr. HUDF-EW06-030

B 12,6 × 7,4 cm

Vorderseite Foto in Handschrift auf Karton: *[Sei]ne Majestät beobachtet vom Gün[delturm] | ein Artillerie-beobachtungs-stand der | [...] Festung Verdun. | 26. II.. 1916.*
In Handschrift auf Karton: vgl. Kat. 171-a
Inv.Nr. HUDF-EW06-031

---

[172]

Parade bei Märchingen, 14. Dezember 1916

Eugen Jacobi, Gelatine-Silberdrucke

A 15,9 × 21,7 cm

Vorderseite in Handschrift auf Karton: *Parade der 14. Inf. Brig. bei Märchingen. | 14. Dezember 1916. | (Phot. Jacobi.)*
Inv.Nr. HUDF-EW11-007

B 15,8 × 21,8 cm

Vorderseite in Handschrift auf Karton: *Parade der 14. Inf. Brig. bei Märchingen. | 14. Dezember 1916. | (Phot. Jacobi.)*
Inv.Nr. HUDF-EW11-015

---

[173]

Kaiser Wilhelm II. in Pleß in Schlesien, Winter 1916

Jagusch, Gelatine-Silberdruck, 23,3 × 17,1 cm

---

[174]

Kaiser Wilhelm II. mit den Generälen Hindenburg und Ludendorff im Hauptquartier zu Pleß, 1916-1917

Anonym, Gelatine-Silberdruck, 16,4 × 22,5 cm,
Inv.Nr. HUD 03434, Lit. Wilderotter/Pohl 1991, S. 372.

---

[175]

Kaiser Wilhelm II. und Generaloberst Hans von Seeckt in einem Schützengraben am Tartarenpass, 28. September 1917

Anonym, Gelatine-Silberdruck, 22,8 × 16 cm
Vorderseite in Handschrift auf dem Foto: *Tartarenpaß 28/IX-17.*
Lit: Wilderotter/Pohl 1991, S. 370.

---

[176]

Kaiser Wilhelm II. berät sich mit Offizieren am Tartarenpass, 28. September 1917

Gelatine-Silberdrucke

A 7,3 × 12,5 cm

Vorderseite in Handschrift auf Karton: *Tartarenpaß – Sümaren. | 28. September 1917.*
Inv.Nr. HUDF-EW17-048

B 7,4 × 12,4 cm

Vorderseite in Handschrift auf Karton: *Tartarenpaß – Sümaren. | 28. September 1917.*
Inv.Nr. HUDF-EW17-049

---

[177]

Wilhelm II. in der Uniform eines türkischen Feldmarschalls in Konstantinopel, Oktober 1917.

Anonym, Gelatine-Silberdruck, 22,3 × 16,4 cm
Kaiser Wilhelm II. in türkischer Uniform mit Krumm-schwert, das ihm Sultan Abdülhamid während seines Besuches in Konstantinopel vom 15. bis 18. Oktober 1917 schenkte. Der Kaiser trägt Insignien des Nishan Imtiza Ordens; der Bruststern befindet sich noch in der Sammlung von Haus Doorn (Inv.Nr. HUD 02554).
Lit. Verroen/Tex 2002, S. 28.

---

[179]

Zwei Ordner mit Fotografien aus dem Ersten Weltkrieg, 1914-1918

Verbannung in Amerongen und Doorn

[180]

Graf Godard von Aldenburg-Bentinck (1857-1940), ca. 1930

Francis Kramer, Gelatine-Silberdruck, 23,6 × 17,6 cm,
Inv.Nr. HUD 00151

---

[181]

Bäume fällen im Park von Haus Doorn, 1925

Elfriede Reichelt, Gelatine-Silberdruck, 16,7 × 22,7 cm
Von links nach rechts: Kaiser Wilhelm II., Flügel-adjutant Sigurd von Ilsemann und Major van Houten.

---

[182]

Teepause bei der Holzhackerhütte, ca. 1925

Anonym, Gelatine-Silberdruck, 29,4 × 39 cm
Von links nach rechts: General von Dommes, Kaiser Wilhelm II., Flügeladjutant Sigurd von Ilsemann, dr. Viereck und Major van Houten.
Lit: Ilsemann 1968 (1), S. 224-225; Wilderotter/Pohl 1991, S. 189.

---

[183]

Karton: *Haus Doorn im September 1933*

Oscar Tellgmann, 20,3 × 27,4 × 3,3 cm, 65 Gelatine-Silberdrucke, Inv.Nr. HUDF-A199
Die Sammlung enthält Fotos vom Exterieur, vom Interieur und vom Park des Hauses Doorn, ebenso wie Porträtfotos von Wilhelm und Hermine. Die Sammlung wurde 1998 angekauft mit Unterstützung des Anjer-fonds Utrecht und der Stichting Vrienden van Huis Doorn.

---

[184]

Hochzeit von Prinz Louis Ferdinand von Preußen und Großfürstin Kira Kiryllowna in Doorn, 4. Mai 1938

A **Brautpaar mit Hermine und Wilhelm**

Ernst Sandau, Gelatine-Silberdruck, 14,7 × 10,5 cm

B **Brautpaar mit Gästen im Vestibül von Haus Doorn**

Ernst Sandau / Verlag W. Kraatz, Gelatine-Silberdruck, 9,2 × 14,1 cm
Unter den Gästen: Prinzessin Juliana als Brautjungfer und Prinz Bernhard; eine Variante in der Serie van Sandau zeigt Wilhelm und Kira im Gespräch.
Lit. Kiste 1994, S.206.

C **Hände des Brautpaares**

Ernst Sandau (zugeschrieben) / The Associated Press of Great Britain, Gelatine-Silberdruck, 12 × 16,6 cm
Rückseite in Handschrift: *Hochzeit Prinz Louis Ferdinand v. Pr. | + Prinzessin Kira v. Pr. | 2.V. 1938 Ausschnitt)*

Diverse

[185]

A **Album:** *Kaiser-Sammlung I.*, 1897

25 × 35 × 2,5 cm, 42 Fotos, Inv. Nr. HUDF-A185

Album zusammengestellt durch Wilhelm von Holthoff
von Fassman und später Wilhelm II. geschenkt.

B **Album: Kaiser-Sammlung II.**, 1898

25 × 33,5 × 5 cm, 53 Fotos, Inv. Nr. HUDF-A186

Album zusammengestellt von Wilhelm von Holthoff
von Fassman und später Wilhelm II. geschenkt.

[186]

**Porträt des späteren Königs Georg V. von
Großbritannien und Irland, ca. 1890**

W. Höffert, Albumindruck, 45,8 × 36,5 cm

Rückseite Karton, bedruckter Aufkleber: *Eigentum /
Ihrer Majestät der Kaiserin.*

Inv. Nr. HUD 03454

[187]

Prinzessin Juliana, ca. 1911

Guy de Coral & Co, Gelatine-Silberdruck, 10,2 × 7,1 cm

[188]

Wandschirm mit 106 Fotoporträts

Lit. Verroen 2000.

[189]

Karton: *Zum 27. Jänner 1920*

Viktoria Luise (zugeschrieben), 35 × 45 × 10 cm,
13 Gelatine-Silberdrucke und Gelatine-
Auskopierpapierabzüge im Deckel eines Kartons.
Außenseite Aufdruck: *S.M.S. Meteor, Hohekönigsburg i.e.,
S.M.S. Hohenzollern, Rominten, Berlin, Neues Palais* (2×);
Innenseite Aufdruck: *Cadinen, Wilhelmshöhe, Bellevue,
Harburg, Neues Palais, Achilleion*
Wilhelm erhielt diesen Karton zu seinem Geburtstag
am 27. Januar 1920 mit Fotografien von den Orten in
Deutschland, die ihm teuer waren. Die Fotos wurden
vermutlich von seiner Tochter Viktoria Luise gemacht:
Auf dem Foto von Rominten ist der Schatten der
Fotografin zu sehen. Höchstwahrscheinlich sind die
Fotos vor 1914 entstanden.

LITERATU[U]R

AASMAN 1998
Susan Aasman, 'Het knikje van de koningin. Amateurfilms en de monarchie', *Tijdschrift voor Mediageschiedenis* 2 (1998) 1, p. 95-112.

ACHENBACH 1913
Adolf v. Achenbach et al. (red./Hg.), *Unser Kaiser. Fünfundzwanzig Jahre der Regierung Kaiser Wilhelms II. 1888-1913*, Berlin/Leipzig/Wien/Stuttgart 1913.

AERTS 1995
Mieke Aerts, '"Om het lot van de krijgsman te delen". Koning Wilhelmina en het martiale perspectief op burgerschap', in: *Jaarboek voor Vrouwengeschiedenis 15, Sekse en oorlog*, Amsterdam 1995.

ANDRIESSEN 1999
J.H.J. Andriessen, *De andere waarheid. Een nieuwe visie op het ontstaan van de Eerste Wereldoorlog 1914-1918*, Amsterdam 1999.

ANSCHÜTZ 1903
Ottomar Anschütz, *Cadinen. Sommeraufenthalt der Deutschen Kaiserfamilie*, Berlin 1903.

ANSCHÜTZ 1994
Ottomar Anschütz, 'Cadinen. Sommeraufenthalt der Deutschen Kaiserfamilie', *Cadiner Briefe* 1 (1994) 2, p. 43-74.

ASSER 1996
Saskia Asser, 'Gebeurtenissen/Events', in: Boom/Rooseboom 1996, p. 149-160.

ASSER/BOOM 2002
Saskia Asser (tekst/Text), Mattie Boom (red./Hg.), *Vroege fotografie in Nederlandse collecties 1839-1860 op de website www.earlyphotography.nl*, Amsterdam (Rijksmuseum) 2002.

AVENARIUS 1915
Ferdinand Avenarius, *Das Bild*, 1915.

BALFOUR 1964
Michael Balfour, *The Kaiser and his Times*, London 1964.

BANK 1995
Jan Bank, 'De Oranjes te paard. Oude conventies in nieuwe beelden', in: Bram Kempers (red./Hg.), *Openbaring en Bedrog. De afbeelding als historische bron in de lage landen*, Amsterdam 1995, p. 169-195.

BARKOVETS 1998
Alia Barkovets, 'Photographs in the State Archive of the Russian Federation of the last Russian Emperor and his family', in: George Vilinbakhov (et al), *Nicholas and Alexandra, The last imperial family of tsarist Russia*, New York 1998, p. 230-238.

BERNHARDI 1922
Friedrich von Bernhardi, *Deutschlands Helden Kampf 1914-1918*, München 1922.

BOHRDT 1902
Hans Bohrdt, *Die Kaiserfahrt nach dem Nordland 1901*, Braunschweig 1902.

BOOM/ROOSEBOOM 1996
Mattie Boom, Hans Rooseboom (red./Hg.), *Een nieuwe kunst. Fotografie in de 19de eeuw / A New Art. Photography in the 19th century*, Amsterdam 1996.

BOULOUCH 1995
Nathalie Boulouch, *Lyon 1903. Les Autochromes Lumière. La Couleur Inventée. Photographies couleurs collections privées de la famille Lumière*, Saint Paul de Varax 1995.

BOVEN 1998
W.G. Boven (red./Hg.), *"Unsere Zukunft liegt auf dem Wasser". Herinneringen van Wilhelm II aan zijn keizerlijke marine*, Den Helder/Doorn 1998.

BUSSEN 2000
P.J. Bussen, *Wilhelm II, een verbannen keizer, Zo was het*, Hoogeveen 2000.

CHRISTOMANOS 1896
Constantin Christomanus, *Das Achilles-Schloß auf Corfu*, Wien 1896.

CLEVERENS 1994
René Cleverens, *Niet verder dan ons huis. De Koninklijke hofhouding. Het dagelijks leven in de paleizen Noordeinde en Het Loo, 1870-1918*, Middelburg 1994.

CLEVERENS 1999
René Cleverens, *Om reden van discretie ... Herinnering aan C. Barones van Wassenaer van Catwijck-Barones van Boetzelaer, Dame du Palais van Koningin Wilhelmina, 1868-1916*, Middelburg 1999.

COE/HAWORTH-BOOTH 1983
Brian Coe, Mark Haworth-Booth, *A Guide to Early Photographic Processes*, London 1983.

DEWITZ 1997
Bodo von Dewitz, '"Ich lege mir ein Album an und sammle nun Photographien". Kaiserin Elisabeth von Österreich und die Carte-de-Visite-Photographie', in: Dewitz/Scotti 1997, p. 86-105.

DEWITZ/HORBERT 1998
Bodo von Dewitz, Wolfgang Horbert (red./Hg.), *Schatzhäuser der Photographie. Die Sammlung des Fürsten zu Wied*, Köln/Göttingen 1998.

DEWITZ/LEBECK 2002
Bodo von Dewitz, Robert Lebeck, *Kiosk. Eine Geschichte der Fotoreportage 1839-1973*, Göttingen 2002.

DEWITZ/MATZ 1989
Bodo von Dewitz, Reinhard Matz (red./Hg.), *Silber und Salz. Zur Frühzeit der Photographie im deutschen Sprachraum 1839-1860*, Köln 1989.

DEWITZ/SCOTTI 1997
Bodo von Dewitz, Roland Scotti (red./Hg.), *Alles Wahrheit! Alles Lüge! Photographie und Wirklichkeit im 19. Jahrhundert. Die Sammlung Robert Lebeck*, Köln 1997.

DIEPENDAAL 1998
Irène Diependaal, 'De familie op de troon. Het beeld van Oranje in populaire tijdschriften', *Tijdschrift voor Mediageschiedenis* 2 (1998) 1, p. 69-94.

DIJK/ZOETE 1984
Jan van Dijk, Johan de Zoete, 'Fotografische termen en technieken', in: Ingeborg Leijerzapf(red./Hg.), *Geschiedenis van de Nederlandse fotografie in monografieën en thema-artikelen*, Alphen aan den Rijn/Amsterdam 1984-.

DIMOND/TAYLOR 1987
Frances Dimond, Roger Taylor, *Crown & Camera. The Royal Family and Photography, 1842-1910*, London 1987.

DOORN 2000
Vierkant vóór Huis Doorn. Reacties naar aanleiding van de dreigende sluiting van Huis Doorn, Doorn 2000.

ELSAESSER/WEDEL 1996
Thomas Elsaesser, Michael Wedel, *A second Life: German cinema's first decades*, Amsterdam 1996.

ENGLISH 1983
Donald E. English, 'Political Photography and the Paris Commune of 1871. The Photographs of Eugène Appert', *History of Photography* 7 (1983) 1, p. 31-42.

EULENBURG 1906
Philipp Eulenburg, 'Eine Erinnerung', *Die Woche* 8 (1906) 8, p. 320-344.

FASSEUR 1998
Cees Fasseur, *Wilhelmina. De jonge koningin*, Amsterdam 1998.

FASSEUR 2001
Cees Fasseur, *Wilhelmina. Krijgshaftig in een vormeloze jas*, Amsterdam 2001.

FERBER 1989
Christian Ferber, *Berliner Illustrirte Zeitung. Zeitbild, Chronik, Moritat für Jedermann 1892-1945*, Berlin 1989.

FISCHER 1909
Henry W. Fischer, *Private Lives of Kaiser William II. and His Consort. Secret History of the Court of Berlin*, New York 1909.

FORD 1977
Colin Ford, *Happy and Glorious. 130 Years of Royal Photographs*, London 1977.

FULFORD 1964
Roger Fulford, *Dearest Child. Letters between Queen Victoria and the Princess Royal 1858-1861*, London 1964.

FULFORD 1968
Roger Fulford, *Dearest Mama. Letters between Queen Victoria and the Crown Princess of Prussia 1861-1864*, London 1968.

FULFORD 1981
Roger Fulford, *Beloved Mama. Private Correspondence of Queen Victoria and the German Crown Princess 1878-1885*, London 1981.

GEBHARDT 1984
Heinz Gebhardt, *Franz Hanfstaengl. Von der Lithographie zur Photographie*, München 1984.

GEIGES/MATZ 1989
Leif Geiges, Reinhard Matz, 'Trudpert Schneider & Söhne. Als Wanderphotographen durch Europa', in: Dewitz/Matz 1989, p. 236-265.

GENTHE 1913
F. Genthe, 'Kaiser Wilhelm II. als Jäger', *Das Weidwerk in Wort und Bild* 18 (1913) 22, p. 274-304 (Fest-Nummer zum 25 jähr. Regierungs-Jubiläum Sr. Majestät Kaiser Wilhelm II.).

GERARD 1917
James W.Gerard, *My four years in Germany*, London/New York/Toronto 1917.

GERHARDT 1926
Hans Gerhardt, *Hundert Jahre Bonner Corps. Die korporationsgeschichtliche Entwicklung des Bonner S.C. von 1819 bis 1918*, Franfurt am Main 1926.

GLATZER 1997
Ruth Glatzer, *Das Wilhelminische Berlin*, Panorama einer Metropole, 1890-1918, Berlin 1997.

GOERKE 1899
Franz Goerke (uitg./Hg.), *Die officielle Festfahrt nach Jerusalem. Eine Erinnerungsschrift an die Einweihung der Erlöser-Kirche*, Berlin 1899.

GÜSSFELDT 1892
Paul Güßfeldt, *Kaiser Wilhelm's II. Reisen nach Norwegen in den Jahren 1889 bis 1892*, Berlin 1892.

GUTSCHE 1991
Willibald Gutsche, *Ein Kaiser im Exil. Der letzte deutsche Kaiser Wilhelm II. in Holland. Eine kritische Biographie*, Marburg 1991.

HAFFNER/VENOHR 2001
Sebastian Haffner, Wolfgang Venohr, *Preußische Profile*, München/Berlin 2001 (1986).

HERDER 1997
Hans de Herder, 'Autochroomplaten of: De oorsprong van de kleurenfotografie', *Nieuwsbrief Nederlands Fotogenootschap* 19 (1997), p. 12.

HERDER 1999 (1)
Hans de Herder, 'Keizerlijke portretten. Vergulde daguerreotypieën in collectie Huize Doorn', *Nieuwsbrief Nederlands Fotogenootschap* 25 (1999), p. 12-13.

HERDER 1999 (2)
Hans de Herder, 'Gold Fever: Two Unique Gold Daguerreotypes from the Collection of the German Kaiser', *Topics in Photographic Preservation* 8 (1999), p. 17-22.

HOCHHUT/KOCH 1973
Rolf Hochhut, Hans-Heinrich Koch, *Kaiserzeit. Bilder einer Epoche. Aus dem Archiv der Hofphotographen Oscar und Gustav Tellgmann*, München 2001 (1973).

HOFFMANN 1976
Detlef Hoffmann, *Ein Krieg wird ausgestellt. Die Weltkriegssammlung des Historischen Museums (1914-1918)*, Frankfurt 1976.

HOFFMANN 1982
Detlef Hoffmann, 'Die zwei Gesichter des Krieges. Offizielle und private Fotografie im ersten Weltkrieg', *Fotogeschichte* 2 (1982) 5, p. 21-28.

HONNEF 1997
Klaus Honnef (red./Hg.), *Deutsche Fotografie. Macht eines Mediums 1870-1970*, Bonn 1997.

HOPFEN 1894
Hans Hopfen, *Die erste Nordlandfahrt der "Augusta Victoria". Reise-Erinnerungen von Hans Hopfen*, Berlin [1894].

HUBMANN 1972
Franz Hubmann, *Das Deutsche Familienalbum*, Wien/München/Zürich 1972.

HULL 1982
Isabel V. Hull, *The Entourage of Kaiser Wilhelm II 1888-1918*, Cambridge 1982.

ILSEMANN 1967
Sigurd von Ilsemann, Harald von Koenigswald (red./Hg.), *Der Kaiser in Holland. Aufzeichnungen des letzten Flügeladjutanten Kaiser Wilhelms II. aus Amerongen und Doorn 1918-1923*, München 1967.

ILSEMANN 1968 (1)

Sigurd von Ilsemann, *Der Kaiser in Nederland. Aantekeningen van de laatste vleugeladjudant van Keizer Wilhelm II uit Amerongen en Doorn*, Baarn 1968.

ILSEMANN 1968 (2)

Sigurd von Ilsemann, Harald von Koenigswald (red./Hg.), *Der Kaiser in Holland. Aufzeichnungen aus den Jahren 1924-1941. Monarchie und Nationalsozialismus*, München 1968.

ILSEMANN 1969

Sigurd von Ilsemann, *Der Kaiser in Nederland. Monarchie en nationaal-socialisme. Aantekeningen uit de jaren 1924-1941*, Baarn 1969.

JAMES 1981

Lawrence James, *Crimea, 1854-1856. The war with Russia from contemporary photographs*, London 1981.

JANSEN 1996

Mieke Jansen, 'De documentaire verzamelingen', in: Loonstra 1996, p. 195-212.

JAGOW 1922

Kurt Jagow, *Daten des Weltkrieges. Vorgeschichte und Verlauf bis Ende 1921*, Leipzig 1922.

JARCHOW 1998

Margarete Jarchow, *Hofgeschenke. Wilhelm II. zwischen Diplomatie und Dynastie, 1888-1914*, Hamburg 1998.

JONGE 1986

J.A. de Jonge, *Wilhelm II. Keizer van Duitsland, Koning van Pruisen, banneling in Doorn*, Amsterdam/Dieren 1986.

KEEGAN 1998

John Keegan, *The First World War*, London 1998.

KELLER 1935

Mathilde Gräfin von Keller, *Vierzig Jahre im Dienst der Kaiserin*, Leipzig 1935.

KEMPE 1979 (1)

Fritz Kempe, *Daguerreotypie in Deutschland. Vom Charme der frühen Fotografie*, Seebruck 1979.

KEMPE 1979 (2)

Fritz Kempe, 'Daguerreotypie und Daguerreotypisten in Deutschland', in: *In Unnachahmliche Treue. Photographie im 19. Jahrhundert. Ihre Geschichte in den Deutschsprachigen Ländern*, Köln 1979, p. 43-57.

KISTE 1994

John van der Kiste, 'Wilhelm II at Doorn', *Royalty Digest* (januari 1994) 31.

KLEBINDER 1912

Paul Klebinder (uitg./Hg.), *Der Deutsche Kaiser im Film*, Berlin 1912.

KLEBINDER 1913

Paul Klebinder (uitg./Hg.), *Kronprinzens im Film*, Berlin 1913.

KLERK 1990

Liesbeth de Klerk, 'Julius Schaarwächter', in: Ingeborg Leijerzapf (red./Hg.), *Geschiedenis van de Nederlandse fotografie in monografieën en thema-artikelen*, deel 4, Antwerpen 1990.

KOHUT 1991

Thomas A. Kohut, *Wilhelm II and the Germans. A Study in Leadership*, New York/Oxford 1991.

KOPPEN 1909

Luise Koppen, *Jung-Wilhelm, unsers Kaisers Enkel*, Berlin 1909.

KRIEGER 1916

Bogdan Krieger, *Der Kaiser im Felde*, Berlin 1916.

KRIEGER 1921

Bogdan Krieger, *Die Kaiserin. Blätter der Erinnerung*, Berlin 1921.

LACAILLE/LE CORRE 1994

Frédéric Lacaille, Florence Le Corre (et al), *Crimée 1854-1856, premiers reportages de guerre*, Paris 1994.

LACAILLE/LE CORRE 1996

Frédéric Lacaille, Florence Le Corre (et al), *Une visite au camp de Châlons, photographies de Messieurs Le Gray, Prévot ...*, Paris 1996.

LAMMERS 1990

Fred Lammers, 'De vergeten foto's van keizer Wilhelm', *Trouw* 19 maart 1990.

LAMMERTING 1999

K. Lammerting, *Meteor. Die kaiserlichen Segelyachten*, Köln 1999.

LANITZKI 2001

Günter Lanitzki, *Die Flotte des Kaisers. Kriegsschieffe unter deutscher Flagge um die Jahrhundertwende*, Berlin 2001.

LEIDER 1991

Sibylle Leider, '"Widersprüche überall". Wilhelm II. in psychiatrischen Beurteilungen nach 1918', in: Wilderotter/Pohl 1991, p. 150-154.

LEINHAAS 1914

G.A. Leinhaas, *Kaiserin Friedrich. Ein Charakter und Lebensbild*, Diessen vor München 1914.

LOIPERDINGER 1996

Martin Loiperdinger, 'The Kaiser's Cinema: An Archeology of Attitudes and Audiences', in: Elsaesser/Wedel 1996, p. 41-50.

LOONSTRA 1996

M. Loonstra (et al), *Uit Koninklijk Bezit: 100 jaar Koninklijk Huisarchief: de verzamelingen van de Oranjes*, Zwolle 1996.

LOUIS FERDINAND 1993

Prins Louis Ferdinand, 'Liebeserklärung an Cadinen', *Cadiner Briefe* 1 (1993), p. 9-16.

LUDWIG 1926

Emil Ludwig, *Wilhelm der Zweite*, Berlin 1926.

MACDONOGH 2000

Giles MacDonogh, *The Last Kaiser. William The Impetuous*, London 2000.

MACHTAN 1998

Lothar Machtan, 'Fotoplatten im Eiskeller. Das Paparazzi-Foto des 19. Jahrhunderts : Bismarcks Sterbelager', *Der Spiegel* 28 (1998), p. 80-81.

MANN 1964

Golo Mann, *Wilhelm II.*, München/Bern/Wien 1964.

MARSCHALL 1991

Birgit Marschall, *Reisen und Regieren. Die Nordlandfahrten Kaiser Wilhelms II.*, Hamburg 1991.

MAYER 1993

Oskar Mayer, 'Schloß Cadinen, der neue Besitz Kaiser Wilhelms II.', *Cadiner Briefe* 1 (1993), p. 18-32.

MCCAULEY 1985

Elisabeth Anne McCauley, *A.A.E. Disdéri and the Carte de Visite Portrait Photography*, New Haven/London 1985.

MCCAULEY 1994

Elisabeth Anne McCauley, *Industrial Madness, Commercial Photography in Paris 1848-1871*, New Haven/London 1994.

MEISNER 1929

Heinrich Otto Meisner, *Kaiser Friedrich III. Tagebücher von 1848-1866*, Leipzig 1929.

MÜLLER-BOHN 1900

Hermann Müller-Bohn, *Kaiser Friedrich der Gütige. Vaterländisches Ehrenbuch*, Berlin 1900.

MUMM 1915

Alfons von Mumm, *Mein Ligurisches Heim*, Berlin 1915.

NOWAK 1930

Karl Friedrich Nowak, *Kaiser and Chancelor. The Opening Years of the Reign of Kaiser Wilhelm II*, New York 1930.

OHLN 1913

Karl Ohln, *Kaiser Wilhelm II. Ein treuer Fürst*, Bielefeld/Leipzig 1913.

OSTA 1982

Jaap van Osta, *De Europese monarchie in de negentiende eeuw. Het Britse en Duitse model*, Utrecht 1982.

OSTA 1998 (1)

Jaap van Osta, 'Onbarmhartige schijnwerpers. De opkomst van de Britse mediamonarchie', *Tijdschrift voor Mediageschiedenis* 2 (1998) 1, p. 10-34.

OSTA 1998 (2)

Jaap van Osta, *Het theater van de Staat. Oranje, Windsor en de moderne monarchie*, Amsterdam 1998.

PAKULA 1995

Hannah Pakula, *An Uncommon Woman. The Empress Frederick*, London 1995.

PALESTINA 1899

Das deutsche Kaiserpaar im Heiligen Lande im Herbst 1898, Berlin 1899.

PEESE BINKHORST/VERROEN 1997

L.M.M. Peese Binkhorst, Th.L.J. Verroen (et al), *To Dear William. Het Britse bloed van een Pruisische prins*, Doorn 1997.

PEESE BINKHORST/VERROEN 2001

L.M.M. Peese Binkhorst, Th.L.J. Verroen, *To trauell into forreine countries*, Doorn 2001.

POHL 1991

Klaus-D. Pohl, 'Der Kaiser im Zeitalter seiner technischen Reproduzierbarkeit. Wilhelm II. in Fotografie und Film', in: Wilderotter/Pohl 1991, p. 9-18.

POHLMANN 1998

Ulrich Pohlmann (red./Hg.), *Alois Löcherer. Photographien 1845-1855*, München 1998.

PONSONBY 1929

Frederick Ponsonby (red./Hg.), *Briefe der Kaiserin Friedrich*, Berlin 1929.

PORTELLA 2000

Eduardo Portella (et al), *A Colecção do Imperador. Fotografia Brasileira e Estrangeiro no século XIX*, Porto 2000.

POSCHINGEN 1899

Margaretha von Poschingen, *Kaiser Friedrich. In neuer quellenmäßiger Darstellung*, Berlin 1899.

RAPSILBER 1911

Maximilian Rapsilber, *Der Hof Wilhelms des Zweiten*, Berlin 1911.

RASCH 1998

J. Rasch, C. Homminga (red./Hg.), *Kroonprins Wilhelm op Wieringen 1918-1923*, s.l. 1998.

RIEGER 1957

Isolder Rieger, *Die Wilhelminische Presse im Überblick 1888-1918*, München 1957.

ROBERTSON 1978

Peter Robertson, 'Canadian Photojournalism during the First World War', *History of Photography* 2 (1978) 1, p. 37-52.

RODD 1888

Rennell Rodd, *Frederick Crown Prince and Emperor. A Biographical Sketch Dedicated to His Memory*, New York 1888

RÖHL 1987

John C.G. Röhl, *Kaiser, Hof und Staat. Wilhelm II. und die deutsche Politik*, München 1987.

RÖHL 1993

John C.G. Röhl, *Wilhelm II. Die Jugend des Kaisers 1859-1888*, München 1993.

RÖHL 1998

John C.G. Röhl, *Young Wilhelm. The Kaiser's early life, 1859-1888*, Cambridge 1998 (1993).

RÖHL 2001

John C.G. Röhl, *Wilhelm II. Der Aufbau der Persönlichen Monarchie*, München 2001.

ROGASCH 1997

Wilfried Rogasch (red./Hg.), *Victoria & Albert, Vicky & The Kaiser. Eine Einführung in ein Kapitel deutsch-englischer Familienbeziehungen*, Berlin 1997.

ROOSEBOOM 1999

Hans Rooseboom, 'Tulpen uit Potsdam. Over een kamerscherm met autochromen in Paleis Het Loo', *Nieuwsbrief Nederlands Fotogenootschap* 27 (1999), p. 14-15.

ROOSEBOOM 2002

Hans Rooseboom, 'Een koningin voor iedereen. Verschijningsvormen en verspreiding van de portretten van Wilhelmina in het jaar van haar inhuldiging', in: Nelke Bartelings, Anton Boschloo, Bram de Klerck, Hans Rooseboom (red./Hg.), *Beelden in veelvoud. Leids Kunsthistorisch Jaarboek 12*, Leiden 2002.

ROOSEBOOM / WACHLIN 1999

Hans Rooseboom, Steven Wachlin, 'Maurits Verveer', in: Ingeborg Leijerzapf (red./Hg.), *Geschiedenis van de Nederlandse fotografie in monografieën en thema-artikelen, deel 32*, Antwerpen 1999.

RUITENBERG 1998

Liesbeth Ruitenberg, 'Een keizerlijke collectie in Doorn. Wilhelm II en de fotografie', *Tijdschrift voor Mediageschiedenis* 1 (1998) 2, p. 35-56.

RUITENBERG 2002

Liesbeth Ruitenberg, 'Two golden daguerreotypes.

A research report', *Daguerreian Annual* (september/September 2002).

SCHAMONI/HOUWER 2001
Peter Schamoni, Rob Houwer, *'Majestät brauchen Sonne'. Der letzte Deutsche Kaiser, der erste Deutsche Kinostar*, video, 2001.

SCHARMANN 2001
Rudolf G. Scharmann (et al), *Auf den Spuren Kronprinzessin Victoria. Kaiserin Friedrich (1840-1901)*, Potsdam 2001.

SCHAUWECKER 1928
Franz Schauwecker, *So war der Krieg. 230 Kampfaufnahmen aus der Front*, Berlin 1928.

SCHELLBACH 1890
Karl Schellbach, *Erinnerungen an den Kronprinzen Friedrich Wilhelm von Preussen*, Breslau 1890.

SCHMIDT 1999
Ekkehard Schmidt, 'Majolika in der Marienburg', *Cadiner Briefe* 1 (1999), p. 219-227.

SCHOCH 1975
Rainer Schoch, *Das Herrscherbild in der Malerei des 19. Jahrhunderts (Studien zur Kunst des neunzehnten Jahrhunderts Band 23)*, München 1975.

SCHÖNINGEN 1913
Hans Schöningen, *Kaiser Wilhelm II. und seine Zeit, 1888-1813*, Hamburg 1913.

SCHRÖDER 1903
E. Schröder, *Ein Tagebuch Kaiser Wilhelms II. 1888-1902 nach Hof- and anderen Berichten*, Breslau 1903.

SCHRÖDER 1909
E. Schröder, *Zwanzig Jahre Regierungszeit. Ein Tagebuch Kaiser Wilhelms II. Vom Antritt der Regierung, 15. Juni 1888 bis zum 15. Juni 1908 nach Hof- und anderen Berichten*, Berlin 1909.

SCHULLER-PROCOPOVICI 1989
Karin Schuller-Procopovici, 'Ein Land aus dem Bilderbuch. Das Rumänienalbum des Carol Szathmari', in : Dewitz/Matz 1989, p. 438-457.

SCHWEDT
Sammlung von Jagdtrophäen Seiner Majestät des Kaisers und Königs im Schloß zu Schwedt a.d. Oder, s.l. s.a

SCHWERING 1915
Axel von Schwering, *The Berlin Court under William II*, London/New York/Toronto/ Melbourne 1915.

SEIDEL/SKARBINA 1898
Paul Seidel, Franz Skarbina, *Die äußere Erscheinung des Großen Kurfürsten*, Leipzig/Berlin 1898

SEIDEL 1906
Paul Seidel (red./Hg.), *Hohenzollern-Jahrbuch. Forschungen und Abbildungen zur Geschichte der Hohenzollern in Brandenburg-Preußen (Sonderausgabe)*, Berlin/Leipzig 1906.

SEIDEL 1907
Paul Seidel (uitg./Hg.), *Der Kaiser und die Kunst*, Berlin 1907.

SPEAIGHT 1923
Richard N. Speaight, *Memoirs of a court photographer*, London 1923.

TOOM 2002
Friedhild den Toom, *Wilhelm II. in Doorn*, Doorn 2002.

TOPHAM 1914
Anne Topham, *Memories of the Kaiser's Court*, London 1914.

VEN 2001
Foskea van der Ven, 'De onteigening van Huis Doorn: een hoofdstuk uit de Nederlandse geschiedenis', *RM Themis* 3 (2001), p. 67-81.

VERROEN 1998
Th.L.J. Verroen, '"Had ik dat talent gehad, dan was ik geen keizer maar marineschilder geworden!"', in: Boven 1998, p. 30-44.

VERROEN 2000
Dick Verroen (red./Hg.), *Europa's Hoogadel op 's keizers kleedkamer, 30 jaar portretfotografie 1880-1910*, Doorn 2000.

VERROEN/DEN TEX 2002
Dick Verroen, Loutje den Tex, *Turkse tent of Turkse trend? Keizer Wilhelm en de Oriënt*, Doorn 2002.

VIKTORIA LUISE 1975
Herzogin Viktoria Luise, *Im Glanz der Krone. Erinnerungen*, Göttingen/Hannover 1975 (1967).

VIKTORIA LUISE 1970
Herzogin Viktoria Luise, *Bilder der Kaiserzeit*, Göttingen/Hannover 1970 (1969).

VIKTORIA LUISE 1971
Herzogin Viktoria Luise, *Ein Leben als Tochter des Kaisers*, Göttingen/Hannover 1971 (1965).

VIKTORIA LUISE 1974
Herzogin Viktoria Luise, *Im Strom der Zeit*, Göttingen 1974.

VIKTORIA LUISE 1975
Herzogin Viktoria Luise, *Mijn kinderjaren. Memoires van de dochter van de Duitse keizer*, Amsterdam [1975].

VIKTORIA LUISE 1992
Herzogin Viktoria Luise, *Im Glanz der Kaiserzeit*, München 1992 (1969).

WEIERMAIR 1996
Peter Weiermair, *Wilhelm von Gloeden*, Köln 1996.

WEISE 1989 (1)
Bernd Weise, 'Pressefotografie. I. Die Anfänge in Deutschland, ausgehend von einer Kritik bisheriger Forschungsansätze', *Fotogeschichte* 9 (1989) 31, p. 15-40.

WEISE 1989 (2)
Bernd Weise, 'Pressefotografie. II. Fortschritte der Fotografie- und Drucktechnik und Veränderungen des Pressemarktes im Deutschen Kaiserreich', *Fotogeschichte* 9 (1989) 33, p. 27-62.

WEISE 1990
Bernd Weise, 'Pressefotografie. III. Das Geschäft mit dem aktuellen Foto: Fotografen, Bildagenturen, Interessenverbände, Arbeitstechnik. Die Entwickelung in Deutschland bis zum Ersten Weltkrieg', *Fotogeschichte* 10 (1990) 37, p. 13-36.

WIEGAND 1990
Thomas Wiegand, 'Atelier Tellgmann. Fotografen in Eschwege 1881-1954', *Eschweger Geschichtsblätter* 1 (1990), p. 4-12.

WIEGAND 1994

Thomas Wiegand, *Ferdinand Tellgmann. Gewerbsmäßig Portraitieren in Malerei und Fotografie um 1850*, Kassel 1994.

WILDEROTTER/POHL 1991
Hans Wilderotter, Klaus-D. Pohl (red./Hg.), *Der letzte Kaiser. Wilhelm II. im Exil*, München 1991.

WILHELM 1921
Kaiser Wilhelm II., *Comparative History 1878-1914. By the Ex-Emperor of Germany*, London 1921.

WILHELM 1922
Kaiser Wilhelm II., *Ereignisse und Gestalten aus den Jahren 1878-1918*, Leipzig/Berlin 1922.

WILHELM 1924
Kaiser Wilhelm II., *Erinnerungen an Korfu*, Berlin/Leipzig 1924.

WILHELM 1927
Kaiser Wilhelm II., *Aus meinem Leben 1859-1888*, Berlin/Leipzig 1927.

WILHELM 1936
Kaiser Wilhelm II., *Studien zur Gorgo*, Berlin 1936.

WILHELMINA 1959
Wilhelmina, prinses der Nederlanden, *Eenzaam maar niet alleen*, Baarn 1959.

ZEDLITZ-TRÜTZSCHLER 1923
Robert Zedlitz-Trützschler, *Zwölf Jahre am deutschen Kaiserhof*, Berlin/Leipzig 1923.

ZELEVANSKY 1988
L. Zelevansky, 'Joseph Albert and his sponsors', *History of Photography* 12 (1988) 1, p. 1-21.

FOTOGRAFISCHE PROCÉDÉS

ALBUMINEDRUK

Fotografische afdruk op papier dat lichtgevoelig werd gemaakt met een mengsel van eiwit, een zout en een oplossing van zilvernitraat. Kenmerkend is de lichte glans en de sepiakleurige toon van diep paars tot geelbruin. In gebruik tussen ca. 1855 en 1890.

AUTOCHROOM

Het eerste fotografische procédé dat met succes kleurenfoto's voortbracht. Het is een procédé op glas met een coating van aardappelzetmeelkorreltjes, geverfd in de complementaire kleuren oranje-rood, violet en groen, waar overheen een zilvergelatine emulsie is aangebracht. Uitgevonden door de Franse gebroeders Lumière en gebruikt tussen 1907 en 1931.

AUTOTYPIE

Fotomechanische hoogdruktechniek waarbij de originele foto door middel van een reproductiecamera en een raster in een beeld van grotere en kleinere zwarte puntjes wordt omgezet. Dit beeld wordt vervolgens op een drukvorm overgebracht en geëtst, waarna het door middel van inkt kan worden afgedrukt. In gebruik vanaf 1882, vooral in drukwerk omdat het voordeel van deze techniek is dat foto's in één drukgang met tekst kunnen worden gedrukt.

DAGLICHTCOLLODIUMZILVERDRUK

Fotografische afdruk waarbij de lichtgevoelige zilververbinding met behulp van het bindmiddel collodium op het papier werd aangebracht. Daglicht werd gebruikt om het beeld te voorschijn te halen. In gebruik tussen ca. 1890 en 1920.

DAGLICHTGELATINEZILVERDRUK

Fotografische afdruk waarbij de lichtgevoelige zilververbinding met behulp van het bindmiddel gelatine op het papier werd aangebracht. Daglicht werd gebruikt om het beeld te voorschijn te halen. In gebruik tussen ca. 1890 en 1920.

DAGUERREOTYPIE

De daguerreotypie was een van de vroegste fotografische technieken en werd vanaf 1839, het uitvindingsjaar van de fotografie, tot ca. 1855 gemaakt. De daguerreotypie leverde een uniek beeld op dat verscheen op een koperen plaat met een zilveren laagje dat lichtgevoelig was gemaakt met behulp van jodium- en broomdampen. Na belichting in de camera werd het beeld ontwikkeld met behulp van kwikdamp. Kenmerkend is het spiegelende oppervlak.

FERROTYPIE

Fotografische afdruk op een zwart gelakt blikken plaatje waarop de lichtgevoelige zilververbinding eerst door middel van collodium en later door middel van gelatine werd aangebracht. De Ferrotypie leverde een direct positief en daarmee uniek beeld op. Het werd vooral op kermissen en jaarmarkten gebruikt, van 1855 tot ca. 1910.

HELIOGRAVURE

Fotomechanische diepdruktechniek waarbij de originele foto via glas en overdrachtpapier met behulp van gelatine en kaliumdichromaat op een koperen plaat werd overgebracht. Deze plaat werd vervolgens geëtst en met inkt onder een pers op papier afgedrukt. In gebruik tussen ca. 1880 en 1920.

KOOLDRUK

Fotografische afdruk op papier waarbij de lichtgevoelige laag werd gevormd door gelatine vermengd met een pigment en kaliumdichromaat. Kenmerkend is de diepe toon; de kleur is afhankelijk van het gebruikte pigment, meestal koolstof dat een paarszwarte toon opleverde. In gebruik tussen ca. 1865 en 1930.

ONTWIKKELGELATINEZILVERDRUK

Fotografische afdruk op papier waarbij de lichtgevoelige zilververbinding met behulp van gelatine werd aangebracht. Door middel van chemicaliën werd na korte belichting het (latente) beeld ontwikkeld en zo tevoorschijn gehaald. In gebruik vanaf ca. 1880.

PLATINADRUK

Fotografische afdruk op papier waarbij ijzerzouten de lichtgevoelige laag vormden in plaats van de meer gebruikelijke zilververbinding. Na belichting en ontwikkeling verscheen het beeld in platina. De platinadruk wordt gekenmerkt door een lange toonschaal. In gebruik tussen ca. 1880 en 1920.

STEREOFOTO

Twee bijna identieke foto's die, samen bekeken door een speciale kijker, de illusie van een driedimensionaal beeld geven. Stereofoto's werden vanaf ca. 1850 in de vorm van daguerreotypieën, op glas en op papier gemaakt.

ZOUTDRUK

Een van de vroegste fotografische afdruktechnieken op papier waarbij de lichtgevoelige emulsie bestond uit een verbinding tussen keukenzout en zilvernitraat. Kenmerkend is de matte toon in een breed spectrum van sepiakleurige tinten. Vanaf 1841 tot ca. 1865 in gebruik.

FOTOGRAFISCHE VERFAHREN

ALBUMINDRUCK

Fotografischer Abdruck auf Papier, das mit einer Mischung aus Eiweiß, Salz und einer Silbernitratlösung lichtempfindlich gemacht wurde. Kennzeichnend ist der helle Glanz und der sepiafarbene Farbton von tiefem Violett bis Gelbbraun. Wurde zwischen ca. 1855 und 1890 benutzt.

AUTOCHROM-VERFAHREN

Das erste fotografische Verfahren, mit dem sich erfolgreich Farbfotos machen ließen. Es ist ein Verfahren auf Glas mit einem Coating aus in den Komplementärfarben Orangerot, Violett und Gründ gefärbten Kartoffelmehlkörnern, über denen eine Emulsion von Silbergelatine angebracht wurde. Erfunden von den französischen Brüdern Lumière und benutzt zwischen 1907 und 1931.

AUTOTYPIE

Fotomechanische Hochdrucktechnik, bei der das Originalfoto mittels einer Reproduktionskamera und einem Raster in ein Bild aus größeren und kleineren schwarzen Punkten umgesetzt wird. Dieses Bild wird dann in eine Druckform gebracht und radiert, worauf es mit Hilfe von Tinte abgedruckt werden kann. Benutzt ab 1882, vor allem in Gedrucktem, weil der Vorteil dieser Technik darin besteht, dass Fotos in einem Druckvorgang mit dem Text gedruckt werden können.

ZELLOIDINPAPIERABZUG

Fotografischer Abdruck, bei dem die lichtempfindliche Silberverbindung mit Hilfe des Bindemittels Collodium auf das Papier aufgetragen wurde. Tageslicht wurde benutzt, um das Bild zum Vorschein zu bringen. Benutzt zwischen ca. 1890 und 1920.

GELATINE-AUSKOPIERPAPIERABZUG

Fotografischer Abdruck, bei dem die lichtempfindliche Silberverbindung mit Hilfe des Bindemittels Gelatine auf das Papier aufgetragen wurde. Tageslicht wurde benutzt, um das Bild zum Vorschein zu bringen. Benutzt zwischen ca. 1890 und 1920.

DAGUERREOTYPIE

Die Daguerreotypie war eine der frühsten fotografischen Techniken und wurde ab 1839, dem Erfindungsjahr der Fotografie, bis etwa 1855 gemacht. Die Daguerreotypie brachte ein einzigartiges Bild hervor, das auf einer Kupferplatte mit einer Silberschicht erschien, die mit Hilfe von Jodium- und Bromdämpfen lichtempfindlich gemacht worden war. Nach Belichtung in der Kamera wurde das Bild mit Hilfe von Quecksilberdampf entwickelt. Kennzeichnend ist die spiegelnde Oberfläche.

FERROTYPIE

Fotografischer Abdruck auf einer schwarzgelackten Blechplatte, auf die die lichtempfindliche Silberverbindung erst mit Hilfe von Kollodium und später mit Hilfe von Gelatine aufgetragen wurde. Die Ferrotypie brachte ein direktes Positiv und damit ein einzigartiges Bild hervor. Sie wurde vor allem auf Kirmessen und Jahrmärkten eingesetzt, und zwar zwischen 1855 und ca. 1910.

HELIOGRAVÜRE

Fotomechanische Tiefdrucktechnik, bei der das Originalfoto über Glas und Pergamentpapier mit Hilfe von Gelatine und Kaliumdichromat auf eine Kupferplatte übertragen wurde. Diese Platte wurde dann radiert und mit Tinte unter einer Presse auf Papier gedruckt. Benutzt zwischen ca. 1880 und 1920.

PIGMENTDRUCK

Fotografischer Abdruck auf Papier, bei dem die lichtempfindliche Schicht von mit einem Pigment und Kaliumdichromat vermischter Gelatine gebildet wurde. Kennzeichnend ist der tiefe Farbton; die Farbe ist abhängig vom verwendeten Pigment, meist Kohlenstoff, der einen violett-schwarzen Farbton hervorbringt. Benutzt zwischen ca. 1865 und 1930.

GELATINE-SILBERDRUCK

Fotografischer Abdruck auf Papier, bei dem die lichtempfindliche Silberverbindung mit Hilfe von Gelatine aufgetragen wurde. Mittels Chemikalien wurde nach kurzer Belichtung das (versteckte) Bild entwickelt und so zum Vorschein gebracht. Benutzt ab ca. 1880.

PLATINDRUCK

Fotografischer Abdruck auf Papier, bei dem Eisensalze statt der üblicheren Silberverbindung die lichtempfindliche Schicht bildeten. Nach Belichtung und Entwicklung erschien das Bild in Platin. Der Platindruck kennzeichnet sich durch eine lange Farbtonskala. Benutzt zwischen ca. 1880 und 1920.

STEREOFOTO

Zwei fast identische Fotos, die, wenn man sie zusammen durch ein besonderes Stereoglas betrachtet, die Illusion eines dreidimensionalen Bildes schaffen. Stereofotos wurden ab ca. 1850 in der Form von Daguerreotypien auf Glas und Papier gemacht.

SALZPAPIERABZUG

Eine der frühsten fotografischen Abdrucktechniken auf Papier, bei der die lichtempfindliche Emulsion aus einer Verbindung von Küchensalz und Silbernitrat bestand. Kennzeichnend ist der matte Farbton in einem breiten Spektrum sepiafarbener Farbtöne. Von 1841 bis ca. 1865 benutzt.

Bronnen Quellen
Boom/Rooseboom 1996, p. [S] 289-293; Boulouch 1995;
Coe/Haworth-Booth 1983; Dijk/Zoete 1984.

ISBN 90 288 3631 4

© 2002 Europese Bibliotheek /
Europäische Bibliothek, Zaltbommel

Europese Bibliotheek / Europäische Bibliothek

P.O. Box 49

NL 5300 AA Zaltbommel

T +31 (0)418 513 144

F +31 (0)418 515 515

E publisher@eurobib.nl

Huis Marseille, stichting voor fotografie

Keizersgracht 401

1016 EK Amsterdam

T +31 (0)20 531 89 89

F +31 (0)20 531 89 88

E info@huismarseille.nl

www.huismarseille.nl

Huis Doorn

Langbroekerweg 10

3941 MT Doorn

T +31 (0)34 342 10 20

F +31 (0)34 342 05 73

E kasteel.huis.doorn@wxs.nl

COLOFON IMPRESSUM

Deze uitgave is tot stand gekomen naar aanleiding van de tentoonstelling *De Keizer aan de Keizersgracht, Wilhelm II en de fotografie als PR-instrument* in huis Marseille, stichting voor fotografie, Amsterdam (31 augustus-24 november 2002).
Diese Ausgabe entstand anlässlich der Ausstellung *Der Kaiser an der Keizersgracht. Wilhelm II. und die Fotografie als PR-Instrument* in Huis Marseille, Stiftung für Fotografie, Amsterdam (31. August -24. November 2002).

De tentoonstelling is mogelijk gemaakt door het omvangrijke bruikleen van Huis Doorn, alsmede een aanvullende keuze uit de Nationale Fotocollectie in het Rijksmuseum, Amsterdam.
Die Ausstellung wurde ermöglicht durch die umfangreichen Leihgaben von Haus Doorn sowie einer ergänzenden Auswahl aus der Nationalen Fotosammlung im Rijksmuseum Amsterdam.

Huis Marseille is H.M. de Koningin zeer dankbaar voor het bruikleen van foto's uit de Koninklijke Verzamelingen.
Huis Marseille ist Ihrer Majestät der Königin sehr dankbar für die Leihgabe von Fotos aus den Königlichen Sammlungen.

Els Barents is directeur van huis Marseille, stichting voor fotografie, Amsterdam.
Saskia Asser is conservator van huis Marseille, stichting voor fotografie, Amsterdam.
Dick Verroen is conservator van Huis Doorn.
Liesbeth Ruitenberg is beheerder van de fotocollectie van Huis Doorn.
Mieke Jansen is conservator fotografie van het Koninklijk Huisarchief, Den Haag.
Els Barents ist Direktorin von Huis Marseille, Stiftung für Fotografie, Amsterdam.
Saskia Asser ist Konservatorin von Huis Marseille, Stiftung für Fotografie, Amsterdam.

Dick Verroen ist Konservator von Haus Doorn.
Liesbeth Ruitenberg ist Verwalterin der Fotosammlung von Haus Doorn.
Mieke Jansen ist Konservatorin für Fotografie des Koninklijk Huisarchief, Den Haag.

De auteurs zijn de volgende personen en instellingen zeer erkentelijk voor hun deskundige hulp bij de ontsluiting en conservering van de fotocollectie in Huis Doorn en de totstandkoming van de tentoonstelling en de catalogus:
Die Autoren sind folgenden Personen und Einrichtungen sehr dankbar für ihre fachkundige Hilfe bei der Erschließung und Konservierung der Fotosammlung in Haus Doorn und beim Zustandekommen der Ausstellung und des Katalogs:
Daan en Francine Asser, Maarten Bakker, Els Barents, Martin Barnes, Kornelia Bobbe, Mattie Boom, Mieke van den Brandt, Claudine Chavannes-Mazel, Remy Chavannes, Bodo von Dewitz, Frances Dimond, Marion van der Fluit, Lyzanne Gann, Dominik Geppert, Piet Gerards, Ad van de Grint, Hans de Herder, Martien Jansen, Jacoba de Jonge, Jörg Kirschstein, J. Kloosterhuis, Christine Klössel, Lex Knapp, Gijs van der Leck, Hans-Ulrich Lehmann, D.F. Lugthart, Karl-Heinz Luther, Johan ter Molen, Freek Mori, Ilse de Muinck Keizer, Rena Nolthenius, Lan Nijokiktjien, Leon Pennings, Karl Heinz Pütz, Harm Robaard, Hans Rooseboom, Maud van Rossum, Hans Maarten Ruitenberg, Sigrid Schulze, Reinhold Schulze-Tammena, Inge Schwarzer, Kees van der Sluijs, Friedhild den Toom-Jacobi, Evert van Uitert, Thijs en Kitty Uijthoven, Imke Valentien, Dick Verroen, Dr. Mr. J.M.W. Baron van Voorst tot Voorst, Clara von Waldthausen, Elisabeth Waller, Gabriele Weber, Bernard Woelderink, Katja Zaich.
Agfa Foto-Historama Köln, Ambassade van de Bondsrepubliek Duitsland Den Haag, Het Anjerfonds Utrecht, Deutsches Historisches Institut London, Bildarchiv Preussischer Kulturbesitz Berlin, Geheimes Staatsarchiv Preussischer Kulturbesitz Berlin, Hessische Hausstiftung Eichenzell, Koninklijk Huisarchief Den Haag, Kupferstich-Kabinett Dresden, Martin Behaim Haus-Stiftung Rotterdam, Nationaal Archief Den Haag, Nationaal Fotorestauratie Atelier Rotterdam, Nationaal Museum Paleis Het Loo Apeldoorn, Rijksmuseum Amsterdam, Royal Photograph Collection Windsor Castle, Spaarnestadarchief Haarlem, Staatsbibliothek zu Berlin, Stichting Vrienden van Huis Doorn, Stiftung Preussischer Schlösser und Gärten Berlin-Brandenburg Potsdam, Ullstein Bild/Axel Springer Verlag A.G. Berlin, Het Utrechts Archief, Bibliotheek Vredespaleis Den Haag.

Foto's Fotos:
Lan Nijokiktjien, Amsterdam:
p. [S.] 20 (1), 25 (1), 31, 39, 42, 48, 52, 56, 59 (1), 68 (3), 75, 77 (1), 106, 115, 120, 121, 122, 123, 125, 127, 128, 129, 131, 132, 133, 134, 135, 136, 137, 138, 139, 140, 141, 147, 155.
Koninklijke Verzamelingen, Den Haag:
p. [S.] 79, 82, 86, 88, 90.
Nationaal Fotorestauratie Atelier, Rotterdam:
p. [S.] 20 (2/3), 103.
Rijksmuseum Amsterdam:
p. [S.] 45, 67 (2).
Vertaling Übersetzung:
Inge Schwarzer, Amsterdam
Vormgeving Gestaltung:
Bureau Piet Gerards, Heerlen / Amsterdam
Lithografie:
Koninklijke Van de Garde, Zaltbommel
Druk Druck:
Lecturis, Eindhoven